万川 reflections

一步万里阔

走私

历史阴影中的隐秘交易

Smuggling

Contraband and Corruption in World History

〔美〕艾伦·L·卡拉斯 著　　李文远 译

Allan L. Karras

中国工人出版社

目　录

致　谢

每年我都会给本科高级荣誉研讨班上课，班上的学生每周都要向我提交作业。几年前，我注意到每个学生在讨论自己的论文之前，都会提供一份所谓的“致歉书”，对论文中出现的标点符号错误、校对失误，或者班上其他人阅读论文时发现的明显疏漏表示歉意。有时候，学生仅仅因为晚交作业而致歉，希望其他同学在课堂讨论之前有时间阅读和消化其论文的内容。如今，这样的开场白已经成为惯例，老师允许学生在一两分钟之内念完致歉书。我开始喜欢上这个理念了。

所以，以下是我的致歉书。我已经以这样或那样的身份为这个项目工作了很长一段时间，还在很多地方欠下不少人情债。我并不指望用简单的感谢去补偿所有帮助过我的人，但除此之外别无他法。虽然我乐于将每个人的贡献一一列举，可对读者而言大约并非愉快的阅读体验。虽然我得到了大量帮助，但本书出现的任何错误和遗漏均与他们无关，完全是我的疏忽。

本项目的研究资金来自芝加哥纽伯里图书馆（Newberry Library）和普罗维登斯（Providence）约翰·卡特·布朗图书馆（John Carter Brown Library）提供的奖学金。最早的资金来自巴哈马富布赖特奖（Fulbright Award to the Bahamas）。

加州大学伯克利分校（University of California at Berkeley）还通过国际会计学院院长奖学金基金（IAS Dean's Fellowship Fund）和职业发展基金（Professional Development Fund）提供了资助。过去几年里，在推动档案资料采集工作的过程中，上述机构提供了极大的便利。

很多人都对本书的各个观点给予了非常有益的建议和慷慨的评价，他们包括里奇·艾布拉姆斯（Richie Abrams）、迪·安德鲁斯（Dee Andrews）、莉莎·贝克韦尔（Liza Bakewell）、杰瑞·本特利(Jerry Bentley)、劳丽·本顿（Laurie Benton）、莎伦·科恩（Sharon Cohen）、沃伦·科恩（Warren Cohen）、鲍勃·福加蒂（Bob Fogarty）、理查德·戈德比尔（Richard Godbeer）、里克·哈尔彭（Rick Halpern）、沙恩·霍尔特（Shan Holt）、弗雷德·霍克西（Fred Hoxie）、鲍勃·马克斯（Bob Marks）、约翰·麦克尼尔（John McNeill）、肯·米尔斯（Ken Mills）、安德鲁·奥肖内西（Andrew O'Shaughnessy）、安·普莱恩（Ann Plane）、卡伦·萨维斯拉克（Karen Sawislak）、帕蒂·赛列斯基（Patti Seleski）、迈克·史蒂文森（Mike Stevenson）、比尔·泰勒（Bill Taylor）、南希·塔克（Nancy Tucker）、梅丽·威斯纳-汉克斯（Merry Wiesner-Hanks）和迈克·祖克曼（Mike Zukerman）。

此外，我还多次赴英法两国进行调研和写作访问，得到很多人的慷慨解囊，他们是本书的重要参与者，包括安迪·贝尔（Andy Bell）和安吉拉·弗雷恩（Angela Frain）、艾伦·克莱门茨（Alan Clements）和柯斯蒂·沃克（Kirsty Wark）、贾斯汀·弗雷恩

（Justine Frain）、艾伦·利特尔（Allan Little）、玛丽·洛夫特斯（Mary Loftus）、凯文·特雷诺（Kevin Traynor）、以及阿利斯泰尔·怀特（Alistair Whyte）和简·斯宾塞·怀特（Jan Spencer Whyte）。

多年来，我得到了瓦妮莎·陈（Vanessa Chan）、诺亚·克莱恩-科恩（Noah Cline-Cohen）和安东尼·怀斯（Anthony Wise）提供的各种（无偿）研究援助。现在，他们已经投身于其他项目，但他们的研究成果在不同程度上为本书增色添彩。

此外，让我感到非常高兴的是，这本书是杰瑞·本特利和约翰·麦克尼尔共同编辑的《世界历史丛书》（*World History Series*）中的一部分，他们的作品对本书至关重要。劳丽·本顿（Laurie Benton）也对本书手稿给予了极其细致和心思缜密的审核，成果证明了她对如何将稿件塑造成书的观点明智敏锐。罗曼与利特菲尔德出版社的苏珊·麦克伊切恩（Susan McEachem）似乎了解我书中所写的每一个人，而且知道的比我还多，她的建议非常宝贵。

本书中几个章节的部分内容，在其他文章中也有体现。我要感谢夏威夷大学出版社（University of Hawaii Press）允许我修改和重印部分文章，该文章摘自《互动：以跨区域视角看世界历史》（*Interactions: Transregional Perspectives on World History*）和《海洋全景画：航海史、滨海文化和跨洋贸易》（*Seascapes: Maritime Histories, Littoral Cultures, and Transoceanic Exchanges*）。同样感谢《宾夕法尼亚州历史杂志》（*Pennsylvania History*）的编辑们，允许我修改和重印1997年我在该杂志专刊发表的一篇文章的部分内容。

没有以下几位亲朋的爱与支持，本书根本不可能完成。只有提及他们，这份致谢才算完整。我要感谢我的母亲，谢谢她的好奇心。我还要感谢大卫·舒尔茨（David Schultz），没有他的活力、无尽支持和热情，这个项目就永远不会取得成果。每当我身心俱疲、不想做任何事情的时候，他总能给我前进的动力。

序　言 vii

本书的酝酿过程费时良久，但也并不全面，甚至从某个方面而言，它是作者不切实际幻想的成果。从本质上讲，走私贸易是一个存在于历史阴影中的主题，即使是最敬业的档案管理员也会发现当代数据库和搜索引擎的用处不算太大。除了少数著名案例，绝大多数走私犯和其他类型的罪犯一样，并没有保留其非法活动的详细记录。这绝非偶然，因为参与走私的人都希望自己及从事的活动尽可能不为人所知。从现有历史记录来判断，大多数走私者都实现了这个目标。[1]

如今，走私活动仍然存在于官方法律档案中，分散在世界各地的各类档案馆和储存库，获取这些记录绝非易事。由于大多数文件没有汇编成带有索引的走私档案，所以直到现在，很多资料都只能用“走私”和“违禁品”等关键词在计算机数据库中搜索获取。至少在我的经验中，与走私相关的文件通常湮没在更大规模的、未编成目录的政府和私人文献当中。资料零散已经是写作过程中的巨大挑战，没想到很快另一个难题又横空出世。为了从历史和现实角度评估走私的表现形式，我们首先要了解各地的法律制度或法律体系。[2]

尽管我不太愿意承认本书的构思时间长于预期，但我总试图 viii

找到更多信息，哪怕知道这些信息仍然散布各地并且深藏于历史长河之中，让我无法以特别有效或经济节约的方式去收集。在我看来，每个故事都很有趣，它们与我早前在其他学术著作中发现或遇到过的案例也存在着有趣的关联性。

十年前，当我开始研究社会史以及后来研究与走私相关的政治经济史时，时间也比我预期的要少得多。我跟学生和同人对走私这一话题做了大量思考与探讨，却无法挤出足够多的时间把那些想法系统性地付诸文字。不过，过去几年中，本书的部分证据和观点曾以论文的形式在别处出版。[3]但在本书中，我第一次对自己的观点进行了更全面地阐述，并列举了许多新的例子，希望读者能觉得我的观点既清晰又有说服力。本书之所以用案例分析来验证观点，是为了说明能够更广泛使用的模式和过程，而不是为了详尽无遗地展示档案研究成果。不过，书中案例之所以被选中，也是因为它们在某种程度上代表了一种更广泛的研究模式，即使跨越了时间和空间也同样有效。

启动这个项目时，我误以为自己要研究18世纪加勒比地区的历史，从概念上来说，这段历史与大西洋其他地区存在关联性。多年以来，我对加勒比周边地区的走私活动做过大量的档案研究，本书的许多案例分析提取自这些研究数据。在此，我还要提出一个假设——这本书将是我以另一种方式书写大西洋历史的好机会，是一段不完全以英国北大西洋属地（British North Atlantic）为焦点的历史。但是，在开始思考大西洋地区的走私活动时，我突然意识到在这个地理区域内所观察到的现象，可能也发生在世界其他地区，尤其是那些地理边界和法律边界彼此接近的地区。此外，我逐渐感到那些正在确立中、争夺中或改变了政治和法律边界的国家和帝国（或王朝，比如封建时期的中国），可能会存在与走私和偷运相关的证据。

带着这个小小的顿悟，我慢慢开始在欧洲所存的各类档案中 ix
挖掘非大西洋地区的有关走私的历史资料。[4]在甄别过程中，我很快明确了多处区域的走私模式与加勒比和大西洋地区基本相同。此外，在部分案例中，多个非法贸易体系在广阔的地理空间汇聚关联，使得加勒比地区成为能更广泛化、更全球化地研究跨区域走私活动的理想起点。无可否认，本书没有涉及某些区域的走私活动，比如南美洲。[5]不过，本书强调的是走私在世界历史中持续扮演的角色。无论是走私者还是走私产品的消费者，都促使各国制定和调整相应的法律法规（尽管走私者也找到了规避这些政策的方法）。

归根结底，我教授政治经济学经典理论和编写本书的时间越长，就越意识到可以就走私在政治经济中发挥的作用提出自己的观点。本书中还援引了其他案例，虽然这些案例没有发生在18世纪，也没有发生在加勒比地区，但它们为核心观点提供了支撑。对于更熟悉这些地区，尤其是精通亚洲语言的学者来说，我研究中出现的论点仍需加以验证并深入研究。我坚信，继续推进研究就会不断出现有趣的新成果。

第一章 「以物换物」——从地区和全球角度看走私

随着现代世界的发展（一般认为，1500年是现代世界的起点），各国不断扩张领土、强化对本国民众的控制。尽管此类活动为各国创造了新的财富来源，但同时也需要更多财政收入作为其后盾。为了彰显权威，这些开疆辟土的新国家大肆征税。有些国家征收人头税，有些国家则征收所得税或生产税，还有些国家征收进出口商品消费税。那些增加税收额或征收新税种的政府清楚，要取得民众支持，征税必不可少，这是不会危及政府的权力、权威和合法性的做法。然而，从纳税人的角度来看，选择交税还是避税，很大程度上取决于他们能否在某一显而易见的方面获益。 1

历史上逃税的方式五花八门，而本书只探讨其中一种方式：走私。本书不仅要论证走私在现代世界国家建设中所发挥的作用，还要证明那些规制走私活动的人往往是这项活动的受益者。此外，本书坚持一个观点：虽然世界各国宣扬自由贸易，但同时也限制了自由贸易的发展；那些违反贸易限制的人很少受到惩罚，他们背后的合法政权也因此得以持续存在，甚至愈发强大。

走私者及其客户是本书所探讨的走私“帝国”的主体，他们拒绝遵守贸易限制。虽然这些人经常违反法规，但他们往往不像典型的罪犯，认为暴力才能解决问题或者直接诉诸暴力手段。

简言之，虽然他们的逃税行为损害国家财政基础，但其犯罪 2
行为又在国家建设中起着非常重要的作用。大部分走私者认为，国家才是他们最强大的保护伞。

本书将分几个部分来阐述论点。此外，本书还引用了现代世界各个时期的例子，以证明同样的问题在不同时期不同地方出现。所以，传统的历史叙事法在此作用不大，因为这一方法认为时间所带来的变化是历史叙事的主要驱动力。

深入研究1700年后有关诸多社会形态的历史资料，可以发现大众对于走私活动或其他非法经济活动普遍持有怨言。[1]准确地说出某个特定历史时期的非法贸易占某个特定国家商业交易总额的比例，这是我们完全不可能做到的事情。但很多对“走私”这一话题感兴趣的人，往往希望研究走私的学者去推测其涉及的规模和范围。[2]

本书不会对全球走私活动的经济规模作出断言，因为我既没有能力也没有兴趣通过建立经济模型来推断过去发生的事。这种做法很不明智，因为只要出现新的证据，任何“创造”出来的数字都很容易被证伪。了解走私货物的品类和其成因相当容易，不过以现有历史资料来看，我们根本不可能探查到以往走私活动的具体规模。20世纪初，一名睿智的印度海关官员曾说过：

> 人们很容易对大麻走私问题持激进观点，而用合理论点来支持这些观点亦易如反掌。但要列举出能够证明这些观点的论证，那就几乎不可能了。众所周知，数据是不可靠的，而关于大麻的数据往往极具误导性。因此，人们一直以来都尽量不以数据作为争论的基础。[3]

没有任何一个国家的官僚机构或政治机构会系统性地记录其公民或臣民非法跨越国界时携带的产品数量，任何试图量化违禁商品或非法贸易的做法都只能得出错误结论，而且我们永远无法找到足够的论据论明其合理性。因此在我来看，这种量化的方法是完全错误的。

各国政府根本无法知道、也确实不知道究竟有多少种货物跨越了它们漏洞百出的边境。可以说，目前大多数国家都是这种情况。数据记录是不完美的，因为记录数据的人要么故意忽略眼皮底下发生的走私活动，要么对此一无所知。一个国家或帝国内部各区域之间存在地理分隔，比如宗主国和殖民地之间由于远隔重洋而造成地理分隔，这便导致货物检查和核实工作难以进行，或至少无法以合理成本做到这点。最初，我通过思考18世纪和19世纪加勒比与大西洋周边国家的情况而得出这一结论，但从大西洋盆地以外的大多数国家得出相同结论并不困难，尤其是那些在19世纪和20世纪致力于跨越印度洋进行贸易的国家。[4] 3

换一种更实际的说法是，走私活动肯定在大部分历史时期持续存在，更重要的是去思考走私活动在近代国家或帝国（因为帝国的行为方式与近代国家类似）建设中扮演的角色和意义。通过审视历史资料中保留的具体例子，确认它们以何种形式存在于关联性日益增强的世界，就有可能收集到一些重要信息，了解这些发展中的政体与那些生活在其权力之下的人与人的关系。[5]历史记录虽不完整，但它们形式多样，很容易挖掘并进行案例研究，构建论点和进行深入分析。历史记录大多是定性的，但有些记录为本书提供了少量可用于定量分析的数据，有助于本书就某一特定地点的走私规模提出一两个观点。[6]

如前文所述，故事和故事片段有助于读者发现一些有趣的模式；与此同时，它们也提出一些令人信服的论点，阐明近代国家、传统帝国及受其统治的民众之间不断变化的关系，而这正是我所希望的。本书主张读者研究走私行为后，可以了解被特定政府统治下的个人和集体如何理解该政权在他们日常生活中所扮演的角色。一些人明目张胆地违反法律、法规和法令，这种行为可以被视为、也应该被视为一种控诉方式。他们告诉那些当权者，包括征收关税和其他税收等政府行为不受民众欢迎、不必要甚至不可取。[7]人们用实际行动来选择自己反抗国家的方式，其中包括违法行为。

4 即使记录在案的走私案件数量有所增加，也不一定就能凭此推断走私活动也有所增加，正如因入店行窃而被捕或被起诉者数量的增加不一定意味着有更多人入店行窃。人们对走私活动的抱怨与日俱增，但至少就目前而言，这或许仅仅意味着更多人在违法时被抓了现行，或许政府在特定时期行使执法权以控制那些生活在其权力下的民众，或许出于其他原因而必须这样做。政府存在多重需要强化守法行为的理由，也许是要坚持立场增强在公众心中的合法性；[8]或许这样做只是为了增加财政收入。通过研究一段时间内政府打击走私活动的执法模式可能发现：在各国决定是否对本国和他国国民的走私贸易活动采取行动时，战争与和平的博弈发挥着重要作用。[9]

可以断言，至少在近代世界，有些政府通过扩大其先前的公认权力来发动战争。[10]人们越来越期望政府能保护他们不断积累的大量财产，而这些财产往往是他们通过扩大商业贸易网络积累下来的。[11]这些不断扩大的贸易网络跨越海洋与大陆，无论个人或集体都可以用更多样化的形式获取更多财产。货船驶过区域边界，运送人员、商品和奢侈品。为保护这种资源转移活动，欧洲国家把公海控制权攥得越来越紧，把自己的领土边界推得越来越远，超出纯粹的物理和地理边界，建立了全球性的法律制度。[12]欧洲法律制度的转移（或扩散）纯粹为宗主国服务，终将取代现有的本土政策和做法。在欧洲人到达并殖民他们的领土之前，大部分本土政策和做法早已完全适应了其情况和内部发展趋势。当我们谈论殖民开拓或帝国主义时，还必须认识到这一点——欧洲商业和法律理念在世界各地传播，深刻地改变了当地人对商人和商业的原有理解。[13]

新的法律制度不但限制了当地居民和土著居民的商机和获取 5
财物的机会，同时还保护了欧洲商人的市场，赋予他们大量获利和积累财富的机会，这绝非偶然。鉴于这些事实，人们或许乐于看到土著居民进行广泛的走私活动，以此反抗欧洲殖民统治者。无可否认，反抗运动一点都不少，[14]但这绝非事实的全部。稍后我将提到，其实在任何社会体制中，三教九流都在进行走私活动，甚至包括那些贸易行为受到法律保护的商人。法律最大限度地发挥了他们创造利润的能力，同时又最大限度地减少了他们的竞争对手数量。[15]

因此，有些法律表面上是为了保护本国商人，其实是为了确保欧洲人在商业事务中享有至高无上的地位，可这些法律却经常遭到那些本应从中受益的商人践踏——顺便说一句，他们一直是这些法律的主要拥护者之一。不过，与那些想鱼与熊掌兼得的商人相比，这个现象更为普遍。用一位19世纪历史学家的话说：

> 然而，我们还没有与这一庞大的走私群体断绝关系，因为它不断扩大自己……几乎深入社会的每一个阶层。每个商人

> 都从事走私活动或买卖走私货物，每个酒吧都有走私者供货，而他们也投桃报李，尽可能给予走私者一切便利。每一名乡绅……都会涉足这种有趣的非法交易，大多数地方官员都要瓜分走私产生的收益或部分走私商品。[16]

作者认为，走私这个问题存在阶级（或社会经济）利益一致性，负责执法的治安官可能会被更廉价的货物所诱惑，或者通过弄虚作假从政府财政部获得部分收益，大行贪污腐败之事。此外，前面已经提到过，那些声称需要对商业加以保护和管控的人也违背了他们参与制订的规则。[17]例如，18世纪的商人就以这种方式削弱了国家的权威，而他们赋予国家这种权威恰恰是为了保护自己的企业。因此，亚当·斯密（Adam Smith）认为，人类"以物易物"的倾向似乎超过了政府保护"生命、自由和财产"的明确需求。[18]

简而言之，走私成了当地各色人等将全球化（或国际化）视野与本土实践相结合的方式。事实上，他们比当地政府更具有全球化思维。宗主国的法律以及创造和捍卫它们的法律制度位于千里之外，尽管运输技术的改进使距离看起来不再遥远，所需时间也明显缩短，但由于殖民化程度的加深，物理空间的分隔反而有所扩大。

6 反过来，这种扩大后的分隔为处于每一个地理位置的个人提供了相当广泛的行动自由，他们可以自行决定哪些法律可以被接受、哪些法律可以被忽略。[19]即便了解一个殖民地、国家或帝国等任何特定地方的法律，也绝对无法保证人们会遵守或采用这些成文的法规。[20]的确，对于法律的了解程度，往往不足以确定其执法模式。例如，美国司法部长迈克尔·伯纳德·穆凯西（Michael B. Mukasey）在2008年8月12日声称，“并非每一个过错、甚至每一次违法行为都是犯罪”。[21]这种观点违背了绝大多数立法者的信念，但更符合历史事实。穆凯西这番话的主要含义是，犯罪行为要受到指控和起诉，然后才能定罪。

研究法律对贸易的限制是必要的，尤其是那些将法律制度与竞争对手区分开来的限制因素。尽管现代世界的所有法律制度都存在贸易限制条款，但各个地方有所差异。与此同时，我们必须把违反这些法律和政策的计划以及任何根据计划产生的行动和谈判活动考虑在内。只有这样才能显现这一模式的全貌，同时揭示国家与其国民的关系，或者帝国与其偏远地区臣民关系的动态理解。

为了更深入、更直观地使读者了解违反贸易限制所带来的后果，必须审视那些从档案中收集而来的走私活动案例。通过几个案例，有可能会得出一些与走私贸易（或有计划但未能取得成果的交易）相关的重要特征，诸多特征形成既定模式，就能展示其范式是如何随着时间的推移而演变或保持不变，更好地了解走私贸易对许多参与者来说意味着什么。本书的一些故事看上去像趣闻轶事，不过它们被选中并不是因为读起来有趣，而是为佐证本书论点。[22]它们是那些湮没于浩瀚历史档案中的案例代表。

此外，本书研究了各个政府实体（或国家、帝国）及其地理边界内存在的贸易限制以及其臣民和公民针对这些法规所采取的对应措施。无论何种社会形态，其商业法大多将注意力集中在财产、合法获得财产的方式与财产累积后的后续保存上，本书主要关注那些以违法手段追求财产的个人和群体。对法律与违法者的相互影响进行研究之后，可以得出一个重要结论——无论过去或现在，走私者都是自由贸易者。[23]

7 走私者及其客户经常打破商业活动与国家法律的界限，除了让自己和别人的消费最大化，他们从不考虑采取其他行动。走私者是自由贸易者，他们也的确以物易物，可尽管如此，人们并不觉得他们是公平的贸易者，因为公平的贸易者总是设法在遵守法规的前提下进行交易。公平贸易者不是自由交易者，因为他们接受法律施加在他们身上的贸易限制，而这也限制了他们“以物易物”的能力。走私者被视为公平贸易者的对立面，他们不接受贸易限制，如果有机会，他们肯定会违反贸易限制。换言之，我们可以说走私者的存在依赖于国家，因为正是违反法律的行为赋予了走私者“罪犯”的地位。如果国家没有制定禁止性的法律，他们本可以成为自由贸易者。出于同样的原因，公平贸易者的存在也依赖于法律；如果没有法律，他们也应该是自由贸易者。[24]

通常情况下，形形色色的走私者都在不诉诸暴力或不威胁使用暴力的情况下达到目的，与下一章将要提到的海盗相比，走私者尤其如此。许多走私者竭尽所能逃避当局侦查，海盗却更愿意直接挑战官方权威（正因为如此，尽管海盗人数比走私者少，且地理分布范围较窄，但知名度却比走私者高得多）。在许多情况下，腐败官员尤其是殖民地官员为走私活动提供便利，是因为殖民地远离严格执行法律条文的宗主国法律中心。“山高皇帝远”，再加上官员贪污腐败，这样两大因素充分解释了为什么鲜有走私者被发现、惩戒或被起诉，因为通常没有受害者揭发他们的罪行

（除非有人将法律制度视为受害者）。19世纪作家G.P.R.詹姆斯（G. P. R. James）告诫英国肯特郡（Kent）的读者：

> 地方官员和警察……通常与走私活动牵涉颇深。不管怎样，与法律相比，走私活动给他们提供了更公平的机会；而在一般情况下，他们遇到的最倒霉的事情也不过是被当场抓获并定罪。[25]

尽管詹姆斯的研究重点是英国农村，但他的结论适用于世界 8
上任何实施贸易管制的地方。他的结论是很少有走私者被告上法庭，更不用说接受审判和定罪了。然而，正是走私犯被当场抓获甚至被公开指控，才使我们了解走私所采取的方法、参与非法贸易的身份以及推动走私贸易并由此产生的消费方式。大多数受到法律机构谴责或起诉的走私者，一般不参与大规模的走私行动或活动。我们所了解的走私活动，走私者只是碰巧在错误的时间出现在了错误的地方。[26]大多数走私活动之所以成功，是因为参与者懂得躲避侦查，他们的所作所为将永远留在历史的阴影中。

照亮阴影：走私者、暴力与暴利

即使走私者懂得躲避，执法人员还是在很多时候和场合侦测到这样或那样的走私活动。只要研究一下这些案例，我们就会发现一些走私模式，只是没有任何一个例子能说明特定社会形态或地区的走私规模。相反，走私案例所揭示的是一系列相对简单的问题，包括走私者的身份、走私产品的种类以及政府的应对措施。但是，用詹姆斯的话来说，那些“被当场抓获的人”到底是谁？他们面临着什么样的社会反响？

被抓的走私犯有时会成为杀鸡儆猴的例子，因此不到山穷水尽，走私者绝不愿意被抓和被认定为走私犯。他们会被媒体或法院公开曝光，甚至要面临监禁，财产也很可能被没收。走私犯面临的潜在结果让他们有时左右为难，要么损失过多财产，要么无法忍受没有行动自由的生活。万不得已时，他们还会诉诸暴力，但只有在自认走投无路时才会出现。这样的例子不应该被当作广泛适用的走私者行为模式，因为被抓绝不是走私者的标准经历。

9 不难想象，每个走私者都有自己某个特定的点，如果不诉诸暴力，他（或她）就会不得不跨越这个点，但历史学家永远不会知道这些点是什么。史料中很少有走私者被起诉的记录，而在出现走私案件的历史记录中，则普遍没有提及走私者使用暴力，这使我们无法用理论或预测模型来准确地推测出走私案件何时会变成暴力案件。以下三个走私者诉诸暴力的例子，让我们至少有一个粗略的感觉，了解到底是什么原因驱使走私者向原告或他们所认为的“被施暴者”发起攻击。

1789年，多米尼加岛的一些居民划船前往停泊在罗索港（Roseau）的一艘轮船旁——至于具体是哪些居民，如今仍无定论。早些时候，海关征税员以船上有非法货物或走私货物为名扣押了这艘船，而所谓的走私货物是来自北美的木瓦板。[27]与岛上海关征税员发生正面冲突并非多米尼加居民的一贯做法，他们普遍习惯于采取一些比较被动的方式来应对政府。1761年后，该岛经历了数次殖民政府的变更，它先是被法国殖民，后又成为英国的属地。1763年，法国将该岛正式割让给英国，但在1778年美国独立战争期间，法国再次进攻多尼米加岛，重获该殖民地的控制权。到了1783年，法国将该岛归还给英国，英国拥有其管辖权，直到20世纪末多尼米加独立为止。

多米尼加的大多数白人居民拥有法国血统，可尽管如此，他们普遍更喜欢受英国统治，这很大程度上是因为英国的贸易政策更加“自由”。[28]法国的食糖大部分来自多米尼加、马提尼克（Martinique）和瓜德罗普（Guadeloupe），经常被运送至附近英国殖民地装货的英国货船上。换句话说，食糖作为销往英国的产品运走，出口商的目的就是在英国市场上把食糖卖出高于法国市场的价格。[29]多米尼加的法国裔居民也这样看待法国消费品，法国产品的质量优于合法进口的英国商品，而他们只能偷偷摸摸地进口。[30]后来，多米尼加的法国和英国居民得知当地政府扣押了非法进口的货物和非法出口的食糖，有违他们的利益而颇为愤慨。政府打压加勒比本地居民进行自由市场贸易，完全无法让居民接受。[31]在这个案例中，对多米尼加的被殖民者而言，所谓的“公平贸易”并不公平。

多米尼加殖民者卷入了争夺司法管辖权的正面冲突，而冲突 10
对象的对手正是其宗主国当局负责在殖民地实施帝国法律的人。帝国考虑执行的法律不仅管控商业往来，而且让那些受国家保护的垄断企业获得各种货物和产品，阻碍了自由贸易的发展，引起极大争议。多米尼加不但远离牙买加等较大的岛屿经济体，也远离巴巴多斯等较为成熟的殖民地；在这片小小的殖民地，人们可能认为政府干预较少，因为对于英国（或法国）的殖民事业来说，多米尼加并不是特别重要。

但在18世纪80年代，实际情况并非如此。英国派驻多米尼加的总督约翰·奥尔德（John Orde）认为自己是极其讲究细节的人，在大部分人眼里，他也确实是这样一个人。[32]1789年的事件中，奥尔德总督和海关征税员命令一群执法人员查抄了一艘货船，因为船上载有产自北美的木瓦板。由于美国当时已经是一个主权国家，所以在大英帝国内部，美国不再享有任何形式的保护权。被查抄的货物将在拍卖会上出售，审判费用和政府官员的佣金将从拍卖收入中扣除；剩余收益分成三等份，由英国国王、总督和扣押货船或知道货船被扣押的官员平分。[33]

假如这些非法进口的货物不被扣押的话，最有可能购买货物的人就是岛上的居民，因此，承受损失的只能是他们。为了防止这种损失，参与走私活动的人对试图阻止走私的人采取行动。就在海关征税员准备下令扣押货船并没收其非法货物时，他本人却被抓了：

> 遭受了一番虐待和辱骂之后，海关征税员被扔到了海里。他的上膛火枪被人夺走，有人在货船上瞄准他扣了两下扳机，没有打中。当他游到岸边时……这艘单桅帆船匆匆砍断一条缆绳，向大海驶去。[34]

那艘船很有可能越过海峡，到达了马提尼克岛，因为该岛属于法国殖民地，非常安全。它本可以合法进入自由港多米尼加，但由于没有缴纳巨额关税，违反了法国的法律，所以不得不返回马提尼克岛。很多情况下，类似的故事会随着历史记录的消失而结束，但这个故事并没有就此完结。大约一周后，那位海关征税员认出了那艘船，它带着法国货物回到多米尼加，而且还有可能未缴纳任何关税。

该船长无法提供航行及合法运输的货物记录，于是征税员 11
扣押了这艘船及其货物。当地附属海军法院（Vice-Admiralty Court）的法官斯图尔特（Stewart）也是一名商人，他拒绝给这艘船定罪，不赞成没收其货物；相反，他相信船长的不在场证明，于是无视海关征税员的证词，宣判该船无罪。[35]

乍一看，这个故事似乎平淡无奇。然而，这表明有些人非常乐意藐视法律，在不引起别人注意的情况下走私违禁货物。他们觉得自己别无选择，只能使用暴力公开羞辱海关官员。多米尼加居民和他们的邻居惩罚了那些负责保护他们的人，这不仅仅是一个针对不受欢迎行动的典型反应，而且是一种有预谋的行为，走私者及其客户将暴力视为唯一选择。毫无疑问，当地居民认为自己已经完全失去了与当局进行合法谈判的机会，并且根本不存在其他有吸引力的选择。由于约翰·奥尔德的个性和政策，再加上那些追求政绩的下级官员推波助澜，多米尼加官民之间典型的回避和非对抗局面就此终结。

随后几年里，奥尔德总督与附属海军法院法官斯图尔特长期不和。斯图尔特写道：

> 据我所知，奥尔德阁下和理事会未被授予合法权力来干涉

我作为海事法官的司法权。因此，对于我可能作出的任何宣判，其合理性不言自明，我认为没有必要进行解释。[36]

正当奥尔德和斯图尔特发生争执时，暴徒袭击了扣押货物的海关人员，海关人员认为这些货物是在没有缴纳税款的情况下进口到多米尼加的。[37]1790年3月27日，多米尼加一位岛民约翰·布莱尔（John Blair）把非法进口货物的信息告诉了海关征税员，他说：“有人以一种最大胆、最令人愤慨的方式扰乱本殖民地的公共治安，破坏民选政府。”一群暴徒对此作出回应，“以一种对民权社会而言最不光彩的方式剥光了约翰·布莱尔的衣服，用沥青和羽毛覆盖他的身体，对他拳打脚踢，拖着他在罗索的街道上游街示众”。[38]

12 好在军队出面制止了暴徒，布莱尔才幸免于难。有一点似乎相当明显，即奥尔德为了铲除走私所做的努力使当地民众神经越来越紧绷。这种暴力模式还会继续下去，多米尼加岛正走上一条政府无法与当地居民共存的不归路。[39]

因为伦敦的管理者要求奥尔德说服多米尼加的立法机构提高税收以支付殖民地政府和国防的费用，他与岛民的矛盾逐渐激化。18世纪90年代，随着英国再次准备与法国开战，国防费用上升。多尼米加立法机构一再拒绝遵从奥尔德的指令，这使得地位本已岌岌可危的奥尔德更加举步维艰。如果不是如此热衷于根除走私活动，立法机构对他增加税收的要求就算不积极配合，可能也不会作出太过敌对的反应。1792年中，离任前的奥尔德前往伦敦，向英国政府解释多尼米加首府罗索的局面为何变得如此困难，他指责岛上的议会——“对非法贸易感兴趣”。事实上，他错误地认为由于议员们热衷于走私，所以议会“拒绝将该岛的行政权力授予政府，而其他地方的总督几乎都有这种权力；议会不但允许走私货船靠近岛屿，还允许外国人登岛居住”[40]。几乎可以肯定的是，奥尔德离任后，支持非法贸易的人们欢呼雀跃，副总督詹姆斯·布鲁斯（James Bruce）则打压了这种气焰。奥尔德被免职数月后，布鲁斯中止了奥尔德的死对头斯图尔特法官的职务，并指控他贪污腐败。斯图尔特立刻向英国投诉，希望能官复原职。他知道，多米尼加居民要靠走私产品来满足自身消费需求。

如果说18世纪加勒比地区走私者及其客户在所有谈判手段失败后一般采用暴力作为最后手段的话，那么世界其他地区和不同时代的走私者也同样如此。以1827年的清朝为例，与多米尼加人不同的是，英国殖民者并没有因本国政府官员干预他们的走私活动而对其发起攻击，他们的攻击对象是那些得到合法授权的清朝政府官员，因为他们认为当地官员打算制止鸦片非法进口。换句话说，一国的臣民攻击另一国的政府官员，理由竟是这些政府官员逮捕了从事走私活动的该国臣民。

1827年3月5日，在伶仃港（Lintin Harbor）[41]附近，一艘小船 13
驶向停泊在港口里的一艘美国货船，准备与其碰面商谈一笔非法交易。几乎可以肯定，那艘小船属于当地商人。另一艘属于中国官府的船拦截了该中国小船，并把它带到一艘“中国战船”旁边。[42]乍一看，此次拦截似乎符合程序，因为官府人员当时正在港口巡逻，碰巧发现了他们认为可疑的非法活动，于是代表清政府逮捕了这些罪犯。

尽管如此，港口里的外国货船——包括隶属于英国东印度公司（British East India Company）的货船，不仅拒绝承认清政府行使主权并巡查本国领海的合法权利，还“给自己的船配备武器”，防止被官府拘捕和扣留，他们不相信中国人愿意以东印度公司所希望的方式进行贸易。目睹货船被拦截的欧洲商人们错误地推测，一名来自欧洲的外国商人已被清朝官府收押，他们要把这名外国商人从当地政府手中解救出来。事态发展至此，货船到底有没有被扣押已经无关紧要，外国商人们要求清政府立即将那艘小船的俘虏交给他们。当清政府回答说没有扣留任何外国人时，清政府的战船遭到“乱石袭击”，直到“中国人弃船而逃”，官府抓获的走私犯被移交给欧洲商人。[43]

欧洲贸易商受雇于英国东印度公司。当然，东印度公司的货船来到伶仃港，就是为了交易鸦片。无论当时或现在，政府都明令禁止鸦片贸易，就像把来自法国宗主国的货物或美国木瓦板进口到英属加勒比领土是违法行为一样。[44]欧洲商人要求清官府释放压根不存在的俘虏，随后以“乱石袭击”战船。虽然英国驻伶仃领事认为无端攻击货船是一种“不必要的侵略行为”，而且其他目击者和参与者也普遍赞成他的观点，但中国政府并没有对外国商船实施报复。[45]欧洲商人之所以使用暴力，是为了保护他们在鸦片走私贸易中的利益。

清政府并没有借此次袭击挑起争端，与半个地球之外的加勒比地区的殖民者一样，清政府强调自己拥有在本国领土范围内制止走私活动的合法权力。

14 英国政府声称，其在中国的臣民——东印度公司的雇员——没有采取足够有力的行动来防止再次发生同样的尴尬局面。伦敦政府官员认为，虽然英国东印度公司说要“解雇”所有涉及此事的员工，但这样的威胁惩罚力度不够。走私到中国的鸦片来自东印度公司控制的印度次大陆地区（Indian Subcontinent），就算其雇员失去了在该地区生活和工作的权利，与毁掉英国政府日益重视的国家利益相比，他们所付出的代价简直太小了。东印度公司显然感受到了来自英国政府的压力，在致信驻华雇员时写道：

> 因此，我们感到非常遗憾……你们没有及时将详细情况……包括货船名称、官员姓名等向英国东印度公司殖民政府汇报。这几艘船与清朝进行贸易时，要获得殖民政府授权。首先，如果它们的贸易特许状中包含诸如“针对中国人的任何攻击行为要受到惩罚”的条款，则这种惩罚由船东承受。其次，如果贸易特许状中没有任何这方面的规定，那么，英国东印度公司殖民政府可能已准备好制定一些规章制度，对从事对中贸易的船舶进行更有效的检查和控制，以便于我们的官吏能使用权力范围内的一切手段，确保我们在清朝的重大利益，避免与从事印度货物贸易货船的船员之间发生冲突，从而产生不良影响 。[46]

与1789年的多米尼加走私案不同的是，那些在1827年的伶仃港擅用私刑的人也许没有违反欧洲的法律，但他们触犯了清朝律法。尽管清朝的法律没有被欧洲人充分理解，但与欧洲许多国家的法规相比，两者并没有到截然不同的地步（当时还没有国际贸易协定）[48]。 15

伶仃港事件发生在罗索港事件之后，而且相差了两代人的时间。两者除了差异之外，还有一些相似之处。当时清政府统治下的中国存在两套不同的法律制度，即英国法律和清朝法律。由于各有侧重点和假设条件，两套法律制度之间产生了冲突。在多米尼加，冲突双方则属于单一法律制度中的两个派别。该冲突事件暴露了重要的主权问题，只用了一代人的时间，这些问题便完全破坏了清朝法律体系的根基，而类似的主权问题在大西洋沿岸各个帝国早已存在。发生在清朝的这个故事本身并不完全涉及工业化奢侈消费品，从某种意义上说，18世纪，无论是居住在加勒比地区的欧洲人还是本土居民，都知道这些工业消费品。然而，两个案例的焦点集中在鸦片这种违禁奢侈品上面。在19世纪30年代末至19世纪40年代著名的鸦片战争发生的前十年，鸦片就早已被走私到中国。[49]东印度公司官员以自己的名义进行鸦片贸易，而且没有受到政府制裁。与加勒比事件一样，英国政府关心的是如何确保其殖民政府的“合法性”，不希望外界觉得它在干涉和保护走私活动。

下面的例子将强化我的观点，以证明走私者在受到遏制的情况下会诉诸暴力。上文提到，18世纪的多米尼加，英国海关官员居然因为按总督的指示去维护法律而遭受殴打。19世纪，在中英两国因鸦片贸易爆发战争之前，清政府想依法禁止鸦片贸易，却遭到外国商人挑衅，清政府官员被迫在乱石（或更有杀伤性的武器）袭击之下逃走。这实际上帮了本国鸦片走私者一把，让他们免受清政府的惩罚。清官府只能释放走私者，把他们交到欧洲同伙手里。这种现象一直持续到20世纪，只是方式略有不同，暴力成为攫取暴利的手段。

19世纪末至20世纪初，随着法国驻中南半岛（Indochina/Indochine）殖民政府控制了越来越多的越南领土，来自法国宗主国的官员雇佣越南当地人作为他们在殖民地的代言人。在一些比较偏远的村庄，如文图村（Van Tue）等地，当地居民几乎与法国的法律绝缘。说好听点，他们对法国的法律不熟悉，说难听点，这些法律和他们毫不相干。[50]在越南，各种法律制度彼此间没有太多联系——当然，法国政府制订的税收政策除外。 16

与其他地方的殖民政府一样，法国殖民政府打算在另一种同样影响社会福祉的奢侈品上增加税收。清政府禁鸦片，法国人则想控制酒类产品。殖民地政府以不同税率对酒类产品征税，税率高低视产品是进口酒还是本地酒而定。[51]

1940年1月初，大约200名当地村民羁押了两名越南族裔的税收官员，并对其拳脚相加。这两名官员受法国政府雇佣，负责在法国势力范围内的各个村庄征税。[52]村民曾向这两名越南税务官行贿五枚坐洋，但他们拒绝了，还写了一份关于该村庄非法酿酒的报告，然后离开了村子。[53]村里的人恳求两名官员不要收缴村民用来酿酒的蒸馏器，然而，这两名征税员觉得自己拿着法国政府的工资，身上肩负着公职，甚至有可能对“法治”作出真正的奉献。于是，征税员告诉文图村的村民，他们会将村民生产违禁品的行为“记录在案”。[54]

两名征税员离开村子回到河内，准备呈交他们的报告。这里有必要指出的是，他们都穿着法国政府的制服，即村民能分辨出他们是法兰西共和国的代言人。[55]村民派人跟踪两名征税员，目的就是让官员回到文图村。当地居民想用故事打动征税员，显然是为了避免政府采取惩罚措施。或许更重要的是，村民们推测如果两名征税员说到做到，政府就会更加关注文图村的活动，甚至收缴村子里用来酿酒的蒸馏器，因为这正是逃税的铁证。更可怕的是，倘若征税员真把文图村私自酿酒的报告呈交上去，政府将会对当地酿造的酒精饮料征收滞纳税金。[56]两名征税员返回河内时，尾随的村民上去告诉他们，自从非法酒精饮料和蒸馏器被发现和酒精饮品被没收后，私自酿酒的村民便有了自杀的念头。[57]两位越南官员不想良心不安，或者不想在报告里汇报村民自杀，迅速返回村庄查看能否干预和阻止自杀情形的出现。当他们走进村庄时，一群愤怒的
17 村民立即扑上来用竹竿击打他们。[58]

这些违禁品买卖者之所以做出如此暴力的行为，原因与多米尼加和伶仃港海关征税员遭受的人身伤害如出一辙，那就是海关征税员没有留给当地居民逃脱惩罚的希望。走私者更愿意深藏不露，但恐怕无法如愿，因为国家即将对他们采取行动。以前，他们想通过秘密行动和贿赂逃避侦查，但这些努力都没能达到预期目的。既然他们的违法行为已经被国家发现，或者用现在的话说“被抓了现行”，那也没什么可顾忌的了。他们要用行动告诉征税员：现有监管措施过于严苛，他们反对如此严酷的法律。

尽管如此，暴力行为以及政府的反应措施显然暴露了国家的弱点。在这三起案件中，没有太多证据表明国家对走私者构成的威胁作出正式回应。我们之所以知道多米尼加事件，不是因为法律制度中存在已经确立法律事实的案件，而是因为该事件被当地报纸广泛报道，以及一名热心的政府官员把此事汇报给了

他的上级。我们之所以知道清朝的案子，不是因为中英两国相互进行了外交抗议，指责对方不当使用武力，而是因为英国政府利用此事作为一种手段，加强对东印度公司的控制（顺便说一句，此举并不是很成功）。此外，从越南的案例中，我们可以了解到一些重要的事情。此案最为引人注目的地方似乎是村民对国家官员实施暴力行为，而非某个偏远村庄私自酿酒、逃避法国殖民政府的税收。[59]在所有三起案件中，暴力都是不寻常的举动，并造成了违禁品贸易被曝光。实际上，这些案件只是冰山一角。尽管如此，通过审视这些事件，我们可以大致了解走私活动是如何进行的，以及走私者是如何与那些被迫打击走私活动的官员形成互动的。

也许我有点啰嗦，但我只是想提醒读者，绝大多数走私活动都是在神不知鬼不觉的情况下进行的，也很少遭到曝光。而当权政府几乎没有什么办法根除走私，尤其是在大量人口愿意参与走私时。事实上，走私活动渗透到社会各个阶层，涉及广泛的人群，甚至有时候成为宗教领袖抨击的话题。用罗伯特·哈迪（Robert Hardy）的话说：

> 在所有职业当中，我认为走私贻害最深。它使人类养成了狡 18
> 猾、狡黠、欺骗和隐瞒的习性，导致人们喜欢说谎、作弊、偷窃和欺诈；它使人们偏离诚实和勤勉劳动的正确轨道；它激起人类对烈性酒的喜爱，使人们变成酒鬼和醉汉；它为病魔缠身、痛苦和致命的疾病、早逝奠定了基础。[60]

虽然哈迪牧师从未说过走私可能导致暴力，但显然它可以做到、也确实做到了这点。走私者企图避开聚光灯，毫无阻碍地从事非法贸易，不受法律或其他因素的约束，去获取他们需要的货物；而在他们看来，政府禁止走私的做法是不明智的。违禁品贸易有可能导致道德沦丧，无论就涉及欺诈的走私活动本身而言，或是从过度消耗食糖、酗酒或吸食鸦片这个角度来说，都会得出同样的结论。此外，正如本章所指出的那样，走私者要冒另一种道德风险，即为了掩盖或继续欺骗行为，他们需要对他人使用暴力。

出于这一原因，如今人们仍持有一种看法，即走私者都是残暴的家伙，任何阻碍他们发财的人都会被施以暴力。本书认为，实际情况并非完全如此。正如哈迪牧师所声称的，只要有可能，走私者会设法以“狡猾”和“狡黠”的手段从事走私活动。实际上，只有在很少的情况下，走私者才诉诸暴力。顾名思义，“暴力”是一种比较公开的行为，与他们的行为习惯相去甚远。走私者通常所采取的暴力行为根本没有那么暴力，他们实施暴力的目的是挑战法律制度、跨越法律边界，因为这些制度和边界赋予了各个国家或帝国对其国民的商业交易和消费交易进行管制的权力。无论针对人身还是财产的暴力行为，显然都是受到无法逃脱的管制时的手段。

把走私者视为暴力罪犯的观念，源于大众想象中走私者和海盗的真实结合体。可与海盗经常做出的公开威胁和暴力行为相比，走私者所理解和采取的暴力行为实在微不足道。事实上，人们似乎会因此而时常把走私犯和海盗混为一谈。下一章的主题就是要探讨两个群体之间的区别，并思考在哪些情形下“走私者变成海盗、海盗变成走私者”。

第二章　「不是海盗！」

我经常向学生、朋友甚至同事解释说，要完成这个项目，就得对世界历史上不同地方和时代的走私活动进行研究。每当听到这话，他们的反应通常是一脸困惑。绝大多数人会花几秒钟时间来思考如何回应我的研究目标，然后说出同一句话：“哦，你说的是海盗吧？”尽管只有一些传闻轶事作为证据，但我们似乎很容易得到一个结论，那就是人们普遍混淆了海上抢掠和走私这两种毫无关联的犯罪活动。即使那些本应能够区分这两个群体的人，也难以做到这点。只要有机会，我都会向人们解释海盗和走私者之间的区别（希望我讲解的方式足够幽默），可人们对这两个群体的误解早已根深蒂固，难以消除。对很多人来说，“海盗”和“走私者”仍然是同义词。这显然太令人遗憾了，因为它们代表着完全不同的违法行为。 19

海盗以其特有的方式激发了大众想象力，走私者却从来没有也永远无法做到这一点。有人认为，拍一部名为《加勒比走私者》（Smugglers in the Caribbean）的电影会成为卖座大片。这种想法很可笑，因为观众在离开电影院时会想走私活动存在于什么地方？这样一部电影到底是怎么拍出来的？事实上，就在我写这本书的时候，现代索马里海盗正吸引着世界各地报纸的关注，而联合国也要作出谴责索马里海盗的决议。

与此同时，就算媒体报道了涉及走私者的案件，多数也不会引 20
起国际社会的愤怒，而且通常会被放到报纸后面的专栏。[1]无论在历史中还是在当下，走私者受到的关注远不如海盗。[2]鉴于走私活动的特点，这丝毫不令人感到意外。

与走私相比，海上抢掠是一种更大胆、更具侵略性的行为，因而可以成为更抢眼的头条新闻。海上抢掠要采取正面冲突，大部分情况下需要采用威胁手段或使用暴力；海盗活动的受害者身份容易识别，有时受害者甚至能够描述什么人对他们发起了攻击。[3]相比之下，走私活动是秘密进行的，走私者总是想方设法避免被人发现，而且很少使用暴力，不过也有例外。我将在本书最后一章中指出，走私者把所有手段都用尽之后，就会诉诸暴力，而这些手段也包括了腐蚀执法官员。

此外，尽管走私产品的消费者是犯罪行为的共犯，但他们表面上或行为上与其他产品的消费者没有什么区别，因而可以说走私者及其客户代表了所有的社会阶层和经济阶层。[4]海盗则主要来自没有任何财产的阶级，这一点至少适用于大西洋地区。在18世纪和19世纪的中国南海（South China Sea），海盗似乎有着更广泛的社会基础。[5]虽然走私者和海盗都希望获得违禁货物，但走私者往往认为他们唯一的敌人是不必要存在和不受欢迎的法律。因此，当政策和法规被规避时，人们制定政策和法规所依据的法律制度便成为“受害者”。用约翰·韦斯利（John Wesley）的话说：

> 公开走私者比拦路抢劫的强盗危害更大，而私人走私者比普通扒手贻害更广，因为毫无疑问，抢劫我们父亲比抢劫那些我们没有赡养义务的人更恶劣。倘若被抢劫的是一位好父亲，那这种行为简直可用丧心病狂来形容……乔治国王（King George）是其所有臣民的父亲……他是一位好父亲……给予国王他应得的东西，就像是把上帝应得的东西交给上帝。[6]

韦斯利认为，国王是走私活动的受害者。事实上，他只是把一个人与法律制度联系在一起，以向他的读者表达观点。相比之下，海盗总是可以把某个具体的人或一群人定为自己的猎物，不管是国王的珍宝舰队，还是货船的船主，海盗总能立刻或很快就意识到他们的攻击对象是谁。在本书所探讨的大部分时期里，海盗本身已被国家视为非法群体。他们当中的许多人把经济体系和由此产生的社会不平等视为攻击对象，而非法律制度。[7]

换言之，尽管走私者可能会挑战社会经济运作秩序，但他们并 21
不想把现有秩序推倒重来。相比之下，海盗们则不仅会挑战现有秩序，还会通过“劫掠”将某个群体的财富强行重新分配给另一个群体。约翰·韦斯利在他的反走私文章中提醒读者，那些参与走私活动的人不仅给国库造成损失，也损害了他们的自身利益。我们可以推测，海盗们认为损害国库的行为使他们成为直接受益者。通过走私货物，走私者通常在他们所处的社会经济秩序下过得很滋润；而18世纪20年代以后，大西洋地区的海盗很少有好日子过。不过在其他地区或其他时期，海盗的处境也没好到哪里去。[8]虽然海上劫掠活动没有走私那么普遍，但无论过去或现在，海上劫掠都比走私更明显、更富戏剧性，甚至更有浪漫色彩。为了对比海盗活动与走私活动之间的区别，请参见以下关于英格兰普利茅斯市走私活动的描述：

> 我们遇到了几个女人，她们外表看上去非常怪诞和奇特，我无法想象她们到底用什么方法完全改变了天生的姿态。上前询问之后，我们才发现，她们是走私烈性酒的，当时她们正用小

> 船将烈性酒偷运到普利茅斯，然后把酒瓶绑在紧身衬裙下面带上岸。但酒瓶实在太重了，她们走起路来显然很困难，一路摇摇晃晃的。[9]

这几个女人想假扮孕妇，结果演过头了。这个例子表明，为了避免被人发现，走私者愿意采用极端手段。

尽管关于海盗的文献相当多，但关于走私的历史学术资料却比较少，而且零散得多。此外，由于本书的主题是走私，所以我们很容易忽视海上劫掠行为和任何“海盗”行为。读者希望从书中看到海盗们的传奇历险故事，而我要说明实际情况并非如此。为了做到这点，我们必须思考海上劫掠与走私之间的区别，以及这些罪行是如何以不同方式影响（相同的）法律制度的。

22 出于同样的原因，我们还要思考几个可能非常有用的具体历史案例和现代案例。在这些案例中，走私者和海盗这两个群体相互影响，这些案例有助于进一步弄清楚两种罪行之间的差异。正如韦斯利所说的那样，这两种活动总体而言相差甚远，一种是“拦路抢劫”，另一种则是“扒窃”。不过，还是有少数人成功地跨越了两者之间的界限，只不过持续时间不长。他们的经历使海盗和走私者之间的区别变得更加模糊。

海盗简史

研究现代大西洋世界早期历史的学者无法回避这样一个论点，即：尽管海盗为自己创造出另一种社会经济秩序，但却对大西洋世界的形成造成重大影响，而这种影响波及每一个人。[10]换句话说，欧洲各国的领土扩张主义者在美洲开展的殖民事业可以直接或间接地与海盗行为联系在一起（东南亚的情况也是如此，下文将对此进行论述）。来自某个欧洲国家的海盗肆意骚扰来自另一个欧洲国家的海盗；但在某些情况下，他们会联合起来攻击当时最富有的国家：西班牙。有时候，他们甚至拥有帝国官方颁发的特许状，也就是所谓的“捕拿特许状”，即帝国允许他们攻击敌对国的货船。持有这种特许状的货船被称为私掠船，而未持有捕拿特许状、完全出于自身利益去抢掠的货船则是海盗船。[11]相比之下，到了16世纪和17世纪，新的殖民政府确立其经济原则以及建立法律制度（或在欧洲为殖民地建立了这些原则和制度）很久之后，走私者才登上历史舞台。至少在美洲，正在成型的国家政治经济体系与海盗和走私等违法行为产生了联系。

西班牙是15世纪末至16世纪初首先登陆美洲的欧洲国家，可尽管如此，西班牙人在西半球并不孤独。他们遍布整个地区的经济活动，尤其是淘金热，吸引了其他欧洲国家前来探索大西洋西海岸。他们中大多数人希望与西班牙竞争，想办法从西班牙已经控制、但还未有效占领的领土内淘金。如果做不到这点（大多数情况下他们都做不到），欧洲的竞争对手就寄希望于从西班牙人手中直接得到黄金。有两种方法可以实现这个目标：第一种方法是生产西班牙人想要的产品，让西班牙人用他们刚刚获得和迅速积累起来的宝藏来购买产品；第二种方法是袭击满载黄金、从美洲回国的西班牙货船。海盗会把抢来的黄金部分上缴国库，从理论上讲，这些黄金能使国家正常运转，甚至扩大其职能。通过这种方式，海盗获得了本国君主的一些信任，而这些君主则难免要承受来自愤愤不平的西班牙政府的外交抗议。[12]

23 这种海盗行为通常被定义为“公海抢劫”。如果非要说海盗没有使用暴力的话，那至少可以说他们采用了暴力胁迫手段。最终，海盗们在加勒比地区定居，因为他们找不到其他地方把这些不义之财花掉，只能将其囤积起来。[13]加勒比地区的一些地方经常受到海盗的光顾，比如牙买加的罗亚尔港（Port Royal），它们给海盗们提供了现金消费的机会，从而促使人们移民到那里。移民潮反过来又促进了当地经济的发展，规范了与其他商业活动相关的法律，并为法律尚未明确禁止的走私活动提供了发展机会。[14]

美洲的地理位置，尤其是航海时代的风向，意味着回欧洲的航线除了从韦拉克鲁斯（Veracruz）出发，实在没有太多其他选择。西班牙人把他们刚开采和铸造好的金条运送到韦拉克鲁斯港，然后在船队的护送下运回伊比利亚半岛。[15]只要熟悉该地区各岛屿的自然地理环境，海盗就比较容易找到最佳地点建立基地，伺机袭击西班牙运金船。正因为如此，海盗们盯上了巴哈马群岛南部以及伊斯帕尼奥拉岛（Hispaniola）北部和东部沿海地区的一些小岛屿；这些基地还让他们有机会参与当地经济建设，毕竟起初没有任何欧洲国家经营这些地区。[16]

事实证明，对于西班牙政府和那些纵容本国居民骚扰西班牙殖民地原住民的大多数国家来说，在美洲活动的海盗是一大公害。欧洲宫廷外交官之间的大量通信表明，西班牙政府对非西班牙海盗非常不满，认为这些海盗不仅侵犯了西班牙的淘金业，还干扰其殖民地事务和传教工作。然而，非西班牙海盗在殖民者定居西半球的过程中起到了极其重要的作用。海盗为袭击和掠夺西班牙货船而建造的基地最终变成了永久性定居点，后来还变成非西班牙殖民地，比如佛罗里达州和卡罗来纳州。此外，海盗的行为还使新大陆的部分财富从西班牙重新分配到欧洲较北部的国家，有利于这些国家在商业体系中与西班牙展开竞争。[17]越来越多金条流入除西班牙以外的欧洲国家金库，这反过来又促使欧洲各国承认海盗对其财政收入所作的贡献；不过，在大部分正式场合，官方依然否认政府与海盗的关系，也不认可海盗的行为。[18]

西班牙政府多次抱怨大量非西班牙海盗在其殖民的美洲领 24
土和菲律宾附近定居。至少在17世纪的“海盗黄金时代”（Golden Age of Pirates），欧洲其他国家声称无法控制本国臣民的行为，而这些臣民恰巧生活在本国地理边界之外，或者“国境线之外”。[19]西班牙政府还说，这些违法行为发生在西班牙人控制的领土上，所以西班牙人要维护自身地理空间的治安；如果西班牙政府不能或不愿这么做，那些支持本国海盗移民到美洲的国家便很难被追究责任。[20]

正是以这样的方式，北欧国家利用海盗在美洲建立了自己的殖民地。不知不觉中，海盗的陆上基地被改造成繁荣的补给站，然后变成较大的城镇，这些城镇得到内陆地区提供的支持。[21]当然，新增定居点的建造资金来自海盗对西班牙珍宝舰队的正面攻击。西班牙的敌对国提高了海盗攻击西班牙货船的报酬，并在美洲各地建立社群，与西班牙殖民者展开竞争。[22]

因此，海盗为美洲的许多非西语国家奠定了基础。但在如今公众的想象中，这绝不是海盗被世人铭记的方式，也体现不出海盗的浪漫形象。很少有人认为海盗是社会批评家或政治经济学家，更谈不上国家的奠基者，哪怕他们的行为确实涉及这些领域。[23]人们更有可能把海盗当成反叛者，他们以男性为主，明目张胆地反对政府当局，想通过自己的犯罪行为创造一个完全平等、但也更加暴力的世界。至少在某种程度上，海上抢掠是以功利主义原则重新分配财富，这样的吸引力不亚于成为侠盗罗宾汉。[24]通过转移财富，海盗还催生了一种更平等的全球秩序，而假如各国家严格执行其法律所规定的政策和行动方案，这种秩序可能就不会形成。[25]再者，一直以来，海盗船被描绘成另一个世界，海盗们用某种更平等的制度取代了陆地社会的等级制度。不过，本书不打算探索这个世界。海盗船为船员提供了另一种现实生活环境，即近现代大西洋早期社会与世界其他近现代社会所特有的赤贫和不平等环境。[26]尽管海盗抢掠行为有助于建立新的国家和社会秩序，但也颠覆了现有的国家及社会秩序。

25 当然，还有一种海盗以富甲天下的形象示人，亨利·摩根（Henry Morgan）无疑就是这种海盗的代表性人物，他在17世纪成为牙买加的总督。毋庸置疑，这种情况之所以会出现，是因为海盗热衷于豪掷千金和骄奢淫逸的生活。每当在陆地上找到能花钱的地方，他们便纵情声色。不过，这种形象可能不够准确，因为很多人即使做了多年海盗，依然和刚当上海盗时一样贫穷。对很多海盗来说，海上冒险活动可能会改善他们的日常生活条件，而且过上理想中独立不受管辖的生活，但并非所有海盗都能如愿。[27]

在加勒比地区，消费品的供应并不充足，而其他社会的消费品供应情况也不尽相同。重要的是，海盗死于暴力的风险也不小，因为他们试图劫掠的对象往往会奋起反击。对于那些处在最顶层的海盗来说，风险回报率或许很高。对于那些处于底层的海盗来说，处境必定不太如人意。从长远的角度来看尤其如此，各阶层所承担的风险不同，获得的回报也不同。尽管如此，海盗们知道，只要他们踏实肯干，逆天改命的目标还是可以实现的。

读者不应为此感到惊讶。海盗们过着艰苦的生活，他们不满于出身，想方设法创造新的社会。于是他们上了海盗船，或者建造定居点并获得该区域的控制权，比如17世纪的英属牙买加。后来，各国政府决定要在它们不断扩大的帝国内部强化国民的秩序感，海盗便失去了对定居点的控制权。海盗往往生活在社会的边缘，或者被主流社会排斥在外；他们想跻身于更高的社会阶层，却屡遭特权阶级打压，于是试图直接用行动来改造社会，对特权阶级发起正面攻击。[28]相比之下，走私者既生活在社会中心，也生活在社会边缘，他们存在于社会的每一个角落。

当然，本章的重点是论证海盗与走私者之间的区别。如前所述，海盗们的行为更张扬些，而相比之下，走私者既不打算重塑社会秩序，也没有建立新国家的计划。大多数走私者只是想以物易物，除此之外绝不愿付出额外代价。无论过去或现在，走私者都只是自由贸易者而已。

他们大多数人认为自己的犯罪行为并没有危害社会，然而正如 26
约翰·韦斯利在其文中所言，国家或帝国被走私者夺走了其合法拥有的税收权，它们才是最终的受害者。有些海盗因其行为而赢得了民间的一些尊重或钦佩，很大程度上是因为他们创造了财富，但这种财富是从别人那里掠夺来的；同样地，走私者也因为他们的活动赢得了社会各阶层中大多数人的尊重。但这并不代表着什么，因为民间的大多数人都在某种程度上参与走私活动，他们有些人本身就是走私者，有些人则是走私产品的被动消费者。许多主动参与走私的人都将走私活动记录在案，以此来抱怨海盗的掠夺行为，他们认为强取豪夺是一种过于鲁莽的做法，完全没必要。

从消费者的角度来看，无论是在和平时期还是在战争时期，在那些已经存在“自由贸易”的地方，“自由贸易”需要继续存在下去；而在那些不存在“自由贸易”的地方，贸易就要变得“更加自由”。因为走私者的本质是自由交易者，所以他们设法以人们愿意支付的价格将货物推向市场，或者从某一个市场转移到另一个市场。走私者总是想方设法促进商品或产品的自由交易。19世纪，他们被称为自由主义者。尽管私掠船和海盗也可以被视为自由贸易者，但他们对法律发起的正面攻击实际上使自由贸易更难以发展。由于许多国家，特别是18世纪的国家都想消灭海盗，他们找不到制止他们的理由，却毫不迟疑地制定了限制贸易的法案，这实际上为走私者创造了更多操作空间。在国家默许的情况下，私掠船可以攻击敌对国家的货船，没收它们的货物，并允许这些货物进入外国市场。当然，这种事情只发生在战争时期。不过即使是在和平时期，民众对外国产品的需求同样没有减少。由于私掠船攻击商船的行为不合法，海上掠夺行为也不合法，走私者便趁机填补了空白。[29]

至于海盗的行为方式以及海盗如何与国家和走私者相互影响，本章剩余部分给出了几个例子。总的来说，这些例子表明：形形色色、怀揣不同目标的人从事着走私和海盗活动，他们的目标有时候是互补的。每个故事通过研究游走于走私和海上劫掠这条灰色地带的人群，清楚地表明了这两种活动之间的界线。有些人某些时候是走私者，另外一些时候又变成海盗；他们分别扮演走私者和海盗的角色时，行为方式大相径庭。政府对这两种群体作出的不同反应也更容易理解：走私商的遭遇通常比海盗好一点儿，这倒在情理之中。海盗的历史从反面表明，国家容忍走私；而走私者的历史则表明，实际情况的确如此。[30]

海盗与走私者：大道朝天，各走一边 27

1750年11月26日，威廉·布莱克斯托克（William Blackstock）出现在背风群岛（Leeward Island）英军总司令吉尔伯特·弗莱明（Gilbert Fleming）面前，接受总司令盘问。布莱克斯托克曾当过水手，也干过走私，并最终成为一名海盗。这场盘问的地点是单桅帆船克里斯蒂安号（Sloop Christian），当时它仍停泊在海上。威廉·布莱克斯托克现身的这天并非开庭日，他也没有被指控抢劫货船。[31]布莱克斯托克首先坦白说，他的真名根本不叫布莱克斯托克，而是威廉·戴维森（William Davidson），来自苏格兰西南部的邓弗里斯（Dumfries）。戴维森透露，布莱克斯托克是自己当海盗时用的假名。他声称自己被迫改名，被迫抢劫货船，而这正是他眼下被审讯的原因。被英国海军官员抓住后，戴维森把自己描绘成一个倒霉蛋，几乎倒霉到了让人同情的地步。布莱克斯托克虽被指控犯有海盗罪，然而使他身陷囹圄的却是他当过走私者的经历。即使在接受盘问时，他也顾左右而言他，把话题从走私活动转移到别的地方。走私者这种特有的逃避行为，有助于划分走私者和海盗之间的界线。

1750年10月，即大约一个月前，布莱克斯托克命令一艘从罗德岛（Rhode Island）驶往奥克拉科克岛（Ocrcoke Island）的商船停靠在北卡罗来纳海边。在奥克拉科克岛，他发现了“一艘西班牙大帆船[32]……把货物卸到两条单桅小船上（他不知道这两艘船的船名），运往弗吉尼亚”。[33]按照布莱克斯托克的说法，其中一艘船已经装好货物，准备向北驶往弗吉尼亚，另一艘船则没有装货物。他声称，对于这两艘在英国领土内非法装卸货物的船，他根本不知道船名是什么。布莱克斯托克很可能想借此混淆视听，掩饰自己的走私活动。北卡罗来纳总督发现了这些出现在奥克拉科克的非法货船，并下令将它们拖到当时总督府所在的“纽伯格市”（Newburgh）[34]。布莱克斯托克的供词称确有其事，一艘西班牙大帆船在一个远离定居点的偏远岛屿卸货，船上的货物被转移到当地小船，然后分批运走。如此一来，布莱克斯托克基本上承认了走私活动发生在奥克拉科克，而且他亲眼看见了这个过程。不过，他并没有承认自己参与走私，并留下了一个很明显的问题——为什么一艘沿罗德岛海岸航行的货船从一开始就停靠在偏远的奥克拉科克？[35]他从没说过自己的船在那里补充淡水，其他被抓获的走私船也没提到这点。

28 布莱克斯托克继续供认。他说，在奥克拉科克，他遇到了另外一名水手欧文·劳埃德（Owen Lloyd），劳埃德宣称自己“解救”了来自加勒比地区的西班牙帆船，那艘船既没有船主，也没有“船夫”。[36]这个故事听起来很可疑，很可能是为了掩盖西班牙到北美的走私活动。美洲的西班牙殖民者往往愿意参与走私活动，而这些活动恰恰是他们的政府明令禁止的。当然，没人会承认自己走私。布莱克斯托克称，劳埃德说他已经接管了那艘海上遇难的西班牙帆船，而把船拖到奥克拉科克也是劳埃德的主意。至于为何遇到西班牙货船，从来没人探讨过。有可能欧文·劳埃德是一名海盗，他俘获了一艘西班牙帆船，想找个地方来处理刚刚获得的宝藏，这种可能性甚至非常大。还有另外一种可能，正如布莱克斯托克接受盘问时所宣称的那样，他拯救了一艘失事或遇险的船。当然，也有可能这艘西班牙船在北美参与走私活动，它是自愿停留在海上的，并无其他任何原因。

无论原因如何，欧文·劳埃德不久便向他的兄弟约翰（John）和威廉·布莱克斯托克提议说，他们应该偷走两艘美国走私船，那两艘船已经装满了从西班牙大帆船卸下来的货物。大帆船本身是在总督的要求下被拖到新伯尔尼（New Bern）的，可能用作审判和定罪的依据，因此，这些罪犯必定认为，当局把注意力都放在了西班牙大帆船上，这时候更容易偷走小船。布莱克斯托克后来声称，他起初认为该计划只是个玩笑，直到西班牙帆船及其剩余船员真的出发去新伯尔尼，且北卡罗来纳殖民地的大部分官员陪同前往，而奥克拉科克只留下了一群走私者。这时候，布莱克斯托克遇到了十几个北美殖民地的水手，他们决定“解放”当时停泊在奥克拉科克的走私船，向南航行前往加勒比海。除了欧文·劳埃德以外，北美殖民地的水手（或走私者）都宣称自己没有去过西印度群岛；然而，如今我们发现没有任何证据来支持或反驳这一说法。布莱克斯托克被抓后告诉吉尔伯特·弗莱明，他们10月9日离开北卡罗来纳，劳埃德和他新集结起来的船员打算在圣巴特岛（St.

Bart’s）出售西班牙货物。因此，船员把自己的船停泊在外滩群岛（Outer Banks），驾驶着此前与“遇险”的西班牙船进行非法交易的两艘小船逃跑。就在此刻，走私者变成了海盗，因为他们公然窃取财物，并在公海实施抢劫。追捕他们的执法搜索队很快就消失在地平线上。

29 威廉·布莱克斯托克解释了自己和船员是如何去往诺曼岛（Norman Island）的。诺曼岛是托尔托拉岛（Tortola）附近一个无人居住的小岛，两者同属于维尔京群岛（Virgin Islands）。从走私者变成海盗后，船员把偷来的船停泊在诺曼岛，卸下货物，这才发现“船上有50个箱子，每箱装着3个大袋子，每个袋子里有1000枚银币”。[37]船上还有银制工艺品、120盒胭脂红（每包重约130磅）、17袋靛蓝染料和60袋烟草。船员瓜分了这批宝藏，大部分成员分到了四大袋财物，即平均每人分到一箱以上银币。[38]这些人几天前因走私被捕，不料刚刚逃出来，转眼就干了一票大买卖。

船员迅速把装着钱币和银币的袋子埋在无人居住的诺曼岛上，或者更确切地说，他们只埋了大部分银币。欧文·劳埃德和另一名水手各自把一箱银币、胭脂红和部分银器搬回他们偷来的船上。劳埃德的船员发现，他想把自己那份宝藏藏在船上，于是拦住他，问他在干什么。劳埃德谎称他和同伴“是来堵塞漏洞的”。[39]船员似乎认同了他这个说法，不再质问劳埃德并下了船。劳埃德立即起锚，偷偷开走了先前偷来的船，把他的同伙困在了诺曼岛上。随后，他驾船前往丹麦殖民地圣托马斯岛（St. Thomas）。到了那里后，他拿出部分战利品“给自己买了一艘单桅帆船”，驾驶新买来的帆船到达圣尤斯特歇斯岛（St. Eustatius），那是加勒比地区的一个荷属自由港。英国人后来将这处荷兰殖民地称为“走私者、冒险家、叛国者和反抗国王者的巢穴”。[40]

欧文·劳埃德想用偷来的西班牙黄金在圣尤斯特歇斯岛购买点消费品，之后他可以选择自用或出口这些货物，并以较高价格将其走私到其他地区。布莱克斯托克的证词虽然呈现了这个故事大部分的细节，可并没有说清楚劳埃德到底打算做什么。也许这并不令人意外，因为布莱克斯托克是后来才回忆起这个信息的，而他当时仍留在维尔京群岛。我们无法确定欧文·劳埃德是否打算将来以走私者、海盗，或者两者的某种结合体来作为自己的职业，但有一点明确无疑：他用自己抢来的战利品换取了可消费的财产。

与此同时，威廉·布莱克斯托克和另一名从走私者变成海盗 30
的船员设法去了附近的托尔托拉岛，他们的行动竟然是为了提醒当局去收缴他们埋下的宝藏！他们声称自己第一次当海盗，并且认为只要全盘交代（或至少交代部分事情），当局就会让他们重操旧业，让他们重返更舒适的走私行业。他们刚到达托尔托拉岛*，就立刻去拜访了岛上的掌权者**，说有一群海盗曾驾船去过诺曼岛，并且把20袋胭脂红、两袋靛蓝燃料和大量毫无价值的烟草埋在岛上。两人宣称自己之所以知道这件事，是因为他们亲自把这些货物从北卡罗来纳一艘遇难船的残骸中抢救了出来。简而言之，他们只向托尔托拉岛掌权者透露了宝藏中最不值钱的东西，却没有把他们也参与了攫取走私战利品的行动告诉他。掌权者和他们一起去诺曼岛核实该说法：当然，这个牵强附会的故事得到了证实。从

* 托尔托拉岛为英属维尔京群岛的最大岛屿。

** 掌权者原文为 President。

表面上看，威廉·布莱克斯托克和他的搭档显然是无罪的，或者他们也真的这么认为。他们帮助当地官员找回了一批丢失或被盗的货物，货物售出后政府将得到大部分收益，而他们也能分一杯羹，如此一来，他们就能保留偷来的部分宝藏。[41]

然而，事情并不像他们计划的那样顺利。当布莱克斯托克和他的朋友与当地官员打交道时，便遇到了真正的法律问题。布莱克斯托克不知道的是，就在托尔托拉岛掌权者接见他的时候，奥克拉科克的抢劫行为和海上掠夺事件已经引起了托尔托拉岛一些人的注意，诺曼岛上“几个发现或听说过银币的人正忙着寻找和捉拿他们”。[42]布莱克斯托克后来声称，他不知道当地人是从哪里知道某个无人岛上埋藏着宝藏的，这个消息甚至可能来自海盗头领、肆意消费不义之财的欧文·劳埃德。当布莱克斯托克和托尔托拉岛掌权者到达诺曼岛时，虽然当地居民正忙着寻找被埋起来的宝藏，但布莱克斯托克仍设法说服当地官员瓜分了先前找到的战利品。他声称，为了治理岛屿，托尔托拉岛掌权者自然要留一份宝藏。根据计划，布莱克斯托克和其他海盗将稍晚点返回诺曼岛，这样他们就可以挖出自己埋藏的那份儿宝藏，因为他们并未把所有埋藏的战利品告知当局。布莱克斯托克必定认为，随着他的计划初具雏形，“一切都将天从人愿”。对于一名走私者来说，这样的想法很正常，但并不完全正确，因为宝藏是通过海上掠夺而来的，这是一种与走私截然不同的罪行。走私者经常使用的欺骗手段通常效果不错，现在他们又遇到了这样一个机会。可惜出于各种原因，他们并没有得手。

31 两天后，布莱克斯托克回到诺曼岛，想找回他尚未向当局透露的那部分宝藏，但他很快就发现埋藏的战利品已经不见了。后来，他得知托尔托拉岛掌权者向他和同伙支付了告密费后，便带着儿子和几个熟人回到诺曼岛，这些地方官员偷偷挖出了宝藏打算归为己有。官员的腐败行为完全战胜了海盗抢掠行为。布莱克斯托克被算计了，而这难度似乎并不大。布莱克斯托克打算沿着走私者的逃难路线离开该地区，他拿出一部分没有埋藏的赃款买了一艘单桅帆船，向北卡罗来纳驶去。他希望自己在那里不会因为海盗行为被捕，甚至还有可能恢复原来的生活方式，继续在沿海当个商人，贩卖走私货物。布莱克斯托克先到了圣尤斯特歇斯岛，却获悉欧文·劳埃德因海盗罪被关进监狱；然后，他驾船驶向安圭拉岛（Anguilla），没想到在那里被捕了。面对背风群岛海军指挥官吉尔伯特·弗莱明的盘问时，他省略了沿途或许发生过的暴力事件细节，这完全在我们预料之中。[43]

1750年11月，海军指挥官弗莱明发布了一则公告，要求手下逮捕剩余的所有海盗，无论他们藏在哪里都要捉拿归案。有几个海盗其实已经被抓获，弗莱明很可能知道此事，他故意公开自己的要求，以此向当地居民表明：他绝不容忍海盗在他的辖区内任意妄为。更重要的是，弗莱明要求他所辖领土的居民“把到手的、拥有的或控制范围内的所有上述宝藏……交给我，如有违令者，将被当作海盗和重罪犯的同谋和从犯依法起诉”。[44]

弗莱明命令背风群岛的副总督搜查并没收岛上居民可能持有的任何宝藏。12月初，他重新发布了公告，称他已经收到了一些宝藏，上交宝藏的人可以保留其中的1/3作为打捞费。他允许此前窃取宝藏的盗贼保留一部分宝藏作为奖励，才能追回绝大部分宝藏。这正是先前威廉·布莱克斯托克准备做的事。

32 此外，只要当地人能够“找回”部分现金，或者提供任何能让政府官员找回被盗银币的线索，就可以得到一份赏金。这些提议再次表明弗莱明迫切想找回被盗的西班牙银元，但凡涉及海盗问题，政府几乎都要对外交抗议作出回应，表明它已尽力将被抢货物交还给合法所有者。[45]托尔托拉岛掌权者偷偷地挖出宝藏，这事仍然不为人所知；他有可能扣留其中的1/3作为打捞费，并将剩余宝藏交给弗莱明。托尔托拉岛掌权者的做法和布莱克斯托克起初去找他的理由一样，即避免引起别人的怀疑或转移视线。如此一来，他的腐败行为甚至与走私者串通一气等违法之举就不会引起当局的警觉。

政府对海盗案件的反应与走私案件截然不同。威廉·布莱克斯托克因其罪行而被捕入狱，欧文·劳埃德也是同样下场。我们根本不清楚那些挖出宝藏、将西班牙银币走私到当地岛屿的人到底是否受到了惩罚，尽管他们也是“海盗的从犯”。[46]实际上，地方官员只要求他们归还2/3的财物，从而为居民提供了一种将他们占有的被抢财物合法化的途径。通过这种方式，国家与其民众进行了有效的谈判，并在此过程中维护了自身的权威和合法性；而对当地岛民来说，他们得以保留一些他们本不应拥有的东西。毫无疑问，如果外国政府没有因海盗行为而直接参与，当地居民本来能够保留更多走私货物。

这真的是海盗所为!

仅仅21年后，也就是1771年，一家名为“海伊与金斯利”（Hay and Kingsley）的加勒比公司从它位于安提瓜岛（Antigua）的办公室给英国政府写信。公司的商人们声称，六个星期前，他们从安提瓜岛派了一艘船贝特西号（Betsey）前往附近的丹麦殖民地圣托马斯岛“收回一些到期债务”。[47]（至于隶属于丹麦的圣托马斯岛居民为何欠下一家安提瓜岛公司的债务，这本身就是一个有趣的话题。很可能是因为海伊与金斯利公司参与了某种走私活动，希望以此为借口逃过海岸警卫队的巡查或监控。）

该公司声称贝特西号仅仅是按法律规定收账，似乎这种说法能使该公司的船在外国领海的航行合法化。尽管商人向政府投诉，但他们希望没人会问起债务的来龙去脉。[48]按海伊与金斯利公司的说法，由于该地区周边不使用货币，所以债务人以木头柱子抵债。这也是个疑点。为什么用木头柱子抵债？几乎可以肯定，这些木头来自英属北美殖民地，那么它们是如何运到丹麦所属岛屿的？值得思考。当然，海伊与金斯利公司打算把这些木头从圣托马斯岛偷运到安提瓜岛或邻近其他岛屿，这种猜测似乎也说得过去。但故事的有趣之处并不在此。

当贝特西号的船员把木头装上船时，他们声称已装船的木头数量并未填满货舱。债权人知道他们应得的数量，也知道他们所交易商品的市价，所以为什么要把这么大的一艘船派往邻近岛屿？可能没有谁愿意派这么大的船去收这么小的一笔债务，除非还有其他生意要做。

根据公司信件的内容，贝特西号的船员随后自行决定前往附近无人居住的蟹岛（Crab Island）。在那里，船员们自作主张：返回安提瓜岛前，他们要再砍一些木头，把货仓填满。[49]当船员们在岸上砍伐木头时，“一艘属于西班牙国王臣民的……武装桅帆船……袭击了贝特西号，他们登上船，强行将船长和三名船员带到波多黎各”。[50]

海伊与金斯利公司声称，货船在和平时期遭到扣押，这属于海盗行为。但此事或许有另一种解释：船员们可能在西班牙领海内走私货物。在向英国政府申诉的过程中，这家公司试图捏造事实以试探政府的反应。海伊与金斯利公司向英国政府申诉说，他们用来讨债的帆船虽小，但和该地区其他许多货船一样，也必须配备武器，以“防止海盗借助小船和其他货船登船抢掠”。[51]他们断言，加勒比海域的这处角落通常被视为海盗的家园，因为那里是袭击过往货船的最佳地点。此外，该公司先声夺人，宣称如果公司货船真的从事走私贸易的话，那就活该被海盗扣押或抢劫。

34 海伊与金斯利公司似乎预料到英国政府会做何反应。但是，由于其坚持认为雇员没有进行走私活动，只是在附近一个无人居住的岛上讨债和砍伐树木，所以它要求英国政府对西班牙在该区域的活动进行干预。船员的行为未经雇主指示，又或者他们只是声称如此，可这并不重要。船员们说，尽管“这些岛屿之间进行的走私贸易通常是无罪的”，而且他们的活动也完全以和平为目的，但海盗袭击贝特西号的做法是一种不正当和不公平的行为。简而言之，他们承认该地区存在各种非法贸易模式，却不承认自己参与海盗活动，并自称是海盗活动的受害者。18世纪70年代，至少在和平时期，海盗的数量并不多。

海伊与金斯利公司认为有必要明确声明它不参与走私贸易。他们的船，“通过寄给中将的各种宣誓书……没有参与这种走私贸易，船上也没有值钱的货物、物品或商品……”[52]也许这家公司如其所言，是海盗活动的真正受害者；又或者所谓的“海盗”只不过是西班牙海岸警卫队，正是执法者扣押了在西班牙领海有意或无意进行非法贸易的贝特西号。无论怎样，安提瓜岛的商人要求有人赔偿他们的损失。他们向英国政府提出了要求，希望外交抗议能迫使西班牙政府释放他们的船。这是对付海盗行为的标准做法。因此，对海伊与金斯利公司来说，最重要的事就是反复强调他们的交易意图是合法和善意的。唯有如此，他们才能说服英国政府理直气壮地向西班牙政府索要赔偿。当然，西班牙人也许会对贝特西号被扣押事件持另一种看法。

为了表明自己的受害者立场，商人需要证明一点：扣押他们船的西班牙船（顺便说一句，他们从未提及西班牙船的名称）明显参与了海盗活动；而这恰恰也是他们试图要做的事情。如果这艘西班牙船不是海盗船，而是一艘合法的海岸警卫队货船，收回被没收货物的可能性就会大大降低。西班牙人可以轻松断言，贝特西号确实参与了走私，扣押货船只是正常执法行动而已。海伊与金斯利公司若要收回其木材货物，相对直接明确却不简单的方式就是提出索赔，还需在必要时证明西班牙人的确参与了海盗活动。走私和海盗活动也是以这种方式产生联系的。海盗针对无辜者的暴力行为引起政府及其臣民的注意，尤其是海盗式的暴行可能被作为一种控诉呈给王室或其外交官的时候。

走私没有引起如此强烈的反应。事实上，走私的恶劣影响往往 35
被弱化，甚至被一笔勾销，因为走私者总是如此神出鬼没。海盗往往明目张胆地强取豪夺，使用威胁和暴力手段，很难让人视而不见。换句话说，走私者想以海盗行为受害者的名义获得政府的帮助。但是，政府需要靠税收来保护民众，而走私恰恰是一种逃税行为。[53]

法外之海：公然掠夺与“自由贸易”

本书中所描述的海盗与走私者之间的基本区别，不仅没有随着时间和空间的变化而产生太多改变，反而保持了更多连续性。举个例子：1809年4月，威尔士亲王岛（现称“马来西亚槟榔屿”）大陪审团（Grand Jury of Prince of Wales Island）写信给英国东印度公司的司法法院（Court of Judicature），抱怨说“警察机构数量不足”。[54]大陪审团之所以发牢骚，是因为“大批海盗最近在海峡出没”，海盗“肆意登岛，没有受到任何惩罚”。[55]当然，走私者也在威尔士亲王岛随意进出，与他们在其他时候和其他地方的所作所为没什么两样。但此时，由于海盗威胁他们会使用暴力，激起了大陪审团的愤怒，成为他们集体控诉和蔑视的对象，而诉诸暴力恰恰就是将走私者与海盗区分开来的特征。大陪审团指控海盗使用暴力来实现他们的目标，又或者用大陪审团的话说，他们“日复一日犯下最大胆和最残暴的恶行，在过去的十天里，本港口内至少有八艘船被这些海盗劫走，就连船上的船员也被他们抓去”。[56]

大陪审团继续说道，它非常担心这些海盗会给该殖民地居民、本地人和中国移民的生活带来困难。大陪审团特别强调说，如果不制止海盗行为，“岛上所有小型商业都将彻底消失，国王陛下及臣民的生命将受到威胁并白白牺牲，对于定居点居民生计而言，必不可少的日用品供应也将被完全切断”。[57] 海盗胆大包天，严重地干扰了“岛上的小型商业”，毫无疑问，这些商业也包括岛上居民参与的任何走私活动。[58]如此一来，海盗的行为可再次被视为与走私者或“自由贸易者”的行为背道而驰。威尔士亲王岛的领导人认为，如果不维持一支有战斗力的警察部队，这个新兴的殖民地就会没落。而所谓的“有战斗力”，是指这支部队能够阻止海盗袭击以及随之而来的盗窃和暴力行为。

尽管岛上居民参与了各种区域性和跨地区的走私活动，威尔士 36
亲王岛大陪审团依然要求政府官员提供基本警察职能外的保护。当然，他们向东印度公司提出请求时，并没有提及这一重要事实。岛民所从事的走私活动实际上在破坏国家的根基，而他们却希望国家给他们提供保护。

1829年，即大陪审团在槟榔屿严肃表明态度20年后，英国东印度公司的政府代理秘书G·W·萨蒙德（G.W. Salmond）收到了一位英国海军军官的来信。这封信声称，1829年4月12日，海军船员观察到五艘船停靠在马来半岛（Malay Peninsula）西海岸一座岛屿的海滩附近。当走私者发现自己暴露行踪时，其中四艘立即起锚，迅速向无人居住的孕妇岛（Pulau Bunting）驶去。船上的桨手飞快地划着桨，他们很快就“离开了我们观察范围”。这四艘船的船员由此得以从英国海军眼皮底下逃走。海军船员同样驾驶小船追赶，但他们担心自己离同伴太远，安全无法得到保障。[59]这几艘小船看起来或许像正在从事走私活动。

当英国船员回到那五艘船暴露行踪的地方时，他们发现，“那些匆匆逃掉的小船来自一些非常大的海盗船，每艘海盗船有20到25名船员”。[60]这些船拦截了一艘从事“小生意”的当地商船，商船上装有来自英国殖民地槟榔屿的大米、马口铁、纸和其他货物。当英国船发现海盗时，他们“正在掠夺商船的货物”。海盗很可能袭击了当地一艘沿近海航行的货船，而就像海伊与金斯利公司的案例一样，那艘商船或许走私货物，又或许在从事小型商业活动。[61]海盗从英国军官眼皮底下逃走了；英国人得知，他们逃走时带走了船上所有胡椒和1/3的大米。大致可以肯定的是，海盗船员要么打算自己享用这些粮食，要么打算把它们卖掉。英国船员还发现两名被海盗俘虏的船员受了重伤，而附近另外两名船员幸运地从海盗手中逃脱。幸存者表示，在“被迫投降”之前，他们已经跟海盗战斗了很长一段时间。幸存的船员们还说，袭击商船的幕后黑手是东南亚著名海盗东姑古丁（Tengku Kudin）。[62]

37 不难发现，海盗使用起武力毫不手软；又或者，对那些阻止他们抢夺货物的人，海盗至少会以动用武力来威胁。此外，某些地方的海盗活动十分猖獗，而当地区域内的航运不仅频繁，且航行计划都是固定的，比如加勒比地区和马六甲海峡（Strait of Molucca）。海盗经常能够找到方法去掠夺货船和人员，其中也包括走私者；受害货船和人员路过这些地区时要么毫无戒备心，要么没有做好抵御海盗的准备。海盗的目标与走私者截然不同，因为他们绝不能以“自由贸易者”或“公平贸易者”的身份出现。海盗不是来做生意的，他们只会强取豪夺。

现代版海盗：索马里海盗的前世今生

当代海盗活动与过去没有本质的区别，换句话说，即使在今天，区分走私和海盗活动的大部分特征仍然适用。对几个当代海盗活动的例子进行思考后，论点应该不言自明。然而我必须谈谈“海盗”所引申出来的“盗版”一词。现在的新闻经常充斥着关于盗版商品的报道，更准确地讲，“盗版”包括了侵犯版权、窃取知识产权，或者商标和专利侵权等行为。此类行为几乎都是指仿制手袋等奢侈品，或者翻录歌曲、视频或电影，并且在没有获得原始制造商、原创作者或其他版权持有人许可的情况下分销盗版商品。盗版与海盗活动有着盗窃行为这一共同属性。但与打劫货船或村庄，或者在热带群岛上恃强凌弱相比，盗版并不是一种暴力行为。不过，盗版可以被视为针对法律的暴力行为，因为它故意、公开地藐视法律。盗版并不像走私那样对国家造成伤害，而是使那些受专利和版权法保护的人成为受害者。从这个意义上讲，盗版与海盗行为也相差无几。

举个例子：在我旅居巴哈马首都拿骚（Nassau）时，岛上的录像带租赁店非法翻录录像带，并将盗版带出租给顾客。新电影尚未普遍上映之前，这些商店就以某种方式弄到了影片的录像带，员工迅速在店铺后面的房间里复制带子。同样地，走在任何一座大城市的街道上，你都会为满大街的“假”奢侈品感到愤怒。有时候，假货可以识别，但有时候，若不看价格，很难发现正品和赝品之间的差别。对盗版商品的生产过程加以研究后，不难看出盗版者不仅有违法的意图，也对执法的政府提出了挑战。由于盗版是针对个人或法人的行为，所以很难系统地加以禁止。[63]

如今，较为传统的海盗活动同样难以禁止，因为他们也找到了 38
与政府或其他人谈判的手段，以避免使用暴力。不过，为了达到目的，他们会毫不犹豫地以使用暴力作为威胁手段。

多年来，索马里沿海的海盗活动不断增加；该地区如今被称为“海盗的温床”，与当初的加勒比海、北非海岸（Barbary Coast）和马六甲海峡如出一辙。这个地区的海盗通常能成功地俘获和登上来往货船，把船员变成人质，然后向富有的船东勒索赎金。海盗贪得无厌地攫取个人财富，如今他们无法再攻击装有黄金的货船和掠夺补给船，只能退而求其次采用另外一种策略。现代海盗打劫那些拥有超强赎金支付能力国家的货船，收到赎金后，他们可以用一部分钱购买更多武器、货船和先进的跟踪系统，这些设备能够帮助他们迅速识别猎物，并避开追捕他们的人。[64]多年来，现代海盗不断更新武器库，可其行为方式仍然与过去别无二致。

索马里沿海的海盗风格各不相同，软弱无能的索马里政府声称它无法阻止海盗活动；其他国家则认为索马里政府与海盗串通一气，袭击商船。[65]据英国广播公司（British Broadcasting Corporation）报道，2007年，索马里海盗共扣押了超过25艘货船，使索马里周边地区成为世界上最危险的航行区域。[66]最近一次的劫持事件发生在2008年春天，一伙索马里海盗袭击了该国沿海的一艘法国游艇，劫持了30名船员。这种对私人货船及其船员的直接袭击，清楚地阐明了本章所探讨的海盗行为。海盗扣押了法国游艇的船员，公开以暴力威胁他们，并要求拥有这艘游艇的法国公司支付赎金，以赎回其货船和船员。[67]如果与其相关的新闻报道是真实的，那么法国船东为赎回自家资产支付了近200万美元。[68]尽管该地区其他类似的故事大多以船东支付赎金作为结局，但这个故事并没有就此结束。

39 据记者报道，“法国武装部队参谋长让-路易·乔治林（Jean-

Louis Georgelin）将军称，海盗与船东谈判后释放了人质。双方没有交火，人质被带到了安全的地方”。[69]至于人质究竟是通过什么样的机制获救的，新闻没有详细报道。此外，《纽约时报》用了只言片语提及这件事："海盗上岸后，一架法国武装直升机追赶一辆载有海盗的车辆。当地媒体称，八名海盗中弹身亡，但法国总统尼古拉·萨科齐（Nicolas Sarkozy）办公室否认有海盗死亡。"[70]到底是死了八个人还是无人伤亡，这是有很大区别的。

乔治林将军宣称，法军逮捕了六名海盗，并在一周后押送巴黎接受审判（这话仿佛要证明真有海盗被捕似的）。这一报道与《纽约时报》上的一篇专栏文章并无明显不同，文章认为“一阵交火之后，法国突击队员冲了进去，抓获一群海盗。几天前，海盗劫持了一艘豪华游轮庞南特号（Ponant），扣压船员并索取赎金”。[72]近期报道甚至暗示，法国人将要审判的海盗与索马里总统存在某种程度的关联。如果新闻报道的内容为真，则再次表明以往的某些做法延续至今，即政府和官员有时与海盗狼狈为奸，两者都从海上抢劫活动中受益。[73]换句话说，索马里这个国家或声称代表索马里的官员把制裁海盗作为充实国库的一种方式。在打击海盗方面索马里措施不力进一步验证了上述想法。海盗被逮捕后，政府追回了大约20万美金，占200万赎金的10%。[74]未追回的90%赎金应该已经被海盗分赃，而且至少有部分赎金被送给了“软弱无能”的索马里政府，作为政府不干预海盗活动的报酬以及政府获取急需的外国资本的一种方式。这与世界其他地方的早期海盗行为是一致的。

2008年5月，另一群索马里海盗袭击了一艘前往摩加迪沙（Mogadishu）的约旦货船。当时，这艘装载了食糖的货船正准备在索马里港卸货。海盗在距离目的港相当近的地方劫持了货船，然后驾船远离港口。具有讽刺意味的是，船上的4000吨糖是作为援助物资从印度运往索马里的，提供能量给营养不良的索马里人，帮助索马里减轻贫困。当然，海盗并不在乎这一点，他们一心只想拿货物去换取现金。索马里沿海是海盗“母舰”潜伏之地，这次袭击过后，发生在该区域的一系列海盗抢劫事件就此停息。

40 如果新闻报道准确无误，那么海盗在该区域常见的行动方式就是海盗船员在近海耐心等待，时机成熟后，便派遣满载武装人员的快艇去攻击和接管通过该地区的货船及其船员和货物。他们的唯一目的就是迫使船东用现金赎回被劫持货船，而这些赎金实际上就成了海盗的收入，海盗可以随心所欲地使用这笔钱。光是凭借这一点，海盗们就有别于他们大多数生活在贫困线以下的同胞。海盗通过正面冲突、提要求、威胁使用武力，以及在要求得不到满足的情况下制造伤害等手段来获取收入。

中世纪海盗和现代海盗既是机会主义者，也是有高度组织性的群体。无论过去还是现在，海盗们都知道自己掠夺的对象是谁，以及如何妥善处置他们的不义之财。此外，海盗还制订了逃跑计划，如果形势有变，事态发展出乎预料，他们就会逃之夭夭。过去的海盗通常会瓜分战利品，而如今他们仍然这样做。几乎在所有方面，海盗都与走私者背道而驰。越是躲在暗处、逃避任何形式的侦查，走私者就越感到高兴；只有在迫不得已时，他们才会使用暴力，或者以使用暴力为威胁。走私者和海盗都会制订应急方案，以防被当局发现，但遭到逮捕后，走私者如今仅需支付罚款就可以脱身，通常不会面临死刑，而证据显示，过去的走私者通常也不会被判处死刑。对海盗来说，下场则截然不同。由于他们的罪行更加公开化，所以很难躲避当局的侦查，而他们也对当局形成了更直接的挑战。

据新闻报道，索马里海盗不仅是罪犯，还是“训练有素的战士，与政治力量雄厚的部落有联系，这些部落把国家割据成武装领地。还有些海盗是年少无知的地痞流氓，被更年长、更有权势的罪犯招募去做坏事。这些罪犯通过瓜分赎金和出售船上货物来赚取利润”。[75]

现代海盗和走私者群体的构成也是他们的区别。现代走私者的群体和人口特征更多变，更不容易进行简单地概括。当然，绝大多数走私者不会是“训练有素的战士”。[76]如前所述，走私者来自各行各业和社会的各个阶层，尤其是走私产品的消费者也被囊括在“走私者”的行列中。拒绝透露姓氏的索马里海盗西亚德（Siyad）称，海盗的犯罪动机是“钱，所以我们不打算伤害手上的人质……在收到以现金支付的赎金之前，我们绝不同意释放人质或货船”。[77]走私者无法承受这样的压力也无法接受挟持人质、等待和公开展示不当行为等做法。走私在暗处进行，走私者也只想隐匿于暗处，防止他们的活动暴露在聚光灯之下；而海盗想取得成功，需要的正是这种聚光灯。

“‘我把钱送给我遇到的每一个人。’38岁的索马里海盗西亚 41
德说道。他说，今年通过劫持货船，自己赚到了九万美元。‘两个月后，我身上一分钱都不剩了。你信不信？’”[78]这与马库斯·雷迪克（Marcus Rediker）笔下17世纪的海盗形象完全吻合。当时的海盗团体通常是平等的，海盗跟踪猎物并防止任何人在此过程中侵吞他人份额；与此同时，他们还进行毫无节制的消费。[79]不同之处在于索马里海盗慷慨解囊的对象不仅限于同船的伙伴，还包括那些没有参与其违法活动的朋友和家人。而至于历史上的海盗是否同样如此，我们尚不清楚。雷迪克引述了一位英属美洲殖民地总督的话说，“当人们有望分享强盗的不义之财时，他们很容易受到误导，对那些害群之马产生好感”。[80]在这方面上，海盗和走私犯有着共同点：他们用冒险得来的收益去造福自己和周围的人，却不顾及贩卖非法所得货物而产生的道德问题。

现代海盗的长远目标令人不禁想起他们的前辈。例如，西亚德打算用他的那份赃物来“摆脱贫困，逃离动荡的索马里。‘我想用我的钱选择一条安全的出国路线’”。[81]他把自己那份赎金称为“我的钱”，这表明西亚德的积蓄来自抢劫货船，至少对他来说是这样的。根据媒体报道，他所分得的赎金金额似乎有点高。每年九万美元收入足以让西亚德进入索马里上层社会，与收入少得多的其他人相比，他所谓的“摆脱贫困”似乎没什么必要。另有消息称，海盗的年收入保持在一万到三万美元之间，对索马里人来说，这已经是很大一笔钱了。[82]尽管如此，西亚德公开宣称自己要摆脱贫困，这个愿望与过去的海盗想法一致。海盗通常认为，他们的职业是摆脱贫困的一种手段。

中国台湾地区的报纸提到历史上的海盗时，也强调了“弱国盛产海盗”的观点：

> 但是，如今这些横行于东非海岸和东南亚海域的海盗到底是谁？正如历史上那些驾驶着海盗船、船上挂着骷髅旗的人一样，很多海盗是贪财的犯罪分子，他们为了索要赎金或掠夺财物而劫持货船。

> 尽管没有得到任何地方政府的支持，但他们巧妙利用了索马里地区的混乱局面，在公海缺少执法机构的情况下强行劫船，获取数百万美元赎金。[83] 42

该报的观点是，现代海盗活动并不像早期那样可以养活当地人口；不过，也承认海盗适时利用了当地政府（或国家）不够强大的局面。这种局面既助长了早期海盗的气焰，又促进了走私活动的发展。随着各国国力增强，海盗活动逐渐减少；而相比之下，走私者适应了形势的变化，他们逃避法律监管、腐蚀官员、用谎言瞒骗当局，大肆积累个人财富。

结　论

现在，读者们应该明白，走私者和海盗有着不同的行为方式和意图。尽管两者都对法律权威嗤之以鼻，但他们藐视法律的手法却大相径庭。威尔士亲王岛的例子表明，走私者往往更容易成为海盗突袭和攻击的受害者。走私者变成海盗的情况少之又少，正如威廉·布莱克斯托克在1750年从北卡罗来纳到背风群岛的经历，表明走私者不一定能成为合格的海盗。他们也许擅长使用诡计，但不善于应对暴力和背叛；他们想成为自由贸易者，而不是掠夺者；走私者希望不引起国家的注意，海盗却总想去挑战国家及其代理人。本章探讨的所有案例中，国家的作用似乎不大。这可能是殖民地建设的必然结果，也可能是由主管官员软弱导致。海盗和走私者为达到目的，都利用了这种缺陷。但是，必须要指出，走私者似乎是最终的胜利者，这不仅是因为他们的行为对国家造成了伤害，还因为没有任何个人或群体要求走私者给予赔偿。此外，政府也没有悬赏捉拿走私者（至少不经常这样做），因为他们为客户提供了优质服务。

所有这一切表明，尽管上述案例中的国家一直处于自我形成或被塑造的过程中，但不同群体都在寻求各种途径来赋予自身权力，而这是以牺牲政府权威为代价的。无论海盗还是走私者，都没有做过太多事情来发展或强化国家的权力。

43 不过，至少在早期，海盗对国家金库作出的贡献更多。海盗活动源自某些不平等现象，可奇怪的是，国家没有用这笔新收入来消除不平等，反而用来彻底根除海盗活动。

出于同样的原因，走私者也尽其所能阻止国家税收的增长。为了维持一支强大的警察部队，政府需要钱。这支部队成立后，便把注意力转向保护政府和受其统治的民众。随着国家边界不断扩大并在全球开拓殖民地，政府需要增加税收；而要实现税收最大化，就得实施为此而制定的法律。正如人们可能怀疑的那样，这类政府活动并不太被走私者接受。与海盗相类似的是，走私者只有在执法不力的地方才能大发横财。与海盗相比，走私者更容易逃避执法行动。

我们将在下一章探讨走私给国家带来的问题，思考走私者和违禁品贸易商是如何操纵国家政策并使其有利于走私活动的。此外，我们还要探讨随着时间和空间变化而发展起来的走私政治经济学。

第三章 走私政治经济学：政府、经济与民众

偷渡：东印度公司与非法移民 45

1805年，英国东印度公司的一名雇员R.T.法夸尔（R.T. Farquhar）向他的雇主提出了一项计划。1807年，随着大西洋奴隶贸易行将终结，法夸尔意识到加勒比地区将很快出现劳动力短缺，尤其是在奴隶人口尚未形成群体自我繁衍的时候（该地区的奴隶之所以不愿意生育后代，是因为他们要面对恶劣的生存环境）。[1]在东印度公司，法夸尔的职务是威尔士亲王岛（即如今马来西亚槟榔屿）的副总督。[2]上任伊始，他便开始考虑是否建议加勒比种植园主低薪聘请亚洲的自由劳工，以取代贩卖来的奴隶劳动力。无论对种植园主或更大范围的英国经济来说，这都是一笔稳赚不赔的生意。

法夸尔向东印度公司建议说，威尔士亲王岛有大量从中国偷渡而来的移民，可以考虑把他们派遣到大半个地球之外的特立尼达岛（Trinidad）和邻近的加勒比岛屿。至于他的计划是否得到东印度公司董事的支持，目前尚不清楚，但显然，他的计划引出了与走私相关的政治问题，例如，他提出清政府和欧洲国家的官员在防止人员偷渡和货物走私方面所起的作用，以及走私贸易直接挑战法律的方式。法夸尔暗示，如果人们违反法律，原因可能是法律本身存在缺陷，或者执法人员未能完成本职工作：

> 如果说来自清朝的移民绝对违背了清政府的利益和命令， 46
> 那我们必须把无限制违法的行为归因于人们想要一套高效和普遍适用的法律法规，或者假设每个公职人员都被系统性的腐败

支配着，无论最高级的官员，还是最底层的公务员，都逃脱不了这种支配。[3]

在上面这段文字中，法夸尔指出，清朝的臣民从中国涌向马来半岛，此举违反了他们国家的反移民律令。“这是一个不争的事实，”他声称，“数十万人已经离开中国，而每年还有数千人继续移民。”[4] 他们的做法直接违反了清政府禁止移民的规定。法夸尔还声称，尽管清政府明令禁止某项行为，但其衙门（或其他负责执法的部门）故意允许清帝国臣民违法。法夸尔认为，容忍民众违法，就相当于否定执法官员对国家的法律义务，这点更为重要。

为什么会这样？法夸尔最初给出的答案是“人口过剩”。尽管人类的每一次移民现象几乎都可以用“人口过剩”来解释，但这似乎有点过于简单化。清政府的司法官员不太可能仅仅因为人口过多或资源短缺而允许大量人口非法流出；再者，官员和执法人员又怎么知道当地人口过剩了呢？换一种方法，法夸尔这番话或许更容易理解：清朝很多地方的经济产出不足以维持不断增长的人口。清政府的地方官员可能很难观察到这种普遍存在的现象，但即使他们真的发现了，假如政府没有给予更直接的援助，民众几乎无力改变现状。能够找出人口外流原因（尤其是秘密外逃）并获得必要资源来阻止人口外流的官员更是少之又少；就算他们做到了，国家也不太可能进行持续干预，因为中国实在是太大了。

由于资金积累不足、饥饿或其他原因，一部分中国人为自己打开了一条谋生的通道。为了寻求更多经济机遇或更高社会地位，他们从中国移民到外国。清政府依法禁止他们移民，这是有重要意义的，因为这种违法行为一旦普及，某个政权统治下的民众就会为实现个人目标（如逃避饥荒或增加财富）而违反国家法律。

国家没有为其臣民提供充分的照顾。[5]许多中国人移居到威尔 47
士亲王岛，他们看重威尔士亲王岛通过欧洲贸易公司与世界各国产生的密切经济联系，有发展的希望。[6]

然而，法夸尔谨慎思考了中国人移民威尔士亲王岛的实际意义。他认为自己观察到的现象是自相矛盾的："为什么一个政府（指清政府）如此肆意地制定和使用专制的法律？它的执法部门为何如此严厉和警惕？为何要采取杀鸡儆猴的惩罚方式？如此重要的公共经济部门经常违抗命令而不受惩罚？"[7]他很想知道，是什么导致人们做出了违反政府规定的行为，尤其是在政府已经制定了详尽的法典和拥有一支以极权主义著称的执法队伍的情况下。法夸尔开始关注一个问题：人们为什么要冒风险去走私货物或偷渡？这个问题的答案也许显而易见，至少与1805年相比，如今它并没有显得那么荒谬，而本章就是要在理论层面上对此问题加以思考。

从理论层面进行解释之前，先要理解为何这位副总督对中国移民问题产生兴趣。与历史上其他时期和地域的当权者一样，法夸尔关心的是为其雇主获取经济优势。为了让东印度公司从特立尼达这个刚到手的、地理位置良好的岛屿获利，法夸尔开始思考如何利用它的自然资源。他发现，岛上的中国人口由于非法移民而持续增长，东印度公司并没有将非法移民驱逐回他们的故乡。与中国的情况相同，威尔士亲王岛的人口还没有达到充分就业的水平。[8]该岛的地理位置使它成为各种商业活动的一个高效中转站，包括偷渡。法夸尔认为，由于清政府对其民众跨越国界和境外流动的现状视而不见，所以，如果中国移民去到更远的地方，比如从马来半岛去英国新开拓的殖民地特立尼达岛，清政府应该也不会反对：

> 因此，若清政府继续按目前方式管理，我看不出说服中国人移居国外、在我们的西印度群岛建立自己的家园会遇到任何实质性障碍，前提是他们从一开始就能得到足够的好处，而且只要履行协议，他们对我们的信心就会得到充分保障。[9]

48 法夸尔接下来提出的问题也许更能揭示出他对于个人与政府的关系持何种观点。他想知道：一个国家的政府究竟会何时放弃那些生活在其威权之下的民众？一个合法政权是何时与其臣民分道扬镳的？法夸尔尤其思考了这样一个问题：是否应该让清政府知道东印度公司为了将清帝国臣民作为合同工送往加勒比地区而制订的任何计划？当然，同样的问题也适用于那些移民，毕竟从中国偷渡出来的人是他们。法夸尔原则上反对保密，但在结论中，他认为充分披露信息没有任何好处：

> 我认为，保密，或者说保密的意图，可能会引发清政府的猜忌，使中国移民产生不信任感，而信任感恰恰是陛下的大臣和东印度公司董事秘密委员会渴望捍卫的……我的意思是，英国政府正考虑将中国人送往西印度群岛，以代替那里的非洲奴隶，倘若在清朝或其他地方公开这个消息，我觉得不是一种谨慎的做法，它自然会引起清政府的反感和警惕，不符合‘适度谨慎’的

原则。[10]

从这段内容中可以明显看出，东印度公司的一名代理人正在制 49
订一项计划，要把劳动力从世界的一端转移到另一端，去代替当地的劳动力。他不希望在清朝公开这些信息，因为他担心这会对清朝和威尔士亲王岛的中国人造成负面情绪。其实影响不止这些，如果中国人发现英国东印度公司打算利用从清朝偷渡出来的非法移民去代替加勒比地区的奴隶工人，清政府可能会着手施行禁止对外移民的法律，从而使英国东印度公司再也无法从清朝非法移民身上获利。几乎可以肯定的是，这种丢脸的行为会对该公司的贸易活动造成损害，因为它正积极寻求与中国建立更牢固的关系。

在法夸尔的计划中，东印度公司反而需要清政府无法（或不愿意）积极执行法律，这样就有更多人可以偷渡出中国。东印度公司得以进一步扩张，成为全球劳动力市场中廉价劳动力替代品的供应商。政府（东印度公司可视为“准政府”）与经济的这种关系需要从理论层面进行探讨。这种政治经济虽然不是严格意义上的历史，但应该可以被视为思想史，或个人和政府用作理解自身各种行为的工具。当然，思想辩论是与本书所涉及的走私活动同时进行的，所以我们将具体行动放在当前探讨的主旨中加以理解。

政治经济学常常被人忽略，但它的重要性越发不言而喻，本章要探讨的就是走私如何与政治经济学形成交汇。走私研究不仅仅是趣闻轶事集合，还可以对国家（或政府）与生活在其威权下的消费者的关系进行分析和评估。[11]与此同时，本章会对历史不同时期和地域的走私活动的意义进行定性分析。如前所述，我认为定性分析特别重要，因为事实证明，人们对世界历史上走私规模所做的任何定量评估都是存在问题的。[12]

顾名思义，走私显然是一种违反贸易法、关税或税收法的行为，而这种行为恰巧又以一种非常特殊的方式进行。走私是指人们私自跨越法定边界进口或出口产品，甚至偷运人口（包括自己偷渡出境，比如偷渡到威尔士亲王岛的中国移民）。法定边界可以是物理或地理边界，这是研究岛屿的主要诉求之一。货物和人员很可能被禁止进口或出口，又或者两者兼而有之，这取决于边界两端的国家现有的法律制度。认识这两套法律制度的形成过程，包括其形成的具体历史背景和存在目的，了解民众为何不顺从或抵制政府所制定的法律。[13]由于边界两端各有一套法律，而且两套法律往往截然不同，所以走私可能只违反了其中一套法律；同样地，走私贸易也可能同时违反两套法律制度，这要取决于它们是如何协商达成的。这些违法行为有一个共同点，即违法者想方设法不缴纳法律强制征收的税款，或者无视与货物和商品流动相关的禁令。

50 若要跨越整部世界史，去研究每一个法定边界发生的违法行为，那将是一项艰巨的任务。更行之有效的方法是研究几个类似的法定边界，确定是否存在可识别的模式，并最终得出关于贸易限制法案和禁令如何形成的部分结论。以此为据，理论化地阐释贸易限制下国家与其国民的互动方式；或者换种说法，对走私政治经济学的模式和意识形态进行识别和探讨。通常有证据表明，国家将其执法（此处“执法”的定义是防止走私或惩罚走私者）理解为展示国家权力或权威的一种方式。与此同时，国家的居民认为，违法可能是他们保持或控制自己生活方式，尤其是消费模式的最佳方式。[14]这为国家及其臣民之间的协商奠定了基础。

也就是说，臣民和公民希望国家认为它有权控制他们的生活和行为，但他们心里很清楚，他们的违法行为实际上限制了政府在这方面的权力。同样地，国家希望能够完全控制其臣民和公民的大部分生活，但它很清楚，政府的实际权力比它在公开场合承认的权力要有限得多。简而言之，世界各地的违法走私行为实际上损害了国家的权威，有时甚至严重制约了国家权威。重要的是，民间社会自欺欺人，认为他们能控制自己的日常生活和行为，而实际情况并非如此。某些个人或团体可能会逃避一次、两次或三次法律的惩罚，可这绝不意味着他们总能逃脱侦查和惩罚。法律是成文的规定，尽管执法活动是不定期或有选择进行的，但国家可以选择在任何时候定期和持续地执法。事实上，某些法律之所以得到执行，恰恰是因为人们认为国家不会执行这些法律。

逃税：美国现代走私事件

正当法夸尔打算实施一项计划、怂恿更多中国人非法逃离清朝并前往西印度群岛时，其他人却完全不担心违法的问题，因为似乎很少有人因走私或偷渡而被抓。

正因如此，众多清朝的中国人偷渡到威尔士亲王岛；也正因如 50
此，现代的走私者敢于公然无视旨在规范贸易、为国家创造收入和控制消费的法律。曾任佛罗里达州州长杰布·布什（Jeb Bush）的妻子柯伦巴·布什（Columba Bush）就实施了违法行为。

1999年6月17日，布什夫人从法国返回美国时，在亚特兰大机场被一名海关检查人员拦住，她当时正在巴黎前往佛罗里达州首府塔拉哈西市的途中。布什夫人在欧洲花了19000美金购买衣服和珠宝，而任何乘坐过国际航班进入美国的人都知道，美国海关总署（Customs Service）（2001年后，该机构并入新成立的国土安全部）要求每一名乘客申报他们在国外购买的所有货物的美元金额。布什夫人宣称她在巴黎买了500美金物品。当然，这个金额比她随身携带的商品价值少了18500美金。布什夫人通过申报虚假金额以逃税，此举已经触犯了法律。从本质上说，她就是个走私犯。

虚报金额的做法实际上是在欺骗美国政府，而且她不是第一次这样做。当海关官员在布什夫人的钱包里发现了法文收据时，他们给了她一个更改申报单的机会。但她拒绝这样做，反而坚持自己的说法，一口咬定只携带了价值500美金的新产品。海关检查人员以收据作为依据，继续搜查她的袋子。这位当时的佛罗里达州第一夫人面临着4100美元罚款，假如她如实向政府申报金额，所缴纳的税额只是罚款额的1/3。[15]

美国海关总署发言人帕特里克·琼斯（Patrick Jones）明确阐述了政府的观点："海关人员本可以对布什夫人处以与商品金额相等的全额罚款或没收全部商品，但他们没有这样做。"[16]由于很多人每天都虚报商品购买金额，成了走私者，所以海关总署采取了一种标准的惩罚措施以监督人们过海关。琼斯把这笔罚款称为"'关税三倍损失'公式"。政府制定这项政策的目的是"获得关税收入，收取罚金，保证顺利通关。"[17]布什夫人违反了商法和海关法，这是无可争辩的事实，但政府对待她和其他人的立场仍然只是轻微的惩罚，她没有被逮捕或监禁；布什夫人缴纳罚金后，当局便立即将她从海关释放。此外，琼斯的话表明，与处于同等境遇的其他人相比，布什夫人并没有受到特殊待遇。政府已将这个案例作为与此类违法者进行谈判的典型。[18]

在报道过程中，当地媒体普遍误解了其意义。该例清楚地表 52
明消费者在追求稀有或廉价商品时是如何忽视法律的（至少这不是一种武装抢劫的做法），媒体却把注意力放在布什夫人的政治地位和社会地位上。她的丈夫是当地一名官员，而这名官员的职责恰恰是确保某个领域内的法律得到公平一致的执行。正如许多媒体所描绘的那样，这个问题变成了一个政治问题，而不是一个道德问题或法律问题。据《圣彼得堡时报》（*St. Petersburg Times*）报道，杰布·布什州长的妻子买了19000美元的新衣服和新珠宝，但她回国时想误导美国海关官员，因为她不想让丈夫知道自己在为期五天的巴黎购物之旅中花了多少钱。[19]

记者毫无根据的推理仅需稍加思索就能发现理由站不住脚。飞机着陆后，旅客首先提取行李，然后才提交海关申报表，而这份表格只有常驻机场的政府官员才能看到。杰布·布什并没有出现在海关，他又怎么知道妻子在巴黎花了多少钱？布什夫人确实有商场的收据，可如果她不想让丈夫知道她在法国花了多少钱，可以随手把这些纸扔在法国或回程的飞机上，又或扔在亚特兰大机场，甚至是佛罗里达州、她丈夫不太可能去的某个地方。假设杰布·布什在洗衣服之前翻口袋时发现了收据，州长夫人可以告诉他总金额19000元是法郎，而不是美元（当然，这是在美元兑欧元汇率提高成本之前，因为这个故事发生时，欧元尚未问世）。又或者，她还可以告诉丈夫，法郎对美元的汇率是10000∶1。如果她不想让丈夫知道自己在衣服和珠宝上挥霍了太多钱财，她有很多选择。

话虽如此，杰布·布什仍然可以通过查看信用卡和银行的每月对账单了解妻子在巴黎花了多少钱，但前提是这对夫妇拥有一个共同账户。（如果他们没有共同账户的话，那么州长又怎么会关心妻子挥霍了多少钱呢？）换言之，就算布什夫人想向配偶隐瞒自己购买奢侈品这件事，也绝对没必要选择走私，更没必要在被揭穿后又对政府撒谎；要知道，她的丈夫是身家百万的政府官员。按照政府和媒体的说法，关于柯伦巴·布什的法律争论涉及的并非私人事务：“我对妻子的爱胜于我的生命，她带给我慰藉，而我为她感到骄傲……无论她怎么花我们的钱，这都是我们的家事。有我在身边，她可以随便花钱。”[20]

53 事实上，那笔钱根本不属于布什家族，而是美国政府根据《美国法典》（*U.S. Code*）第19篇“法治”项下享有的合法收入。柯伦巴·布什犯下了欺诈美国财政部的罪行，她是个逃税者。不过进口税和海关申报的欺瞒现象非常普遍，政府官员还是接受了现状，当场处以罚款，然后让“逃税者顺利通关”。[21]

亚特兰大哈茨菲尔德杰克逊国际机场（Hartsfield-Jackson International Airport）所发生的布什夫人逃税事件不应该又一次被视为尴尬的民选官员政治事件，而应该把它当作放大镜来看待政治经济问题。柯伦巴·布什运气不佳，被逮了个现行，但那些经常成功穿梭于国界之间，违反海关法律的大有人在（本书的读者无疑也包括在内）。这一现象并非北美特有；在布什夫人闹剧发生不久后，《印度论坛报》（*India Tribune*）发表了一篇社论，探讨印度富人经常逃避政府关税的问题。[22]政府当局制订策略，允许逃税者在机场穿行；这表明他们已经与公众进行了心照不宣的谈判，双方都知道在多大程度上可以容忍这种犯罪行为。日光之下无新事。

法夸尔和布什夫人其实都在跟政府进行谈判，只不过法夸尔用提议作为手段，而布什夫人直接付诸行动。法夸尔的谈判过程显然充满了讨价还价的意味，因为他直接写信给伦敦的上司。在写信的时候，他是一个准政府组织的成员。他想获得官方的批准，去怂恿中国人继续违反自己国家的法律，让他所提出的计划得以实施。相比之下，布什夫人声称她的行为属于私人问题，因而不值得媒体关注。我没有深入讨论布什夫人的说法，因为它在很大程度上只是为了掩人耳目；然而，可以说她也与国家进行了有效的谈判。柯伦巴·布什很清楚，从国外回来的美国公民很少因走私而被捕，被监禁的更是少之又少，于是她瞒报金额，希望不会被人发现。由于走私行为被当场发现，所以她的故事进入政府机构的备案材料当中，成为一个典型的走私案例。更重要的是，代表着国家的美国海关总署只是罚了她的款，然后就放行了，这种对待走私者的方式表明个别走私者可以在某种程度上与统治者或执法者进行有效谈判。她的罪行没有受到法律允许范围内的最大惩罚，这充分表明了一点：与让个人财产所有者遭受损失的罪行相比，以政府为犯罪目标的罪行仍然不那么重要。相应地，这也表明了至少在当今全球化世界的大部分地区，某种政治经济学观点已经占据主导地位。

54 走私与重商主义：从西班牙政府的金银矿藏到跨美洲法律边界

从1500年开始，当整个世界以某种方式连接起来，反映欧洲国家扩张的法律边界就出现了。随着欧洲人不断开拓殖民地，这些新领土被纳入欧洲的政治、经济和法律版图。在大西洋对岸、印度洋盆地以及欧洲本土，欧洲人与当地既存的政治经济体系相互影响，欧洲的主导地位得以实现。在此过程中，这些新确立的法律边界开始受到质疑和破坏。[23]违禁品贸易或者说走私，就是这些违法行为之一，它的出现揭示了日益全球化的贸易体系的优势和弱点。

要讨论走私贸易的政治经济学，也许最佳切入点就是探索跨美洲的法律边界是如何确立的。这些边界都是全新的，尽管其中一些边界具有明确的地理特征，比如岛屿，但大多数边界都是作为权宜之计而设立的。它们之所以出现，仅仅是因为某个欧洲强国在某个特定时期控制了特定的领土。如果某片领土的控制权从一个欧洲国家转移到另一个欧洲国家，那么它的法律制度也会随之发生变化。换言之，世界上根本不存在能够将一个地方与另一个地方分隔开来的系统性法律。法律和政策的变化取决于谁控制着政府这根杠杆。兼并新领土的过程从西班牙人进入西半球开始，这对于欧洲国家考虑未来扩张时具有指导意义；不过，西班牙人后来并没有参与。

西班牙于15世纪末第一次到达美洲时，同时带去了欧洲的经济体制，意味着欧洲国家积累金银等贵金属的速度比邻国更快。财富由金银来衡量，只有西班牙的财政规模增加才能被视为一股成功的扩张力量。[24]这些经济理念在西班牙殖民者对黄金的渴望上很容易体现出来。[25]与此同时，无论在欧洲还是美洲，西班牙王室的臣民都通过纳税为西班牙殖民事业作出了贡献。税收通常是以消费为基础的，几乎所有能使用的东西都可以征税。而至于西班牙的税款是否用于殖民，这至今仍是一个有争议的话题。[26]

西班牙政府在美洲开疆拓土时发现了一些东西。首先，美洲盛 55
产金银，黄金储量自不必说，白银的储量更高。[27]丰富的金银储量满足了西班牙政府的需求，这一时期，西班牙积累的金银远多于其他欧洲国家，这也导致西班牙想垄断美洲的金银出口，该想法与当时的欧洲经济思维不谋而合。[28]为了做到这点，西班牙政府收集到白银之后就储存起来，等待护航舰队将白银运回欧洲。这批货物非常宝贵，在穿越北大西洋时需要得到严密保护，这是合乎逻辑的做法。但反过来，受到严密保护的舰队也招引来了海盗，该地区盛行的风向和水流使其他欧洲人（无论他们是否代表另一个政府与西班牙争抢金银）很容易在舰队中挑选可攻击的货船，并携带着船上的珍贵货物潜逃。换言之，由于西班牙人最先利用殖民地为国库攫取财富，竞争很快随之而来。既然收集到金银越多的人就是经济上的赢家，那么其他欧洲国家便试图通过抢劫西班牙珍宝舰队来获得金银。当然，如上一章所述，这些暴力行为构成了海上抢劫，也就是海盗行为，而不是走私贸易。

前述内容展示的是西班牙政府在大西洋经济体中获取金银的方式，尽管它超出了本书的研究范畴，但对于分析西班牙的行动十分重要，还特别指出了其他欧洲国家对西班牙在美洲进行殖民活动的反应。由于西班牙人每年都能收获大量已经提炼的金银并送回西班牙，其王室财富愈加充实，而那些与西班牙王室或政府有关系的人也能分一杯羹。反过来，这些人本身也对王室财富作出了贡献，因为他们以缴纳商业交易税或奢侈品税的形式向政府上交了一定比例的财富。[29]简而言之，那些能接触到西班牙在美洲坐拥的矿产资源的人成了专业的消费者，而西班牙财政部也从中受益。这里必须要提及的是，当时几乎没有人重视储蓄和投资，尤其是亚当·斯密后来所倡导的那种投资。因此，殖民地成为矿藏采掘经济的核心所在。在殖民地，那些享受矿藏采掘最丰硕成果的人通常来自大西洋东岸。

56 16世纪，西班牙在欧洲的竞争对手也各自在美洲建立了殖民地，它们想复制西班牙开采金银矿藏的做法，或者想方设法从西班牙人手里夺取大量的黄金白银。海盗成为这一活动的副产物，但海上抢掠绝不是大西洋世界积累财富的唯一手段。其他欧洲国家占领美洲为殖民地时，西班牙默许了，因为它并不想为那些矿产不丰富的地区付出代价。欧洲北部的殖民者利用殖民地生产欧洲紧俏的高价作物，西班牙则可能以真金白银为等价购买，比如糖和烟草。

北欧人希望西班牙消费者用财富购买那些对他们来说更有用、更令人愉快的产品；与被海盗抢掠相比，产品受损的风险要小得多。其他欧洲人也在美洲建立殖民政府来管理殖民地，并借助本国的法律来治理。由于西班牙是第一个进入美洲的国家，所以美洲的法治化进程其实是由西班牙决定的。更重要的是，由于西班牙禁止其殖民地居民与任何非西班牙臣民进行贸易，或者贸易对象的货船必须来自西班牙，它也因此首创了一种其他欧洲国家都可以轻松效仿的做法。[30]很多欧洲国家，比如英国、法国和葡萄牙，制定一系列的法律法规禁止本国在美洲殖民地的居民与其他欧洲列强殖民地的居民开展贸易活动。[31]与此同时，欧洲法律还禁止向返回祖国的本国货船出口货物。这些国家完全模仿西班牙的做法，只不过它们没有参与大西洋两岸倒卖黄金白银的活动。

无论有多少禁令，其真正作用是防止美洲殖民地的西班牙人直接与居住在美洲的法国人、英国人、荷兰人或葡萄牙人进行贸易，而这些国家的人恰恰生活在不同的法律制度下。当然，这些禁令是对西班牙的报复，因为西班牙建立了一种法律制度，阻止西班牙（或欧洲其他国家）臣民与欧洲列强直接进行贸易，无论这些贸易活动发生在欧洲还是美洲。到了17世纪中叶，美洲已经形成一系列法律边界，它们看起来就像彼此的翻版，在不同边界的两侧都存在极其相似的禁令和政策。

诸法律制度最终起到的作用也非常相似，欧洲国家借助这些 57
法律制度继续瓜分新大陆，同时扩大每个欧洲国家对特定地理区域的控制权。欧洲北部国家难以换取西班牙积累的黄金白银，因为西班牙政府限制消费者的消费能力。西班牙政府没有使美洲经济充分多样化，其欧陆领土或美洲殖民地均缺乏本土产品，民众缺乏消费对象；而通过限制西班牙货船与外国进行贸易，政府又不允许西班牙国民轻易消费来自非西班牙领土的美洲产品。这就意味着西班牙领土范围内有大量以黄金白银形式存在的资本，但却没有足够的机会消费出去；其物价也比自由市场的价格要高。这种僵化的贸易制度显然是大西洋周边走私活动猖獗的起因。

美洲分裂成具有排他性和垄断性的帝国市场，对于生活在现实世界中的民众来说是完全不正常的，因为这些市场的建立不是为了促进消费行为，无法起到任何作用。若殖民地居民不办理审批手续并从经审核的供应商那里采购商品，就算附近有人以较低价格售卖商品，他们也不能合法地获得欧洲产品；欧洲消费者也面临同样状况，如果政府允许贸易路线存在竞争，他们就不用花高的价钱去购买商品。正如亚当·斯密所说的那样，“垄断给某一群人带来了好处，却在诸多方面损害了国家的整体利益”。[32]

比如，法国加勒比殖民地的居民想做面包，就得用法国送来的面粉。然而法国不会定期将面粉运送过来；就算面粉从法国运送过来，因其跨越整个大西洋的航程也往往是变质的。北美大陆和南美洲更容易买到面粉，当地也种植小麦，但问题在于法国没有控制这些面粉产区。因此，当法国在加勒比地区的殖民地没有法国面粉可买的时候，岛屿上的居民不得不跨越法律边界，从非法源头购买面粉。又或许，古巴的西班牙居民可能想买家具，可这时西班牙舰队还没有把家具从伊比利亚半岛运过来，而法律禁止古巴人从附近的英属牙买加购买这种产品。

58 如果他们不想等下一批合法货物运到牙买加，就得跨越法律边界。奴隶贸易也是如此。当某个区域的奴隶供不应求，从属于其他国家及其法律制度的邻近岛屿或殖民地的奴隶数量却很充足。与其他财物相比，奴隶更容易获得，从事奴隶交易势必要跨越法律边界。[33]

随着时间推移，欧洲的情况也不容乐观。欧洲消费者靠当地商人与美洲的商人进行交易，为本地市场供应来自美洲的奢侈品，比如糖和烟草。法律要求商人只能与商人打交道，并确保这些产品在他们国家装船。但现实是，有些产品容易腐烂，如果一艘船没有及时将它们运回欧洲，产品就有可能变质；又或者某个岛屿缺少某种产品，居民无法从邻近岛屿获取，或至少无法用非法手段获得。为避免这种情况发生，较为合理的解决方式就是委托那些有空闲仓位的过往货船将产品运到欧洲。如此一来，取消航运限制就能产生良好的效果。当然，这需要打破法律边界，而大多数欧洲国家都不愿意这样做。务实的想法只能让位于僵化的法律现实，欧洲和美洲消费者的个人利益与本国政府的限制性法律产生了矛盾。

这样的窘况自然充满讽刺意味。欧洲一些最为反对政府贸易限制措施和其他合法商业保护措施的人本身就是商人。他们寻求受保护的市场，以保证自己能够盈利和积累财富。他们当中的很多人不明白一点：市场规模扩大或监管变得更自由之后，他们的消费者群体也许会扩大和深化，最终受益者依旧是他们。更嘲讽的是，在这些商人中，有些人堪称大西洋世界最会打着合法的幌子做违法事情的家伙。他们跨境走私产品，贿赂官员以放行扣押的货物；无法达到目的时，他们还不时地向政府寻求帮助。尽管他们支持立法和主张推广法律应用范围，却常常干着违法犯罪的勾当。正如多米尼加总督约翰·奥尔德所写的那样："一个主要由商人和对非法贸易有兴趣之人组成的议会，出于猜忌，他们一直不赋予行政当局采取行动、一次性根除走私活动的权力。"[34]

同种窘境在数世纪中不断发展，要理解其成因，最有效的方 59
法可能就是探讨由这些违法行为所产生的政治经济学问题。比如政府与其臣民或公民在消费问题上的关系对于理解走私者的动机至关重要。此外，对于政府存在的目的，学术界的观念也在不断变化，这些观念具有重要意义，有助于理解政府官员为何在特定情况下会采取一些执法行动，但在其他时候却没有采取类似或不同的行动。理解制定法律者或有所助益，尽管他们在制定法律时存在具体目标，但特定历史背景会限制讨论的边界。时代不同，环境也可能有所变化；此外，立法者也是消费者，有时他们会制定与其个人利益相冲突的法律。[35]如果法律束缚了立法者的手脚，当他们作为消费者时还是会不尊重自己制定的法律。

政府之所以制定带保护主义色彩的商业政策，通常是出于金融和政治目的。控制贸易活动能够为国家创收，而控制贸易是确保从美洲矿山采掘的金银定期流入其宗主国，是确保工业消费品的充足供应，确保糖、咖啡和烟草等主要农产品进入欧洲市场的方式。从理论上讲，这种行为阻止了其他国家通过对外贸易积累财富而获得支配地位。此外，贸易法规定了哪些行为是可接受的，又有哪些类型的活动是被禁止的。

为了确保人们遵守政府清楚声明的政策，为了促使人们遵守法律，任何政府都需要收入，美洲殖民地（甚至其他地方）的殖民政府也不例外。倘若没有一支警察部队或履行同样职能的军事官员，法律就无法实施。无论过去或现在，这样一支部队都要靠钱养着，当然，钱来自税收；而无论过去或现在，各国政府都不愿颁布法律来增加政府或公共开支，比如警察部队所需要的资金；增加税收会造成成本增加，可政府又找不到任何办法去抵消不断增加的成本。如今，也许人们普遍将“成本适中”（支出与收入相等）当作一个值得赞许的目标，但在大西洋世界或者其他地方，该目标不一定受欢迎。这符合重商主义理论，但更重要的是，它也为走私者（及其他逃税者）提供了一个逃避关税和其他费用的机会。

因此，如果不了解重商主义环境及其后续的经济体系，就不可 60
能明白大西洋世界和其他地方走私活动的发展状况。本章对重商主义进行了最广泛的分析；可以说，随着世界日趋全球化，各国彼此打交道的机会越来越多，各种法律的制定目标似乎旨在确保国家边界安全、管制跨界贸易、限制进出口以及保护国内航运。为了执行这些法律，国家需要收入。为此，国家要征收进出口关税（以及其他税项）。各国政府总是想加大税收力度，减少执法支出，这样才能进一步增加国家的财政收入。在许多情况下，这种做法会导致国家向执法人员支付较低工资。当然，这反过来又导致那些领取微薄薪水的执法者想方设法赚取外快。腐败和贿赂现象在税法执行者当中变得普遍起来。[36]

更重要的是，正如当初所计划的那样，贸易限制确实使国库收入增加，而受到保护贸易参与者所获利润也有所增加。对于倡导贸易限制法案的商人来说，这种局面符合预期。正如亚当·斯密所说：

> 在任何特定的贸易领域……商人的利益……在某些方面总是与公众的利益不同……甚至截然相反。无论这类［商人］给出任何关于制定新法律或法规的建议，我们自始至终都应当审慎听取，而且只有用最谨慎、最质疑的态度关注它，并经过长时间的仔细验证之后，才能予以采纳。[37]

与此同时，政府的保护主义政策其实是以法律形式支持贸易参与者，这也在无意中损害了国家机关的利益，而制定政策的初衷恰恰是为了保护和确保国家机关的利益。实际上，这种保护主义行为使那些试图积累财产的消费者与他们的政府发生冲突，而政府的职责是保护民众财产，无论这些财产是以何种方式获取的。换言之，民间社会认为，每个国家的公民、臣民和居民能够通过消费行为进一步积累财富，这是自然而然的事情，但政府为了增加收入而采取的手段反而阻碍了这一过程。

61 当消费者无法根据现行法律自由行事，就会导致非法消费活动增加，从而使现有法规的效力进一步下降。重商主义政府为了保护国库会牺牲消费者利益；反过来，消费者也会通过非法和未经法律允许的活动，以一种非对抗性方式破坏国家的根基。正如亚当·斯密所说：

> 消费是所有生产活动的唯一终点和目的；生产者的利益应受到关注，唯有如此，才能促进消费者的利益。真理不言自明，任何试图证明它的做法都是荒谬的。但在重商主义体系中，消费者的利益几乎总是让位于生产者的利益；似乎人们认为所有工商业的最终目标和对象是生产活动，而不是消费。[38]

随着发展，保护主义法律的执行成本变得更高，国家不得不从执行法律所获得的收入中拿出越来越大的份额去继续执法，而维持法规的成本也越来越高。因此，到了18世纪下半叶，亚当·斯密对重商主义展开了猛烈抨击，后来他的理论也被大西洋地区所接受。

在更深入地研究斯密对18世纪重商主义的批判之前，我们必须要记住一点：那些受政府保护、不参与市场竞争的商人就是重商主义的有力拥护者。欧洲商人认为这种保护应继续下去，毕竟他们可以在欧洲市场把商品卖出高价，而不必考虑竞争对手，仿佛市场份额牢牢地掌握在他们手里似的。[39]美洲商人则反对保护主义，因为他们没有直接从中受益。商人想赢得政府的支持，这似乎并不违反常理，尤其是在商人利用自身收益来支持政治家的情况下。到了近代，很多地区的经济增长来源于受保护的殖民地贸易所产生的利润，但这是以牺牲消费者利益为代价的：

> 要确定谁是整个商业体系的操纵者并非难事；消费者不在此列……他们的利益完全被忽视；生产者才是商业体系的操纵者。他们的利益一直被悉心保护；在后一类人中，我们的商人和制造商一直都是罪魁祸首。[40]

其他商人，尤其是美洲的商人，只能从欧洲保护主义法规中分一小杯羹。他们希望废除这些法律和执法机制。殖民地消费者经常发现自身利益受到侵害，因为当地居民的需求不可能总以他们负担得起的代价得到满足。他们宣称进口产品的价格太高；此外，由于欧洲市场受到保护，产品出口的价格通常又太低。为了绕过障碍，许多“商业人士”在主张废除这些法律的同时，开始从事走私活动。 62

亚当·斯密在《国富论》（*Wealth of Nations*）中抨击走私活动以及从事走私的商人：

> 扩大市场、缩小竞争，这始终是商人的利益所在。扩大市场通常符合公众的利益；但要缩小竞争，必定违背了公众利益，而且只能让商人对他们的同胞苛以重税，将利润提高到不正常的水平，为自己谋利……有一群人企图与政府就税收水平进行谈判，他们的利益与公众利益不完全相同，他们往往想欺骗公众，甚至压榨公众的利益。因此，在许多情况下，他们既欺骗又压榨公众。[41]

亚当·斯密认为，商人根本无法联合起来推动价格上涨，为自己创造更高利润。一方面，由于关税会导致商品价格上涨，所以商人有时候会支持国家征收关税，前提是他们无须为了保持竞争力而降低价格；另一方面，贸易商又经常反对提高关税，因为这可能意味着他们的利润会减少，或者消费者要支付更高的价格，又或者两者兼而有之，这点并非无关紧要。可以肯定的是，商人想保护自己的市场就难免要花钱；不过，他们也想保持竞争格局。只要他们能把增加的税收转嫁给客户，而且明确其他商人也不得不做同样的事情，他们就会支持政府对市场加以保护。如果加征关税意味着贸易商不得不降低利润或提高价格，还要冒着消费减少的风险，他们就会反对加税。上述即大西洋两岸商人之间的差异，以及后来欧洲商人和世界其他地区商人之间的差异。

《国富论》被视为针对18世纪中后期商业体系的批判性著作，斯密对于重商主义的批判性评价是这部作品最深刻的观点之一，
63 也是许多读者通常疏于思考的地方。由于亚当·斯密组织文章结构的技巧较差，读者往往只关注到他在著作中提出的问题解决方

案，却忽略了他的批判性观点。斯密对18世纪重商主义经济体系的批判几乎全部出现在第四卷，但如今这部著作的许多版本完全排除了第四卷。此外，从根本上讲，广大读者阅读过的第一卷第一章的内容，应被视为斯密在第四卷中明确提出的问题的一种解决方案。斯密本来可以用另一种方式提出论点，这样的话，首次阅读《国富论》的读者就可以同时了解他的批判性观点和问题解决方案。当前版本中，问题出现在第四卷，解决方案却出现在第一卷，看上去几乎完全脱离了上下文。如此安排并非巧合，它让有些人可以为了自己的政治目的而盗用斯密的观点，尤其是在他们主张任何情形下都要完全摆脱市场监管的时候。

事实上，斯密认为某种程度的市场监管是有必要的。他还认为，政府有几大职责，包括国防、司法、公共工程和提供有限的教育。[42]亚当·斯密支持政府对一个主要领域进行市场监管，即防止私人或政府垄断，这对于我在此提出的观点至关重要。垄断诚然是商业体系的产物，也正是他观察到的18世纪英国问题的成因。垄断给消费者造成伤害，使消费者的选择权被限制，导致他们在购买必需品时付出的价格比在无关税保护市场上付出的价格要高。政府由此损害了消费者的利益。我在这里故意使用“必需品”一词，因为斯密认为不是任何人天生就有消费“奢侈品”的权利。[43]所以，对斯密来说，控制奢侈品的政策大致也是可以接受的。

然而，斯密观察到的大西洋经济并非真正的必需品贸易。金银采掘浪潮过后，大西洋地区的主要产品变成了糖、烟草、咖啡和奴隶。随着印度和东南亚贸易与大西洋贸易融为一体，茶叶和香料也成为商品。斯密在18世纪70年代写道，这些产品都不是必需品；而随着时间的推移、供应量的增加以及它们容易上瘾的特质，情况发生了变化。[44]斯密本人将这些消费品视为奢侈品，并表示政府已经把保护奢侈品贸易变成了一门生意，同时提出反对市场监管的论点。

64 政府制造垄断局面，限制消费者的选择权，伤害消费者，此举已经偏离了政府的基本职能。斯密说，这类贸易应该由市场自行调节，需要废除保护主义法规和改变定价方式。价格上涨的压力最初来自运输成本的增加，但随着转口贸易的全新竞争局面带来效率和创新，成本压力很快就会下降；而政府既不能强行命令，也无法亲自提供高效率或进行科技创新。此外，来自外国殖民地的产品大量出现在欧洲市场，使消费者能够以不同方式评价产品，这甚至会增加殖民地产品的改良压力，激发殖民经济体内部的竞争。随着消费者对市场的反应渗透到该地区各个地方，产品价格也可能大幅下降，从而给大西洋世界和全球的自由贸易带来诸多好处。

但走私这种自由贸易的终极形式呢？正如斯密所希望的那样，废除垄断保护意味着人员和货物可以轻松地跨越法律边界。然而，垄断资格是由法律赋予的，违反法律的做法绝不可取。走私者确实可以被描述为自由交易者，但他们也可以被称为不道德的违法者，他们是一种有缺陷的法律制度的产物。尽管走私者触犯的是有缺陷的法律，但他们还是应该受到谴责，结果的好坏不能作为判断手段是否正当的依据。

亚当·斯密的观点与启蒙运动的大部分观点是一致的。首先，在他的观念中，人需要“有德行”，并表现出“同情心”。[45]有些个人和群体之所以违反国家法律，在很大程度上是为了保护其生命、财产和积累更多财产的权利。斯密认为这正是他们与其他人的区别所在；对他来说，这种违法行为代表了社会结构的撕裂。行为虽不道德，可没有这种行为，斯密理论上描述的自由经济就无法取得成功。[46]无论是买卖走私货物，或者充当走私者，参与任何形式的走私贸易都会使社会道德越发沦丧。

18世纪末，美洲产品依旧经常被走私至欧洲市场，使得走私市场比商业限制之下的市场要大得多。许多来自美洲的奢侈作物都是奴隶生产的；而斯密认为奴隶制存在很大问题，因为奴隶不能在自由市场上出售他们的劳动力，实际上，奴隶主对奴隶的劳动力形成了垄断。[47]

他认为，购买奴隶劳动力产生的行为增加了市场对这类产品 65
的需求，这反过来又促进了更多的奴隶生产。由于奴隶主对奴隶劳动力拥有垄断权，因此，奴隶主要么不支付奴隶额外工作的工资，要么增加奴隶的数量，用于种植和制造市场所需的产品，以满足消费者的需求，又或者同时采用这两种手段。法律本来就对市场和此类主要产品加以保护，再加上消费者购买奴隶生产的商品，奴隶主的利润得以最大化，牺牲的却是奴隶的利益。[48]这个过程没有任何道德可言。

亚当·斯密关于走私的理念植根于近一个世纪前约翰·洛克（John Locke）培育的传统知识土壤。洛克认为政府的主要职责是保护私有财产，并声称，“人类进入文明社会的原因是为了保护自己的财产；而他们选择和授权立法机构的最终原因，是为了制定法律法规，守护文明社会所有成员的财产”。[49]

如前所述，为实现这一目标，政府需要源源不断的收入来养活一支警察部队。个人会以纳税的形式放弃一定数量的私有财产，以确保自身和邻居的剩余财产得到保护。洛克和后继者斯密认为，与拥有较少财产的人相比，那些拥有最多财产的人要交更多的税，以获取更多保护。累进税制正是依据此理念诞生的。[50]正如亚当·斯密所言，“每个国家的臣民都要作出应有的贡献去支持政府，而贡献的大小应尽量与他们各自的能力成比例；换句话说，与他们在国家保护下各自享有的收入成正比”。[51]最后一个观点非常重要，因为它将个人财产所有者置于一个更大的社区或整个民间社会，并认识到个体之间的互动存在内在联系。

根据这种理论，走私活动带来的问题是：走私者及其客户不想为自己的财产纳税；这里所说的财产，既包括了他们已经消费的财产，也包括他们生产出来的财产。此举造成的实际结果就是非法贸易不仅剥夺了国家合法享有的收入，而且剥夺了它为了保护臣民财产所需的收入，而走私者及其客户同样属于国家的臣民。因此，本身需要国家保护的走私者却削弱了国家的根基。从这个意义上说，由个人组成的群体、甚至一个非常大的群体都是出于个人私利行事，却从不考虑社会中其他人的利益。走私者的个人背景各不相同，而且很可能没有意识到自己从属于一个具有一致性身份的群体，但作为文明社会的一员，他们的利己行为使他们与集体利益背道而驰。

66 亚当·斯密和约翰·洛克代表了一种特殊的政治经济学流派，此处可以定义为一种侧重于研究政府与其职责之间关系的经济学；政府的职责包括保护个人财产，并确保每个人都拥有积累财产的权利。19世纪，这被称为自由主义。此外，卡尔·马克思可能被视为另一种政治经济学流派的代表。显然，出于与斯密相似的理由，马克思对商人阶级毫无好感。他写道，商人阶级不仅经常被列为最大的走私犯罪人群，而且还控制着资产阶级工业国家的生产资料。[52]马克思发现，资产阶级在主张国家应给予他们更多保护的时候，却违反了他们自己制定的某些法律和政策，而且居然不用受到惩罚，这点尤其令人气愤。用《共产党宣言》（*Communist Manifesto*）的话说，“现代国家政权只不过是管理整个资产阶级共同事务的一个委员会而已”。[53]职业生涯晚期，弗里德里希·恩格斯（Friedrich Engels）谈及资产阶级国家的作用时，把政党描述为“由政治投机主义者组成的大帮派，他们轮流占有国家权力，靠最腐败的手段来利用国家权力，以达到最腐败的目的。而国家对这两大政治垄断集团无能为力，他们表面上是国家的仆人，但实际上是国家的支配者和掠夺者”。[54]

但是，马克思如何看待那些消费走私产品的人？他对这个话题基本上保持沉默，但从他的意识形态中，我们可以找到这个问题的答案。马克思有可能把走私贸易作为人们在资产阶级控制的经济中生存下来的一种方式；除此之外，几乎可以肯定的是，他还关注走私活动所带来的阶级利益的短暂一致性。这种一致性是重要的，也是可取的。然而，在这种情况下，阶级利益的一致性存在问题，尤其因为它拖延了阶级革命的前进步伐。通过参与走私活动，资产阶级强化了自己对权力杠杆的控制。

马克思肯定会说，控制着腐败系统的人就像绷带，只能为一个溃烂不堪的系统暂时止血。[55]商人提供或购买走私货物，以消费者的身份从事走私活动，让那些腐败的政权得以苟延残喘，却使广大民众处于水深火热中。换句话说，没有走私活动，资产阶级所支持的经济和政治制度就会瓦解，因为它无法满足那些生活在其统治下的民众的需求。

67 因此，统治阶级先是制定法律和关税制度，然后违背法律、逃避缴纳关税，或允许其他人这样做。通过这种方法，资产阶级把权力牢牢掌握在手里。尽管马克思和斯密有着不同的意识形态立场，但他们在这方面观点相通。

话说回来，根除走私其实可能会损害国家利益，因为这会有效遏制走私活动给经济带来的压力。倘若没有走私活动，广大消费者就会造反起义，全面推翻工业资本主义秩序。因此，尽管已经过了一个世纪，但马克思还是思考了斯密所观察到的现象，甚至以相似的方式去理解这种现象。两人一致认为，走私活动以及统治阶级的腐败行为使经济制度得以生存。但接下来，两者的观点发生了分歧。马克思认为腐败的政权应该被推翻，而任何加速它们死亡的事物都是可取的。虽然马克思没有直接这么说，但不难想象，他强烈支持国家随时随地遏制走私活动。他认为，随着群众的苦难不断加深，他们将会推翻一个残暴的政权。相比之下，亚当·斯密虽然认为决策者及其商界盟友缺乏美德，并认为购买走私品的消费者也在一定程度上缺乏美德，但他并没有反对政府。对于走私问题，他的解决方案是清除政权的腐败现象，并废除那些催生腐败的政策，回归民间社会的道德理想。

相对而言，诸如杰里米·边沁（Jeremy Bentham）和詹姆斯·穆勒（James Mill）、约翰·斯图尔特·穆勒（John Stuart Mill）父子等19世纪的功利主义思想家不一定会如此彻底地谴责走私活动以及相关的违法行为。虽然他们都关心个人权利以及如何在政府干预中保障个人自由，但他们也明白，任何政府干预都要确保功利原则："政府干预往往是为了促进民众生活的幸福，所以它是正确的；但干预行为往往会产生与幸福相反的结果，所以它又是错误的。"[56]因此，从实用主义的立场来看，走私应被视为造福社会的行为，因为它让消费者能够自由地消费他们想要的东西，不受政府的限制。实际上，比起严格遵守贸易保护主义法律的做法，走私活动能使更多人受益。如果说斯密认为法律存在问题，但违法行为更不可取的话，那么功利主义思想家则认为有问题的法律要么被废除，要么就不应该发生违法行为。[57]如杰里米·边沁所说，针对走私活动的行动方案似乎是明确的，政府不应强行采取"拙劣"的行动，比如通过不适当的市场监管措施限制民众消费，因为民众对此并不买账。

> 事实证明，群体中个人的幸福，即快乐感和安全感，是 68
> 立法者应该考虑的目标，也是*唯一*[*]的目标。它是每个人都应遵守的唯一标准，并据此形塑自身，而这要取决于立法者。但是……没有任何东西能最终强迫一个人这样做，除了痛苦和快乐。[58]

历史上，杰里米·边沁因两件事被世人铭记，即"圆形监狱"（panopticon）概念和"幸福计算法"（felicific calculus）。本书对"圆形监狱"不做探讨，而"幸福计算法"能够把功利原则付诸

* 斜体字为作者标注，全书同。

实践——至少他是这样认为的。[59]为了弄清楚政府管制措施与私人行为之间的关系（至少从表面上看，走私就是一种私人行为），就必须要思考整个社会由走私所带来的“成本”和“收益”问题。例如，价格低廉的产品就是一种“收益”，而逃税者造成政府收入下降则是一种“成本”。功利主义者认为，如果政府干预行为所带来的收益超过了干预的成本，那么对绝大多数民众来说，政府的行为就是合理的。

如果把走私所产生的所有个人收益累加起来，把每个人走私一只柠檬、一碗糖或一名奴隶所节省下的三便士、二法郎或五美元加起来，然后乘以从逃税中获益的总人数，这个数字便可称为群体的总“收益”。与此相对，损失了这笔收入之后，政府的执法能力和发挥其他职能的能力便有所下降，必须加以考虑。如前所述，如果没有财政收入，政府就不能维持规模庞大的军队，也不能为国民提供基础教育。

除非采用一种极其抽象的方式，否则我们似乎不可能做出这种计算。正如最初指出的，我们根本无法精确了解走私的实际成本，因为我们不可能确切地知道谁在走私、走私什么产品以及什么时候走私。相反，为了对走私的成本作出准确估计，我们需要考虑的是每个国家花了多少钱去实施反走私法律与这些钱是否可能被挪用。事实证明，这也很难实现，因为贸易法的执行成本通常由军队承担；至于军方能否在走私执法以外的事情上动用预算，本书不做讨论。

69 以此类推，可能还需要考虑政府官员执行关税法所花的时间。如果把专职处理关税与消费税相关问题的官员的成本计算在内，也许能得出政府执法成本的近似值。然而，在这些成本的基础上，还要考虑政府没收货物的价格或线人费。通常，举报走私的人可分得一部分被没收的货物，他们宣称要帮助国家，但他们自己的收益增加了，国家的收益却在减少。计算的复杂性使得成本收益难以量化。不难发现，量化功利主义思维会导致论点含糊不清。更确切地说，考虑到功利主义思维适合自由政治经济学框架，所以思考走私对自由思想可能产生的影响倒更有意义。

令人难以置信的是，这些非法商人及其客户竟然想谈论自由思想。更确切地说，绝大多数非法商人只是想改善他们所处的经济环境。这就产生了一种意想不到的后果：商人原本要依靠国家来保护他们的生命和自由，但他们的非法活动却削弱了国家的根基。许多哲学与政治经济学专著并没有直接研究走私活动，这一问题正处于关键节点。政府为走私活动付出的代价不仅要从经济学和算法方面加以考虑，还要考虑当权者的权威性和合法性。[60]

包括尤尔根·哈贝马斯（Jürgen Habermas）在内的现代政治理论家和社会学家论述了统治者与被统治者之间的关系。按一位学者的说法，“哈贝马斯认为，合法性危机之所以产生，是因为经济体系具有不断演变的特性，当需求超过供给时，民众便产生了不满情绪和疏离感”。[61]社会对于消费品、奴隶或劳动力的需求已经超过了供给，而这正是走私要通过非法渠道解决的问题，至于政府是否借助税收和监管等手段人为降低供给，这并不重要。绝大多数国家没有采取更有力的行动来压制走私贸易，因为它们知道这样做只会挑起合法性危机，使政府，尤其是偏远地区政府的处境更加艰难。[62]

70 研究官僚主义的马克斯·韦伯（Max Weber）认识到，当执法行为会损害执法人员的自身利益时，是不可能要求他们尽忠职守的，因为这样做自相矛盾。从很多方面来讲，这正是韦伯支持独立官僚机构理念的原因。唯有独立，政府才能保持廉洁。这样的官僚机构会使各种功利主义算法过于复杂且无法实现，更无法按照功利主义原则制定法律，并确保它们得到公平执行。韦伯认为，如此一来，“立法者的政府利益与消费者利益相悖”这个令亚当·斯密和马克思头疼的难题便迎刃而解了。一旦制定了反走私法，公正廉洁的官僚们就会惩罚那些触犯法律的人。当然，这种想法的问题在于：在现实世界中，官僚们似乎根本不可能完全无视自身利益，成为公正的仲裁者和纯粹的决策者，而这正是理论与现实相脱离之处。

理想照进现实：政府收入与保护国民

现在，让我们回到本章开头的故事。那些中国移民不服从自己的政府，偷偷越过法定边界，来到如今的马来西亚槟榔屿。他们之所以在英国控制的领土上受到欢迎，不仅仅因为英国无法阻止偷渡，还因为东印度公司在该地区的代表已经想好怎么把他们当作“商品”使用。中国移民可能认为自己的政府效率太低，而英国东印度公司的副总督则在苦苦思索清政府为何没有执行自己制定的法律。或许可以作出合理假设：这位英国人总结出来的经验就是清朝并不是一个严格执法的国家。[63]尽管如此，在把中国移民运往特立尼达岛的提议中，法夸尔提出应该在多大程度上让清政府意识到这份提议的存在。他认为，只有清政府被蒙在鼓里，这个计划才能取得成功。

这很有启发性，因为它表明法夸尔愿意参与到政治经济的讨论当中，但只是一定程度的参与。如果英国东印度公司的提议被采纳，它必须不违背现有法律；与此同时，东印度公司还要担心全面披露公司用中国劳工代替奴隶的详细计划会造成何种后果。

让中国人去当农场工人，这点似乎并没有令法夸尔感到困扰； 71
他担心的是，尽管中国移民是偷渡离开中国的，但清政府可能会把他们与那些被加勒比农业抛弃的非洲奴隶联系起来。法夸尔希望英国法律继续认可人口贩卖行业，而如果把这个计划透露给清政府，很可能会刺激清政府实施国民出境禁令，从而使法夸尔的提议胎死腹中。[64]

尽管历史档案中没有任何证据表明法夸尔本人从事走私活动，但从他的计划和阴谋可以看出，他与许多走私者如出一辙。[65]许多像法夸尔这样的官员试图发现并利用其他国家的法律漏洞，以达到他们想要的结果。尽管很多官员明显从事秘密活动或“黑市”交易，但大多数人没有完全把事情告知政府或上级官员。换句话说，他们隐瞒了实情。几乎可以肯定，许多走私者明白一个道理：无论生活在何种政权之下，那些对其他国家从事非法活动的人总在探寻自己国家和官员的底线，看对方能在多大程度上容忍这种非法活动。

1805年，中国人偷渡出国，违反了清朝律法；与此同时，欧洲人欢迎他们来到马来半岛，很多人在那里找到了工作。清政府与其臣民之间的谈判可以用“双输”来形容：清政府没有为其臣民提供足够的花销，其臣民只能用行动表明自己的立场。

与此同时，像法夸尔这样的英国代言人想以另一种方式“使用”这些偷渡者，而这种方式可能有别于偷渡者自己的想象。如果东印度公司决定采用法夸尔的计划，就得确定它能向清政府透露多少关于其损失“财产”预期用途的信息。若向清政府提供太多信息，可能会导致对方关闭法定边界，禁止任何移民行为，计划尚未开始就遭受重创；若不提供任何信息，则有可能意味着法夸尔的提案不会受到任何挑战，但是，东印度公司本身也可能遭遇到更为猛烈的抨击，这当然也会波及它的员工。[66]

72 与边沁的“幸福计算法”一样，计算是件复杂的事情。它揭示出如何才能在走私活动和国家增加税收、保护国民之间作出权衡，从而为大多数人谋福利。法夸尔本人只想向清政府提供足够多的信息，防止清政府过度关注边界问题并禁止其国民偷渡出境。在这件事上，他和世界历史上许多政府官员没什么两样：只要没人干涉他们的统治，他们就会对非法跨越法律边界的做法视而不见。当然，这会导致矛盾出现。马克斯·韦伯认为，真正有作为的官僚机构应该避免这种矛盾，而走私者恰恰要靠这种矛盾发展壮大。

如果说走私者要在一个矛盾的政治经济体系中发展壮大的话，那么无论处于什么样的社会或时代，他们的行为都出奇一致。他们携带货物非法跨越边界，从不向官方申报，希望这样可以逃避关税。节省下来的关税可以转移给消费者，使消费者获益，但这种做法是以国库蒙受损失为代价的。此外，即使在通常被认为不关注走私的理论家看来，走私的过程及其含义也是显而易见的。他们明白，在论及政府的作用时，有必要思考政府正常运转所需的收入；而谈到政府收入时，很明显，走私活动导致政府损失了一部分税收。意识到这点之后，各国政府本应解决这些问题，当然，它们也尝试过，但效果甚微，其原因之一就是各个地区、各个时期走私货物的性质不同。在下一章，我们将探讨走私货物的种类。读者很快就会注意到，这些货物种类繁多。当然，理论家们也能意识到这一点，他们毕竟也是走私商品的消费者。因此，我们不妨这样说：在整个现代史中，几乎没有什么产品能逃得过走私者的眼睛。

第四章 走私：跨越边界

跨越世界与法律的边界 73

前面我们已经探讨过，走私的本质就是为了避免交税而暗中将货物非法运出法律边界，它与海盗活动有着本质区别。弄清楚这点，读者便能深入思考现在走私活动是如何随着时间推移而发展出不同形式的。本章将举例说明其中一些走私途径和机制；这些例子不可能做到详尽无遗，相反，作者想把本章作为一个指南，让读者了解到民众以何种方式找到了与政府谈判的空间，而一旦谈判没有取得他们所期望的成果，他们又是如何寻找机会来改善自身生活质量的。读者应该明白一点：在现代世界史中，几乎没有哪种物品可以逃过走私者的“法眼”。只要税法和消费者存在一天，走私者就会违反这些法律。

在从事这个项目的过程中，可能我被问得最多的问题之一就是“人们会走私什么样的物品”，这也是最基本的问题。然而，就是这么简单的问题，我却很难答得上来，真够尴尬的，因为它的答案要视具体情况而定。在18世纪的多米尼加，人们走私食糖；在18世纪的波士顿，人们走私茶叶；在19世纪的古巴，人们走私奴隶；在19世纪的中国，人们走私鸦片；在20世纪的欧洲，人们走私可卡因和海洛因；而在21世纪的美国，人们走私时装。当然，与浩如烟海的违禁消费品相比，上述简单罗列出来的物品只是小巫见大巫而已，读者最好把本章列举出来的走私物品看作某个时期在世界某些地方非法跨越边界的代表性产品。

正因为如此，每当有人问及什么样的物品能引起走私者的兴 74
趣时，尽管问题很合理，但我觉得最好能对此提出异议。如果把每一种走私物品的走私时间和地点罗列出来，我觉得用处不大。就算有这样一份清单，我们也无法洞察走私者的动机以及他们是如何下定决心进行走私的。[1]本章提出了一个观点，即几乎没有任何物品可以逃过走私者的“法眼”。我将列举一些发生在特定时间和地点的具体案例，以说明走私者如何跨越世界上的许多边界。

然而，历史学家有义务对历史进行编目和分类，如果我们不这样做的话，可能根本就无法对历史记录进行任何分析。因此，我们至少可以有可能在那些广袤的时间和空间里秘密跨越法律边界的产品基本类别之间找到一些共同点。举个例子：无论列出任何走私品清单，各种消费品一直都占据榜首。这类产品的范围很广，从杰布·布什的妻子柯伦巴在亚特兰大机场走私的巴黎时装，到秘密跨越拉芒什海峡（La Manche）、进口到英国南部城镇和村庄的法国高档亚麻布，再到各种形状和大小的电子产品。[2]包括烟草、糖、咖啡、茶叶在内的各种商品也经常被走私到遥远的地方，尤其是在进口税和受保护市场导致某种作物的价格高出自由市场价格的时候。[3]从很多方面来说，这种非法商品贸易是人们已知的历史上的走私活动。

与此同时，在不同的地区和时代，鸦片及其衍生物等麻醉品也经常被人们从实行某种法律制度的区域走私到实行另一个法律制度的区域。如今的非法药物贸易可以很容易地纳入这一类别。[4]那些在自然界稀缺的产品，其采购成本相当高；由于商业法规禁止此类产品出口，它们变得更加稀缺，其价格随之水涨船高。一些学者甚至认为，这种“人为”或由法律造成的稀缺性会让人们有更大的动力通过违法的方式来获取产品，无视以消费者需求为基础的市场所要遵循的一些简单原则。

例如，在当前的美国和其他地方，人们就大麻非犯罪化（或合法化）展开了争论，这也可以视为个人与政府之间的一种谈判。人们想借此告诉政府，政府的职责是搞好民生，而非采取禁止民众食用大麻的措施，这种管制不可接受的。[5] 75

即使在世界各国的权力中心争论应该阻止或放宽哪种贸易时，绝大多数消费者通常有另一种选择。他们可以忽略成文的法规，开展走私活动。换句话说，他们可以成为自由贸易者。当代这种辩论早已屡见不鲜。事实上，19世纪的鸦片吸食者与生活在美国禁酒令下的酗酒者以及与如今的冰毒（即安非他明）贩子有很多共同点，他们参与的都是违法活动。除了诸如酒瘾、毒瘾等公共卫生问题以及伴随禁酒和禁毒所产生的其他问题之外，这当中还存在着个人自由的问题。换言之，禁止可上瘾毒品的初衷也许是保护公共卫生，但此举也会干预个人的选择，让他们无法自主选择消费的对象和时间。这重新引发了很多人的担忧，即个人自由会受到贸易限制法规的侵犯。走私是避免个人与国家在这方面展开更全面对抗的一种方式，它让个人重新获得对自己经济生活的某种控制权。[6]

当然，在这份走私产品清单当中，我们还要把“人”视为走私对象以及走私活动的代理人。无论过去还是现在，一直都有人偷偷越过法律边界。如今，关于国际偷渡的新闻不时见诸报端。[7]偷渡之所以会发生，通常是因为个人或群体为了过上更好的生活而作出的选择，而偷渡的模式通常是某个低收入社会的居民偷渡到另一个高收入社会来赚取更多的钱，从而提高他们的个人或家庭消费水平。有时，他们通过汇款的方式把赚来的现金寄回老家，这种做法本身有时会构成另一种形式的走私。[8]当代媒体在审视这种欺骗行为时，普遍忽略了偷渡的机制，而偷渡者正是借助该机制轻松跨越了原本旨在将他们拒之门外的边界。当然，问题就出在我们太过关注于罪犯，却忽略其犯罪行为本身及其意义。

通常情况下，此类违法者被视为非法移民，但或许我们可以将他们称作“自我走私者”。[9]有时候，那些将人口从一个国家偷运到另一个国家的“蛇头”之间会形成商业网络，这也被视为近年来才出现的现象，但历史上肯定存在这类商业网络的其他版本，比如偷运苦力劳动者和奴隶。在某些情况下，被偷运的自由人可以主动选择以非法形式穿越某个法律边界，但在大多数情况下，被偷运的奴隶根本没有权利选择目的地。[10]

76 1792年，随着法国陷入动乱，圣多明各爆发了反对白人殖民统治的起义。1792年的战争开始后，贸易法便难以实施。[11]1792年，英国议会（British Parliament）在如何处理奴隶制问题上陷入了一场旷日持久的争论当中，这场争论有时会变得无比激烈。与往常一样，18世纪的和平是短暂的。欧洲一心想将奴隶从圣多明各偷运到它们自己的殖民地，牙买加北部海岸的殖民者正好利用了这一心理。牙买加的执法人员认为，被偷运来的一些奴隶最终进入了圣玛丽（St. Mary）教区的扎卡里·贝利（Zachary Bayly）种植园工作。

伊斯帕尼奥拉岛上的法国殖民者开始亏本出售奴隶。为了控制住黑人，不让他们接触革命思想，圣多明各的白人居民可谓费尽了心思。他们把黑人奴隶视为无可救药的捣乱者，认为这些黑人奴隶只会惹是生非，因而急着将他们出口到其他地方，希望以此避免自己的其他人力资产受到影响。然而，在这场危机中，他们蔑视了自己的法律（旨在禁止人们在殖民地之外随意处置奴隶财产，从而将奴隶财产保存在殖民地内部）。非法出口奴隶加剧了英国人的恐惧感，一方面，殖民者不希望革命思想传播到自己的殖民地；另一方面，如果他们采取行动，让法国奴隶无法进入英国领土，就有可能会进一步破坏圣多明各的稳定。圣多明各是该地区最大的糖业经济体，若局势不稳定，有可能对国际经济体系带来灾难性的变化。[12]

1792年7月中旬或下旬的某个时候，一艘帆船载着21名来自圣多明各的奴隶，在夜幕的掩护下进入牙买加玛丽亚港（Port Maria），并迅速卸下"货物"。紧接着，船上的奴隶马上被送往扎卡里·贝利在当地的庄园。[13]几名目击者称，奴隶下船后，船长就把牙买加的产品装上船，准备运到圣多明各出售。不久后，帆船起航，前往弗朗索瓦角（Cap Francois）——也就是后来的海地角（Cap Haitien），以处置其走私产品，并装运更多的奴隶非法出口到牙买加。[14]

1792年8月中旬，牙买加圣玛丽教区特别民事法庭（Court of Sessions）开庭。法院获悉，那艘船确实已返回圣多明各，船长在那里又买了60个奴隶。但正当船准备离开圣多明各时，"船长从船舱的梯子向上爬，不料自己的手枪走火，中枪身亡"。[15]这位走私者在执行一项走私任务时被自己的粗心大意杀死，或许也算死得其所了。

77 为了防止第二次旅程遇到麻烦（这说明第一次旅程是成功的），一位来自查尔斯顿（Charleston）的海员豪厄尔船长（Captain Howell）同意把非法出口的奴隶带到牙买加。豪厄尔船长当时正在圣多明各出售一批来自查尔斯顿的货物，那批货物可能是大米。当他到达牙买加时，奴隶又被送往扎卡里·贝利种植园。非洲奴隶从来没有在牙买加办理通关手续，此举违反了牙买加和大英帝国的规定。豪厄尔船长向看到他卸货的人声称自己来自金斯敦（Kingston），而那里正是他处理奴隶的地方。他还出示了一张通行证来证明这一说法。豪厄尔船长撒了谎，因为他知道，路上遇到的人不会长途跋涉60英里前往岛的另一端来验证他讲述的故事是否真实。

他的诡计差点得逞了。没有人对他的说法提出质疑，直至几名目击者无意中听到他说："法国黑鬼说的法语和我们英国黑鬼说的英语一样烂"。[16]一名牙买加种植园主用法语搭讪了其中一名奴隶，那名奴隶作出了正确的反应并以法语表示了应有的尊重。在金斯顿，几乎不可能出现会讲法语的合法奴隶。豪厄尔意识到行迹已经败露，于是承认了自己贩卖黑奴的行为。不到24小时，就在地方官员前来逮捕他之前，豪厄尔逃离了牙买加岛。然而，他的部分船员在离开之前解释说，"黑奴在弗朗索瓦角非常便宜，运奴船已经人满为患了，但食物和饮料非常昂贵"。[17]这些信息应该足以说明奴隶被贩卖的原因。居住在圣多明各的法国人愿意用来路不明的奴隶换取食物，尽管这意味着要违反他们自己的法律；而居住在牙买加的英国人愿意以违法手段进口这些来路不明的奴隶，以此作为增加自身利润的一种方式，因为这些非法进口奴隶的成本比那些合法进口奴隶的成本低。当然，在这个案例中，扎克里·贝利没有受到法律的任何惩处，他毕竟是投资者，为牙买加岛的经济增长作出了贡献，尽管这些贡献来自不道德且非法的活动。

不言而喻，这种跨境流动需要资本，而这种资本大部分从未向税务或海关当局备案。在某些情况下，人们为了消费走私物品而付钱给走私者，这种资本似乎不太可能作为劳动收入向税务当局申报。那些花钱偷渡的人也是如此，他们不太可能向本国政府缴纳工资税。当金钱以贵重金属形式流通时，任何情况下都比较容易追踪其流向，但贵重金属本身也经常成为走私的对象。在某些情况下，走私者甚至改变标准硬币的重量，然后神不知鬼不觉地把它们偷运出境，那个时代的人通常将此过程称为“裁剪硬币”（Coin Chpping）。[18]

这其实意味着那些偷渡者给国家制造了某种难题；与对待货 78
物走私相比，国家需要作出更直接、更有力的反应。[19]最糟糕的情况也许就是走私奴隶或偷渡。在可以看到的历史记载中，这种行为引发了最严厉的抨击。

上文已经证明，将走私货物分为几大类的做法是可行的；同样地，我们可以识别不同时间、地点或不同社会的走私模式。如前所述，在那些通过征收进出口税来限制货物进出的地区，其居民往往会规避税法，从而以低于政府允许的价格和更好的条件去获取和积累货物。事实上，无论走私物品是广受欢迎的食物、奢侈的香料、无伤大雅的女装，还是可能会对身体造成伤害的成瘾物质，不同社会之间的消费者行为差别很小。但是，不同走私案例之间的确存在差别，而差别就在于执法机制以及实际执法频率当中。诚然，在战争时期，某些种类的商业走私活动所获得政府的关注和干预比其他任何时候都要频繁得多，而这通常是该时期治安官数量较多的结果。其他类型的活动，比如走私奴隶，几乎总能激发官方采用强有力的措施来禁止这种秘密贸易，无论当时是否发生战争。[20]然而，无论在战争时期还是和平时期，官方对于走私活动的关注普遍不受欢迎。

当走私活动的对象（或商品）不涉及人类时，或者换句话说，当消费品、无生命商品或非法物质成为走私者关注的对象时，官方通常很少采取相关应对措施，或许这是因为侦查走私活动的成本很容易超过采取干预措施所产生的额外收益。[21]然而，当一种可衡量的监管持续存在时，这种监管几乎清一色地来自那些表现出规则意识的官员。

我想说的是，在翻阅档案的过程中，我所遇到的历史人物可以归为两种基本类别，这两种类别延续至今。第一类人以18世纪多米尼加总督约翰·奥尔德为代表，他们受规则约束，认为任何法规和指令都需要以一致的标准定期执行；从理论上讲，这对所有人都是公平的。

79 第二类人则具有以下特点：他们了解规则，但却不关心这些规则的真正含义以及如何执行这些规则，只有在当班期间遇到问题，而这些问题有可能会给他们产生额外工作量时，他们才会关注规则。两者的区别应该是很明显的：那些受规则约束的人通常会一直执行所有规则，即使这意味要牺牲他们的个人利益。[22]那些不受规则约束的人也许对规则、法律和法规了如指掌，但不一定按照法规行事。在很多社会中，受规则约束的官员往往更少见，因为他们的数量较少，不受规则约束的官员则更常见。通过对现有档案进行研究之后，我认为上述观点是站得住脚的。

然而，在战争时期，政府对各种类型官员的监督往往会更加严密，官员们得到了更多指导，并需要与他们的上级保持更频繁的沟通。上级官员通常来自宗主国，或者是驻扎在附近的武官，而无论当时还是现在，武官比文官更有可能遵守规则。当然，由于监督格外严格，所以无论官员们是以姑息纵容的态度制裁走私，或是通过贪污腐败的形式参与走私活动，都变得更加困难。由于监督者太多，那些想对走私活动视而不见或以权谋私的人很难有所作为，而贪污腐败恰恰是他们的雇主不愿意看到的。

在思考人口偷运问题时，也出现了类似模式。政府通常会容忍这种走私活动，或者不加以阻止，但以下两种情况除外：一是奴隶是走私的对象；二是英国政府官员认为非英国籍托运人在1808年之后继续进口非洲奴隶。在结束了奴隶贸易之后不久，英国就开始扣押任何被发现从事人口贩运的其他欧洲国家货船；英国其实已经成为大西洋的警察。即使那些以合法理由使用奴隶劳动力的殖民地，比如巴西和古巴，其货船也会被英国拦截并搜查是否在非法贩运奴隶。[23]如上一章所述，英国东印度公司的一名官员打算将偷渡到马来半岛的中国移民送往加勒比群岛的新定居点，来替代当地的奴隶劳动力。[24]这种计划仍然依赖走私劳工；中国的偷渡者违反了清政府的法律，到达东印度公司的定居点。然而，即便是最受规则约束的官员，仍然有理由宣称：只要这种商业模式没有违反英国法律，即使名义上不可接受，实际上是可以容忍的。[25]

如果大大小小的走私和反走私活动规模可以识别的话，那么 80
区域内和区域间走私活动之间的关系也可以加以识别。我的意思是，对于现代世界几乎任何一个特定区域，都有可能描述其内部或跨地理区域进行的非法贸易特征。以我最熟悉的18世纪加勒比地区为例，我们可以识别并大致描述英法岛屿之间或英西岛屿之间发生的区域内走私活动特征；同样地，我们也可以识别法属加勒比地区和北美洲之间，或者英属加勒比地区与西属大西洋殖民地之间的走私活动特征。简而言之，尽管区域内或区域间的每条贸易路线所交易的产品差异很大，但任何特定区域都定期从事这两种走私活动。

也许研究这个问题的方法之一就是聚焦某个地区的某一个港口，研究它在短期内发生的走私活动。这种微观研究应该有助于读者了解走私贸易是如何进行的，以及公众如何能偶尔目睹到这一过程。

野蛮生长的港口：把蒙特克里斯蒂港*也计算在内

在大西洋地区，最常见的港口既不是像费城或金斯顿这种大型城市的港口，也不是官方许可的、旨在吸引另一个国家的居民为了追求消费而违反本国法律制度的“自由港”。相反，最常见的港口既没有受到官方监督，也没有得到法律的承认。不过，它们仍然野蛮生长，那些城镇（及其周边内陆地区）的居民自发地与其他城镇（和地区）的居民接触，以获得他们所需要的东西，这些港口是行之有效的自由市场。换言之，它们实现了斯密学派所谓的“以物易物”贸易，而且所有活动几乎完全不在欧洲帝国官员的视线范围

* 蒙特克里斯蒂港，Monte Christi。

之内。接下来，我们要研究这类港口的主要代表、伊斯帕尼奥拉岛上的蒙特克里斯蒂港（Monte Christi）。

绝大多数世界史学家可能从未听说过蒙特克里斯蒂港，即使专门研究18世纪大西洋地区的历史学家可能也对这个港口鲜有耳闻。话虽如此，这个小镇的重要性不应被低估，它体现出了人类的消费欲望与重商主义法规的激烈对抗；而政府制定重商主义法规正是为了抑制消费行为。蒙特克里斯蒂港位于伊斯帕尼奥拉岛北岸，横跨法国和西班牙殖民者划分的边界线。西班牙所控制的蒙特克里斯蒂港区域体现出欧洲各帝国的殖民者是如何改写帝国法规的，这些法规为欧洲重商主义帝国或国家的利益服务，却牺牲了美洲殖民地居民的利益。从许多方面来说，与美国独立战争开始前几十年北美洲的违法活动相比，加勒比地区居民的违法行为能更有效地促进殖民地消费者的利益。1763年以后，英属北美洲殖民地居民积极地反抗不想支持的政策，然而蒙特克里斯蒂港居民和到此进行交易的商人（包括许多北美洲殖民者）表面上仍然支持存在问题的法规，暗地里却积极地搞破坏。这种港口城市的居民取得了自身的消费者需求控制权，斯密认为，这种权力是人类与生俱来的。还没等欧洲政府制裁或禁止他们的行为，他们就已经通过违法活动改写了法律。[26] 81

大多数学者认为，蒙特克里斯蒂只是一个小小的定居点，因为它的常住人口只有大约100名普通的西班牙人。[27]尽管如此，在18世纪中后期这个走私贸易的鼎盛时期，每年有数百艘远洋货船停靠在蒙特克里斯蒂港口，相当于每个居民的好几艘船，可谓这段时期的天文数字。许多货船来自英属北美洲殖民地，那里实行欧洲的法律，禁止当地人与法国人或西班牙人进行贸易。[28]还有些货船来自加勒比海的其他岛屿。除了西班牙特许的货船以外，几乎所有驶往蒙特克里斯蒂的货船不仅会违反西班牙的法律，也有可能违反另一个欧洲国家的法律，因此，关于货船航行到该港口的档案很少见。然而，话虽如此，很多货船在返航途中受到拦截，这给历史学家留下了充足的信息，可以了解到蒙特克里斯蒂港口的运作机制。

1760年3月29日，蒙特克里斯蒂副总督写信给英属巴哈马（British Bahamas）总督威廉·谢利（William Shirley）。[29]这位西班牙官员在信中称，一艘来自新普罗维登斯（即如今的拿骚）的英国私掠船非法拦截了五艘西班牙货船。[30]他说，他已给予这五艘货船特许权，允许它们从他控制下的港口航行至邻近的法属殖民地圣多明各，这些货船将满载着用于“鼓励人们前往蒙特克里斯蒂政府控制下的新定居点”所需的货物。[31]

82 因此，英国私掠船没有任何理由拦截甚至扣押这些货船。[32]虽然英国和法国处于战争状态，但至少从表面上看，这些都是中立的西班牙货船。当然，法国货船可以被英国拦截和扣押，但这几艘船拥有西班牙颁发的特许状。因此，英国总督谢利在回信给西班牙副总督之前，想了解这些船为什么会被扣押。他可能会发现，重叠的国家法律制度屈服于一种新兴的国际法律制度，而这正是加勒比居民正在为自己争取的东西。

谢利运气不错。五艘被扣押的货船已经被告上了拿骚的英国海事法庭，法庭对其正式定罪之后，就要出售船上货物和分割收益。然而，在瓜分战利品之前，法院需要确定货船的国籍。如果它们是法国货船，那么就是合法的战利品，俘获货船的私掠船和英国政府可以瓜分货船及其货物。另一方面，如果这些船属于西班牙臣民，显然是要物归原主的，因为西班牙和英国在1760年处于和平状态，除了“躲避英国海关”这条罪名外，英国没有任何法律理由扣押西班牙货船。[33]谢利总督要求海事法庭分享所有相关文件和证词的副本。

法院满足了总督的要求。谢利曾担任过马萨诸塞总督，最近才到拿骚赴任，然后目睹了当地大多数人早已司空见惯的事情。谢利了解到，蒙特克里斯蒂港在推动法外贸易方面扮演着重要角色，它使人们得以逃脱领土边界和法律边界。这位巴哈马的总督仍保持着非典型的外交风格，那就是坚持己见。谢利坚持认为，英国私掠船的行为是恰当的。此外，他声称蒙特克里斯蒂港面临的难题纯属西班牙人自作自受。谢利总督小心翼翼地“*提醒*”西班牙副总督，被扣押货船的特许状（或者说通行证）到底做了哪些授权。实际上，这些特许状正是由西班牙副总督签署的。第一艘船阿尔塔格拉西亚夫人号（Nuestra Senora de Alta Gracia）获准“携带西班牙法律允许的财物，并携带一些只能供蒙特克里斯蒂市使用的食物和日常用品，这些食物和日常用品不允许在其他港口使用”。如果船东违反他的指示，那么要为船上的任何货物“承担后果”。[34]第二艘船获得的指令是把“法国殖民地的水果和食物运到蒙特克里斯蒂，以鼓励人们到那里建立新定居点”。[35]

第三艘船索科罗夫人号（Nuestra Senora de Socorro）获准 83
“*将这些货物运到法国殖民地，并从那里运回一些只供蒙特克里斯蒂市使用的生活物资，其他地方不得使用*”。[36]其余两艘船也承担类似职责。

这就意味着总共有五艘远洋货船同时接受了特许状，把消费品从法国殖民地带回在西班牙殖民地港口；但特许状从未提及将进口的法国产品运往伊斯帕尼奥拉岛上的其他西班牙定居点。[37]不过，由于港口只有一百多名居民，不可能消耗掉这五艘船运来的所有“食物和生活用品”。因此，威廉·谢利的结论是：西班牙副总督必定知道西班牙货船运到蒙特克里斯蒂港的消费品超出了当地居民的需求量，它们的真正目的是出口法国产品，而进口地有可能是该地区或北美的英国殖民地。这显然是一种越轨行为。[38]由于英国的私掠船是在法国海域被扣押的，而且法国和英国正处于交战状态，所以在英国看来，这次扣押货船的做法似乎合法。

然而，这些船的船长进一步规避了西班牙的官方法律制度，可谓雪上加霜。谢利总督并没有与西班牙副总督对质，而是以外交辞令指出了这点。这些被扣押货船违反了特许状的要求，船舱里根本没有任何食物，里面全是“法国定居点生产制造的糖、糖浆、朗姆酒、靛蓝染料和咖啡”。货船“未持有任何必要的文件，以证明这些货物是西班牙人的财产”。有一点是无可争议的：这些货船曾到过伊斯帕尼奥拉岛的法属殖民地港口，所以货仓里的货物肯定来自法国。[39]在英国人看来，这些货物是法国的，因为海关没有任何货物从蒙特克里斯蒂港出口到欧洲或另一个殖民地的关税记录，也没有货物从圣多明各进口到蒙特克里斯蒂港的关税记录。因此，英国海事法庭的法官可以宣判货物是法国的，使其成为合法的战利品。

但那些货船本身呢？谢利总督劝告西班牙副总督说，尽管法庭有足够的证据作出宣判和出售这些货船，但他认为它们最终将被释放。谢利手里有哪些对这些货船不利的证据？他再次提到了西班牙副总督签署的通行证。货船没有遵守通行证上的指令，船上包含了非食物类产品，比如糖；且产品的数量远远超过了蒙特克里斯蒂港少量人口的需求，容易腐坏。谢利称：“有人通过蒙特克里斯蒂港与伊斯帕尼奥拉岛的法国人进行一场最无道德、最有损于大英帝国利益的商业活动，法国人经常用大量金钱、违禁品和其他货物换取他们定居点所需的糖、其他农产品和加工品。”[40]

由此，西班牙货船向英国的宿敌法国提供了援助和舒适生活 84
的可能，此举违反中立原则。可是，由于这些货船的所有权属于西班牙，所以英国允许货船返回蒙特克里斯蒂，但要对它们提出警告，让它们知道这种行为是不可接受的。这些货船又可以为蒙特克里斯蒂的少数消费者和多数贸易商服务了。

毫无疑问，蒙特克里斯蒂港在与非西班牙客户打交道方面有着丰富的经验；事实上，港口城市正是靠这些人谋生的。西班牙的商法似乎在很大程度上与那个港口无关。来自英国、北美殖民地或邻近加勒比岛屿的英国货船以及欧洲其他国家的船定期停靠在蒙特克里斯蒂港，付现金给西班牙总督，然后获得西班牙颁发的入港通行证（非西班牙船不允许在西班牙殖民地通行，蒙特克里斯蒂总督给外国货船颁发通行证的做法违反了西班牙的法律）。然后，来访的船将它们的外国货物直接卸到拥有西班牙通行证的船上，比如那些被私掠船扣押的货船。货物清点完毕后，外国商人会向西班牙总督支付另一笔费用，通常是每桶糖浆或其他产品要付八个里亚，这些产品要运往边界线另一端的法国殖民地。作为交换，总督任凭西班牙居民在蒙特克里斯蒂港装卸外国货物，并把货物装到前往外国港口的西班牙货船上（船从外国港口返航时同样装满了货物）。他们还向总督支付了这项服务的费用，而费用从他们的劳动所得中扣除。[41]

作为回报，英国和其他外国商人得到了西班牙的金钱和法国的奢侈品，以及法国产的糖、糖浆和其他热带农产品，比如咖啡。然后，这些产品以英国产品的身份进入欧洲市场；货船驶往欧洲之前，船上的货物要在美洲的出口港接受检查，此时所有货物会被偷偷地添加到最终出口名单中。在受保护的英国市场，热带产品的价格通常高于受保护的法国市场。[42]由于外国人在法国产品和货物进入市场之前就在圣多明各向法国生产商支付了费用，因此那里的消费者加倍受益。他们不仅在发货前得到了现金，而且产品售价还高于通过合法渠道售出产品的价格。实际上，蒙特克里斯蒂港和其他类似港口让大西洋地区的消费者得以规避那些损害或限制他们消费者倾向的政策。

85 正如劳伦·本顿所说的那样，尽管时代背景略有不同，但“有时候，当地的制度实践为资本积累提供了机会，而殖民代理人恰恰希望这种局面保持不变”。[43]

借助外交辞令，谢利总督让蒙特克里斯蒂的西班牙副总督知道，英国人注意到了他们的伎俩。谢利没有指责副总督耍诈，他只是断言西班牙船员找到了“用西班牙通行证保护他们非法得来的法国货物”的方法，他们采用了“一些颠倒黑白的说法或强人所难（我怀疑不一定是这样），从阁下您那里获得通行证，而住在蒙特克里斯蒂的西班牙臣民也买了同样的证件”。[44]谢利总督声称看到一份资料，资料显示有一艘英国船装运了一批糖，而这批糖是在蒙特克里斯蒂的西班牙人手里购买的。谢利说他知道这批糖来自法国人，而且在圣克里斯托弗（St. Christopher）装运。“在蒙特克里斯蒂，”谢利坚称，“进行着数量巨大的违规贸易。”[45]通过这种方式，这位巴哈马总督透露了一些信息，让我们知道个人消费者以及他们的代理人是如何想办法逃避欧洲国家规则的，而这些规则阻碍了殖民地获取财产和积累资本的过程。虽然重商主义政策没有明确宣称要借助关税和禁令控制消费者的需求，但实际上有这种企图。

区域扩张与殖民帝国

如果说小小的蒙特克里斯蒂港都存在大量有组织的非法商业活动的话，那么其他规模更大、人口更多的港口（如牙买加的金斯敦港）也经常参与非法商业活动，也就不足为奇。显然，这些较大型的港口驻扎着更多官员，货物审查更频繁，标准更统一。与较小的港口一样，大型港口的本地消费者和他们的产品供应商会经常想方设法挑战那些阻碍他们“以物易物”的法律，同时还会钻法律的空子，妨碍官方执法。

尽管蒙特克里斯蒂港规模很小，却是一个活跃的港口。此处的走私者经常采用消极手段规避法律，与执法官员玩瞒天过海的游戏。与此同时，受到官方更严格监督的较大型港口采用更多的对抗性手段，自信地反击政府对其非法活动的任何质疑。尽管欧洲商人诱使各自国家和帝国的政府颁布了有利于他们的政策，但并非所有商人都获得了均等的利益。18世纪，加勒比地区的商人发现，在多数情况下，那些限制性政策对他们经济实力的提升会带来不利后果。

86 许多加勒比商人与欧洲同行及其所支持的政策决裂，并与其他岛屿、美洲大陆或世界其他地方的商人结盟。在这些地方，法定渠道以外的商业活动也经常发生。

1761年7月，英国和法国仍处于交战状态，在牙买加任职的英国海军少将霍尔姆斯（Holmes）写信给身在伦敦的海军上将秘书。霍尔姆斯汇报说，他最近得罪了几位牙买加商人。[46]他之所这样做，是因为他推测牙买加居民与在伊斯帕尼奥拉岛上的西班牙人和法国人进行非法贸易，于是加以阻止。大多数非法贸易肯定是通过蒙特克里斯蒂港进行的，不过由于该岛较大，其他几个地方也可能进行了非法贸易，本章前面的案例已对此有所说明。牙买加几位名望颇高的居民试图劝说霍尔姆斯少将不要太过于反对非法贸易。他们先对霍尔姆斯极尽阿谀奉承之事，但他对此心知肚明。在写给海军上将的报告中，霍尔姆斯称自己“心情舒畅，甚至受宠若惊，但丝毫没有动摇立场”。[47]由于牙买加贸易商和其他有影响力的消费者无法用这种手段说服霍尔姆斯放弃自己反对非法贸易的立场，几名牙买加富商决定暗地里捣乱，使他无法执行英国的商业政策。事实上，霍尔姆斯认为金斯敦的商人与法国货船进行秘密交易，想扣押或摧毁英国海军船。他认为，他们建立了一支带有某种私人性质的海军部队，在海上寻衅滋事，跟私掠船只非常像，但没有获得当地总督的批准。虽然牙买加商人的计策可能给该地区的英国舰队带来了短暂的麻烦，但却未能达到预期效果。英国海军击退了法国人的骚扰，岛上居民想继续从事非法贸易的计划受阻。

但是，牙买加商人并不那么容易被安抚。为了不让政府继续骚扰其走私贸易活动，金斯敦的几名商人极力要求同行们集会。在会议上，他们讨论了如何采取“适当措施，更好地保护本殖民地贸易”。[48]这本来是无可厚非的，因为它听上去像个光明正大的诉求，可当霍尔姆斯少将得知商人们的计划时，顿时变得非常激动。他感觉为之自豪的职业受到了挑战。霍尔姆斯认为，商人们的这次会议强烈暗示着英国海军对该岛的贸易活动需要提供充分的防御和保护，使其免受外国侵略。不然的话，商人们何必要开这样的会议呢？

霍尔姆斯强烈反对公众参加这种会议，并发誓将继续采取强 87
化手段，制止牙买加与蒙特克里斯蒂等地之间的非法贸易。霍尔姆斯再次声称，牙买加商人试图想办法绕过英国海军，继续开展他们的贸易活动。在他看来，这次会议表明这群商人只不过是一群“乌合之众，只懂得搬弄是非、恶意中伤”。[49]

会议结束后，一些最有名望和权势的与会者来到霍尔姆斯少将的家，向他递呈了“充满傲慢、虚伪和辱骂字眼的信件”。霍尔姆斯没有回信，相反，他更加确信这些人隐瞒了某些事情，他们肯定在从事一些见不得人的商业勾当。在这种情况下，霍尔姆斯只能通过推理和联想来预见犯罪行为。不过，当时发生的事情确实验证了他的观点。最近，牙买加的海事法庭对瓜德罗普号（Guadeloup）作出了宣判。如一年前在巴哈马海事法庭受审的五艘蒙特克里斯蒂货船，“由西班牙人驾驶的瓜德罗普号运载着法国农产品，持有一张假的西班牙通行证从伊斯帕尼奥拉岛的（法国）港口驶来”。[50]霍尔姆斯认为，该船及货物既不像其声称的那样属于西班牙，也不像证据所表明的那样属于法国。相反，他认为撇开船本身不谈，它的货物属于几名牙买加商人，而他们恰恰就是金斯敦会议的参与者。霍尔姆斯坚持认为，这些商人声称这艘船来自遥远的牙买加港，他们要把圣多明各的糖运到牙买加，而实际上他们把法国产的糖非法进口到牙买加，从而不受进口税的限制。[51]倘若遵纪守法，只买卖牙买加的农产品，他们获得的回报不仅远低于非法贸易所得，甚者还要为合法进口的外国货物和农产品支付沉重的进口税。霍尔姆斯少将似乎是廉洁官员的代表，他为牙买加民间社会的精英阶层这些图谋不轨的做法感到愤怒。

但是，对于此类活动，愤怒似乎不是恰当的反应。这些商人之所以从事非法活动并图谋不轨，是因为商业法规与当地经济条件不符，这些政策不允许加勒比地区居民轻易地宣称自己有“以物易物的倾向”。商人发现官方的法律政策是混乱的，为了改进现状，很多人建立了贸易社区，不仅获得了他们想要的商品，同时也挑战了那些旨在约束当地经济增长和发展的限制规定。

88 简而言之，商人通过与当局谈判，建立了新的、更加多元化的法律制度。负责执法的殖民地官员到达加勒比时，常常会产生挫败感；然而，倘若这些官员执行了不受民众欢迎的法规，那才是真正可悲的事情。因此他们当中的很多人最终默许了非法贸易行为，变得更像蒙特克里斯蒂副总督、而非霍尔姆斯少将那样的人。

在建立一种多元化法律制度的过程中，法律是多方谈判的最大受害者，尤其是欧洲帝国的法律制度。由于来自不同社会和经济体的个人很容易进入港口城市，所以规避和挑战法律也变得相对简单。为了控制大西洋地区的消费方式，美国港口对欧洲港口发出了挑战；同样的挑战也出现在世界其他地方。可是说到底，即便殖民地港口没有明确鼓励违法行为，却也对违法行为起到了推波助澜的作用。从欧洲国家的角度来看，这可以视为一次小规模但持续不断的殖民地叛乱。与此同时，至少从（大西洋地区）殖民地的角度来看，这些冲突表明建立了新的多元化法律制度的必要性。正如本顿所建议的那样，在新制度中，权力是通过谈判达成的，且制度远不如思考法律以及法律与财产之间的关系重要。[52]

这些例子表明，如果我们把更广阔的大西洋地区作为单一个体进行审视，那么应该有可能思考大西洋和其他地方（比如印度或中国）走私活动之间的关系。事实上，印度的鸦片走私者将他们的产品销往中国，并跨越大洋，进入19世纪的大西洋地区。我们必须把这种全球化的活动视为如今毒品贸易和其他非法贸易的先驱。[53]

通过这种方式扩大地理关注点，可能很快就会发现，世界各个地区都存在一定量的非法贸易。尽管如此，依旧必须认识到，档案中出现的任何证据都只是个案和故事，我们不可能对已识别的模式进行任何准确的量化。通过思考19世纪的鸦片贸易或如今任何种类的违禁药物贸易，很有可能对走私的规模和地理范围产生一种定性的感觉；但是，若要明确列举走私产品的数量，这种做法是注定行不通的，至少我们缺少相关的统计模型。

因此，我们也可以放宽对走私的定义和理解，尽管这种做法 89
不非完全可取。例如，我们可以认为“盗版”或假冒产品（不考虑

"盗版"本身的定义问题）在其他生产出来，然后被出口到不同地域，有时候还会以非法手段出口。由此引发对版权法和侵权行为，以及遭到剽窃的知识产权的思考。这类主题当然很有趣，而且由于盗版出口逃避了法律规定的税费，与走私产生了关联，还与海盗行为有相似之处，因为有一个可识别的受害者遭到抢劫，而受害者不是国家本身。即使如此，这些违法行为肯定不在本书的讨论范围之内。由于有些政府要么接受假冒伪劣产品，要么允许造假者在不支付许可费的情况下生产这类产品，所以读者会想起本书中早些时候提出的论点。国家对这种侵犯版权的活动不加以干预制止，很可能因此而获得了民众对于政府合法性的认可；居民被允许以远低于合法注册商品的价格购买假冒产品。在此过程中，政府自我剥夺了它本来有权获得的收入；然而，至少从理论上说，它获得了本国国民的尊重。如果政府进行干预，去制止这种欺诈行为，那么几乎可以肯定的是，国际社会会给它施加巨大的压力。无论过去还是现在，这些几乎没有发生任何改变。如今，对盗版活动无动于衷的现象仍然很普遍，而只有面对巨大的外部压力时，政府才会主动承担更多责任。

战争、和平与全球扩张

到了现代，虽然世界各地几乎一直存在走私贸易，但我们可以证明它在某些时期更加普遍。不过想把这些时期进行分类仍然是个难题，我们可以思考更广泛的模式，如战争时期的走私和相对和平时期的走私。前文提到过，战争时期的走私活动通常是政府所不能容忍的；相反，在某些情况下，由于战争造成物资短缺，导致民众缺乏食物和衣服，曾经被禁止的贸易活动就会合法化。[54]例如，许多加勒比地区的居民往往很难从官方批准的渠道获得急需的物资，尤其是遇到封锁或恶劣天气等情况，货物无法准时到达，导致食物变质。在很多情况下，正常的物资供应路线（哪怕是非法路线）也变得不正常，这通常是由于战争和经常设立封锁线造成的直接结果。各国政府不仅忙着跟敌人战斗，还要阻止非法获取的产品进入受保护的殖民地市场。

这种行为给民众生活带来了困难；更多的时候，民众的应对措 90
施是选择成为真正的“自由贸易者”或走私者，逃避政府管控。[55]在这种情况下，每当非法贸易因宗主国军队的增援而被切断时，民众就面临物资短缺的局面；政府则试图证明，若不废除商业政策，其居民就会挨饿。换言之，人们清楚地认识到，成文的法律无法养活殖民地居民。

可在和平时期，一切又都变得难以预料。说好听点，和平时期的贸易管制法律没有稳定地被执行；说难听点，这样的法律也根本不存在。当然，从走私者的角度来讲，这两种情况都会反转。绝大多数人通常倾向于后者，因为有限的国家执法行动实际上意味着法律会遭到藐视，民众所付出的代价远远超出他们购买走私产品的代价。总体而言，干预地方官员腐败意图和行为的海军官员、海关官员、军队司令和执法官员少了许多。因此，如果有地方官员哪怕只是动了执法的念头，或者只是打开法典，看看到底哪些行为合法、哪些行为违法，也很容易被走私者贿赂，从而对走私活动视若无睹。

一方面，只要能够以合理价格获得所需产品和商品，无论它们是合法的还是非法的，消费者都会普遍表现出满足感。另一方面，只要满足以下两个条件，地方官员也会觉得很满意：一是他们能够在不受太多职责压力的情况下执政；二是他们不必频繁面对宗主国或帝国上级事无巨细的、压迫性的监督。即使是那些控制着宗主国或帝国国库的人，只要他们没有收到来自竞争对手政府的投诉，只要金钱源源不断地进入国库，他们也会对半个地球之外、甚至两个郡县之外的走私活动无动于衷。倘若人们严格遵守法律，上缴的税收肯定会大于这些进入金库的钱，国库有收入终归是件好事；可惜要把全部税收纳入国库，付出的代价恐怕不小。有些人必定认为，要想人们更严格地遵守法律，付出的成本会很高，倒不如忽略那些损失的收入，假装它们根本不存在。

91 由于和平时期的走私非常普遍，我们才有可能调查那些被人熟知的案件，并从中确定有哪些走私货物跨越了法律边界、走私者采用了哪些走私手段，以及官方采取了哪些回应措施。与战争时期相比，和平时期有更多的走私贸易案件被起诉，因为战时的军队有效地处理了他们遇到的走私者。一些走私案件的参与者甚至对簿公堂，而他们之所以这样做，通常是因为犯罪者要么冒了其他低调走私者想回避的风险，要么他们运气实在太差，在完全错误的时间遇到一个廉洁且遵纪守法的官员。正是从这些官方记录中，我们获得了关于走私活动的大部分信息。

所有这些都回到了本章早些时候提出的问题：走私的对象是什么，原因何在？我们可以用几个例子说明这些问题的答案，而我之所以选择以下故事，是因为它们在某种程度上代表了这里所探讨的更宽泛的走私模式，而另一个更简单的原因则是这些故事非常有趣。我预计，这些故事能让人上瘾，读者看完之后，至少能在一定程度上回答“走私的对象是什么”“走私手段有哪些”等问题。

1809年，J.M.考厄姆（J.M. Cowham）写信给时任英国东印度公司开普殖民地（Cape Colony）总督兼总司令的卡利登伯爵（Earl of Caledon）。[56]在信中，考厄姆讲了一个不同寻常的故事。这个故事之所以不同寻常，不是因为它的内容，而是因为走私者所受惩罚过重。英国东印度公司的一艘货船坎珀当号（Camperdown）当时正从印度返回英国，刚刚绕过好望角（Cape of Good Hope）。1808年圣诞节前，停靠在塔布尔湾（Table Bay）的坎珀当号放下一艘小船，船员们登上小船，准备去开普敦游玩（Cape Town）。船员们开始划着船，向岸上进发。按这封信的说法，船员“上岸是为了购买当天的生活物资”。这时候，海关检察官手下的一名办事员在小船上发现了“20块丝绸手帕和15块本色棉布”。这些是违禁物品。[57]殖民地法院没收了货船，处以罚款，并下令将水手监禁一年。

该船船长J.M.考厄姆写信给殖民地的总督，以推翻法院对坎珀当号船员的判决。他认为判决太过严厉，并提出这件案子让他陷入极度困境之中。考厄姆声称他拥有坎珀当号剩下的货物。[59]他断言，“如果判决生效，船员就无法补偿……（被没收的）船的价值”，在局势本就艰难的时期，这种做法将造成更大苦难。他提醒总督说，“坎珀当号本来就人手紧缺，若再有水手被监禁，我们将遭受巨大损失”。考厄姆认为判决过于严厉，希望船员能得到减刑。[60]

92 尽管考厄姆提出了一些相当直接、甚至具有说服力的论点，但他并没有说服开普殖民地的总督，这表明后者态度非常强硬，而且遵守规则。“这些人似乎并没有意识到自己会因这种非法贩运货物的行为而受到惩罚，”考厄姆写道，“因为他们没有对检察官搜查货船做出任何反抗，而且他们之所以把物品装在袋子里，（凌晨六点半）带上岸，只是为了不引起指挥官注意到他们的行为”。[61]换言之，考厄姆的船员的确参与了走私活动。他声称，这些走私者必定是无意中触犯了法律，因为他们不知道货船禁止携带进口布料。不然的话，他们为什么会心甘情愿上缴这些违禁品？事实上，他们之所以被抓，是因为他们太过愚蠢，当检察官登船时，他们没有把货物藏起来，这一事实足以证明他们的天真。考厄姆提出，船员们对走私活动缺乏最基本的认识，却遭受了严厉判决，所以应该立刻给他们减刑。

然而，事实并非如此。在坎珀当号案件中，法律条文似乎是明确的，国外布料进口前必须缴纳关税。[62]不了解法律条文不足以成为违法者驳回指控的理由，现在也是一样，对法律的无知不是让违法者逃脱指控或无罪获释的理由。即使如此，考厄姆也没有放弃自己的主张。十天后，他甚至在开普敦找了一位东印度公司的官员约翰·普林格尔（John Pringle），请他写信声援船员，争取获得宽大处理。普林格尔声称：“法庭勒令船员支付货值的三倍罚款，但他们不可能拿得出这笔钱，我想，他们除了工资之外，身上已经一无所有了。”[63]他似乎没有成功说服法院；第二天，在收到回复后，普林格尔把回信转交给了考厄姆，并且说“我不能再干涉殖民地法律对某个案子所作出的决议了”。[64]国家已作出了表态，政府在此刻的利益优先于考厄姆船长和东印度公司的利益。

坎珀当号船员们走私的货物很少，只不过是一小包消费品，不会从帝国遥远边区一个小小的定居点赚走多少钱。[65]因此，罚款和判决结果似乎与他们所犯罪行完全不相称。

此外，船员在开普敦监狱坐牢，这几乎肯定会严重损害考厄姆 93
的航行能力，无法按英国法律规定的船员人数将坎珀当号开回欧洲。[66]然而，也许最重要的是，考厄姆自己也会蒙受损失，因为他不得不雇用新的船员将船开回英国，并支付监狱中船员的工资，因为双方的合同依然有效。显然，他要承担船员因无知所付出的代价，而在他看来，这一点儿都不公平。他的坚持揭示了当时人们对待走私的态度，也显示了考厄姆的人品。显然，当时这种走私活动比较普遍，而位于开普敦的卡利登伯爵政权已下定决心要杜绝这种活动。[67]

这个19世纪初发生的故事与上一章柯伦巴·布什的故事有着难以忽视的相似之处。布什夫人在巴黎时装店花的钱当然比1808年在开普敦被捕的穷水手走私的货物价值高得多，但这两件案子有着相同的意义。两件案子中，都有人声称自己不知道因违反了什么法律而被捕。他们（在坎珀当号的例子中，“他们”指的是当事人的雇主）亲自制造了困境，却以为自己可以通过谈判的方式摆脱困境。在1808年的案件中，政府遵守规则，似乎不可能与走私者进行谈判；而在1999年的案件中，政府制定了一套违反法规的程序。三倍关税罚款就是为了不把太多违反税法的人投进监狱，表明法律是可以谈判的，或者违法者有办法根据其罪行大小按比例受罚。然而，这两起案件都表明，很多人没有足够重视潜在的违法行为，尤其是在法律使个人消费者无法以商品或微薄利润的形式积累财产的时候。

这两个故事还有其他共同点：它们都是消费品走私的例子。19世纪的故事讲述的是跨区域走私活动，货物从亚洲（也许是中国）被走私到非洲南部。布什夫人的故事虽然也涉及洲际走私，但把它视为大西洋世界的区域内走私更恰当些。在这两件案子中，违法者都声称对自己的罪行一无所知，而且惩罚似乎都是例行公事，至少在一定程度上是这样的。布什夫人被处以相当于她应缴关税三倍的罚款，塔布尔湾那些不懂法的水手被责令赔偿“坎珀当号”的损失，后者的小船被当局扣押和没收。此外，他们都因自己的违法行为被罚款。同样重要的是，在这两个案例中，处理结果引发了强烈的负面反应。

94 杰布·布什声称，他的妻子因走私被捕属于“私事”，此举实际上是为了尽量减少她所犯罪行带来的影响。[68]新闻媒体并没有质疑这一说法，这似乎也意味着该事件确实是一种轻率的私人行为，可以忽略不计。杰布·布什那句话现在已经变得耳熟能详：“我爱我的妻子胜过爱我自己。”照此推理，就算法律被践踏，也基本上是无关紧要的。[69]此外，坎珀当号的情况与此类似。在船长的指派下，水手们犯下了一个微不足道的罪行。他们把几块布塞到一个装生活用品的袋子底部，然后带上岸，他们甚至都不知道需要向海关官员申报，结果一个强有力的政府作出了过度反应。考厄姆敢于写信给开普殖民地的总督，这说明他知道惩罚措施与罪行不符。他的想法在当时是比较普遍的，而要个人采取果断的行动，需要巨大的能量作为后盾。同样重要的是，由于历史和法律档案中没有更多这类案件，“坎珀当号”案件看上去确实属于特殊情况。考厄姆建议重新审视该案件，这个建议未必是错误的，尤其是他指出这些惩罚措施将使他身陷困境，而惩罚措施与罪行不符。在其他情况下，贿赂就能巧妙地解决问题，而且没人会坐牢。

我们不仅可以讨论消费品的走私问题，还可以讨论农产品走私问题。尽管这类作物是跨区域走私的，比如茶叶被走私到美洲，或糖被走私到欧洲，但它们也可能在世界某一区域内流动。前面说过，法国糖被当作英国糖经由蒙特克里斯蒂、多米尼加、其他英国岛屿，甚至经由北美洲走私到目标市场。但这绝不是孤立事件，有几个例子可以更好地说明这一点。

与背风群岛一样，多米尼加岛的公函中充斥着关于法国糖非法进口到多米尼加的投诉。在那里，法国糖变成了英国糖，然后出口到英国。[70]其中一份函件写道：

> 法国糖被当作本岛的农产品出口，这已经构成了本岛收入中 95
> 最可观的商业分支之一。我相信，去年出口的糖比岛上全部农作物总和还要多，而今年将出口同等数量的糖……要辨别前往伦敦和布里斯托尔的船并不难，每艘船的荷载量为5~600个糖桶，而船上没有任何一桶糖产自这个岛……除了国王陛下的海关官员，这里每个人都知道这件事。[71]

如果此项指控是真的，而且有证据支持，那么奥尔德总督以铁腕手段制止走私的做法是正确的。1787年，他估计“大约一半的糖产自本地，而其余的糖和法国居民所使用的大部分物品都是走私过来的”。[72]当然，问题在于奥尔德的行为进一步疏远了当地居民，使自己的职位岌岌可危。英国政府为了回应当地居民对奥尔德的指控，最终将他调回了英国。[73]但是，奥尔德的经历并非独一无二，类似的事情也发生在其他时期和其他地方。

1818年，英国东印度公司官员开始关注从哥印拜陀省（Coimbatore）走私到马拉巴尔（Malabar）的烟草。[74]东印度公司驻印度的税务稽查员写信给位于伦敦的公司总部，向宗主国官员通报“烟草走私到（马拉巴尔）的普遍做法……以及这种做法带来的后果”。[75]稽查员继续指出，这两个地区的政府已采取的措施不足以阻止走私贸易，因为“从迈索尔（Mysore）走私烟草的速度如此之快，我们必须采取一些严格的措施，才能加以阻止”。[76]此时，读者应该注意到，煽动这一系列指控的恰恰是印度的地方治安官。绝大多数治安官想让伦敦总部对自己所管理的省份留下好印象，因为他们的前途取决于此。尽管他们的投诉只不过是小小的不满和指控，但也足以编写出一份完整的报告。

治安官们发现，不同法律管辖区对烟草征收不同的关税，这对当地居民产生了负面影响，促使某些居民规避相关法律条文。有鉴于此，他们提出了主要关注点。在马拉巴尔，由于东印度公司的垄断性保护，烟草价格人为地居高不下，当地人接受了他们的法律制度，这反过来又为烟草销售商提供了赚取高额利润的机会。结果，哥印拜陀省的邻居变成了“公开抢劫犯”，他们偷窃烟草，在法律边界的另一端以更高价格转卖出去。[77]换言之，由东印度公司所征关税造成的价格差异导致越来越多烟草被走私到马拉巴尔；而在马拉巴尔，通过出售非法进口的烟草便可获得利润。与东印度公司征收过进口税的正规烟草相比，这些烟草品质可能较差，价格也较低。针对这种走私活动，东印度公司向其官员提出以下要求：

> 请考虑……当前垄断所产生的利润是否可以在很大程度上通过大幅降低烟草的销售价格来保证，此举同时也可以降低走私的诱惑力，从而促进人们消费政府渠道进口的烟草，并减少实施垄断的费用，制止那些由于垄断而引发的严重罪行；倘若这些罪行不能以其他方式加以阻止的话，则可能有必要完全停止垄断。[78] 96

看来，东印度公司至少明白其政策对印度迈索尔和哥印拜陀等地人口的影响；它质疑自身税收政策是否明智（它应该提出质疑），因为这些政策促使人们去寻找规避法律的方法，剥夺了国家的收入。而如果税收水平较低的话，人们就会依法纳税。

几个月后，即1817年6月，情况并没有好转，这迫使马拉巴尔地方官修改了关于根除走私的计划。他提出要将警察局和烟草部门合为一体，在创造一种规模经济的同时，也扩大了警察部队的规模。[79]根据他的设想，这将是一支全新的低收入警察部队；他说，合并这些部门的额外费用很少。事实上，他认为只要付出比警察或海关官员多一点点的工作，就可以轻而易举地组成这样一支部队。当然，就像许多高官一样，他没有考虑到低工资会导致他们贪污腐败，从而助长走私的嚣张气焰。

事实上，想深入研究这名地方官的建议，历史学家需要评估他制订该计划是否为了真正地付诸实施，或者他只是想借此从东印度公司的伦敦总部索要更多资本来达成个人目的。联合警察部队也可能是一个经过精心策划的、旨在分散外界注意力的事物，目的就是让伦敦的上司们不再向他施压，把更多精力放在解决走私这个迫在眉睫的问题上，而不是做长期的经济规划。这种规划很可能需要重新评估关税对烟草的作用或对烟草垄断的作用，因为烟草垄断会促进走私贸易，以规避垄断所带来的高价格。[80]

97 然而，非常明显的是，1817年11月，印度次大陆的这些地区确实存在走私和抢劫问题，需要东印度公司采取某种官方行动，使该地区的人口进入一个更稳定、更可靠、违法活动更少的商业模式。哥印拜陀市下属的一个小镇锡拉（Zilla）的代理治安官声称，马拉巴尔的居民袭击了他控制的领土：

> 去年9月底，来自马拉巴尔或科钦的莫普拉[81]洗劫了哥印拜陀省波拉基（Polacky）和孔德贡（Condegoon）市马驰内尔区（Marchnail）下属的村庄；当月1号晚上，大约有30～50人洗劫了哥印拜陀省唐达姆摩尔（Tondam Moor）和莫拉波拉姆（Molapollam）下属的村庄，抢走价值约1000塔币的财物，并导致两名居民受轻伤。[82]

当东印度公司的官员与当地雇员一起面对来自哥印拜陀省的暴力罪犯时，违法者解释说，复仇是他们的主要动机。就在袭击村庄一个月前，哥印拜陀省的居民企图向马拉巴尔走私600捆烟草，但没有成功。税收官员没收了他们的违禁商品，从而阻止走私者将其销往其他地方，或以其他方式赚取任何形式的资本。这给走私者的财政带来了沉重打击。哥印拜陀省的居民承认说，他们原本打算在马拉巴尔出售那些被扣押的烟草，因为两个地区之间的价格差异巨大。在马拉巴尔，一捆烟草价格接近90塔币；而在产区哥印拜陀省，能够在市场上卖出20塔币已经算很幸运了。这种价格上的巨大差异可能会给哥印拜陀的烟草生产商带来巨大的利润，却剥夺了东印度公司政府声称其根据合法权利所享有的收入。[83]走私者所需要做的就是以较低价格把烟草卖掉，因为他们没有向东印度公司缴纳税款。

因此，哥印拜陀省的居民想报复那些没收其作物的人。他们并没有像一个世纪后的越南人那样直接攻击税收官员[84]，而是宣称他们“会回来杀掉摩尼加（Monigar）所在村子的村民，并将村子洗劫一空，[85]因为这些村民通风报信，导致（烟草）被没收”。[86]

惩罚来得很迅速，也很直接；而那些遵纪守法的民众将邻居的违法行为上报政府，他们肯定会因为没有参加走私活动而得到奖励。在前往马拉巴尔复仇的途中，那群走私者遇到“驻扎在山口、准备拦截他们的六名雇农”，双方大打出手。这几名马拉巴尔居民“想阻止这些匪徒，但他们实在太强壮，拦都拦不住，逃进了岩石和丛林当中”。[87]当地官员不得不处理这种暴力行为带来的恶劣影响，他们知道该把责任归咎于谁：“这是马拉巴尔垄断烟草造成的恶果之一。”[88]垄断当然导致了贸易限制，也给走私活动找到了理由。 98

地区内走私活动之所以盛行，往往是由邻近法律辖区内相同商品之间价格不平衡造成的；而相比之下，人们可能对地区之间的价格差异早有合理的心理预期，因此，地区之间的走私似乎更正常些。归根结底，环境条件的不同会影响农作物的种类，而每个地方采用了不同的生产技术，生产出不同的物品和商品。

即便如此，我们也可以合理地断言，地区内和地区间走私活动的相似之处大于不同之处；税收边界以及税法才是最重要的东西。边界之间的税收差异是由具体政策造成的，而这些政策源自经济保护主义。18世纪的商业世界，税收差异曾被视为强大国家的几个标志之一。各国政府需要维持一支警察部队，以防止有人走私违禁或受保护的商品，并实施关税限制措施。此外，国家要通过价格管制来抑制有损公共利益的物品或商品消费。警察部队管制消费所需经费应由那些从事受管制的人创造。[89]简而言之，这是对政治经济学的错误理解；然而，它使这些有问题的政策持续存在了更长时间。

保护公共利益：荒谬之言

至此，关于走私贸易的讨论必须从违禁货物和商品转移到毒品上。毒品同时也是消费品和商品，但除此之外，它还涉及公众健康问题，因为毒品会产生负面（或被认为是负面的）影响和副作用，世界各国政府不得不禁止毒品生产或进口。[90]

99 鸦片也许是最耳熟能详的非法毒品了，东印度公司经常将鸦片走私从印度到中国，以扭转对中国的贸易逆差。[91]本书其他章节讨论过几个关于鸦片走私的例子，或者更确切地说，是关于鸦片走私引发暴力事件的例子。然而，鸦片不是唯一用于走私的毒品。

事实上，和烟草一样，印度的各个地区之间常走私大麻，这或许有点令人惊讶。人们走私大麻的原因也跟烟草相类似，都是为了打破英国的垄断，而英国垄断大麻的目的是限制和控制其娱乐和医疗用途。从19世纪末开始，英国政府开始设法阻止跨区域的大麻走私活动。

1904年，印度政府委托G.雷尼（G. Rainy）编写了一份关于大麻走私问题的报告，并要求报告编写人研究是否有办法根除印度境内的大麻走私活动。雷尼在这份政府报告中写道："我要解决的最大问题就是：现行制度为走私活动提供了多少机会以及我们可以在多大程度上通过不同的行政措施根除和减少走私活动？因此，我把这个问题作为一个起点，思考现有制度的所有细节。"[92]

雷尼的报告只是老调重弹。1883—1884年，孟加拉国消费税委员会（Bengal Excise Commission）也探讨过这一问题。[93]在报告中，委员们表达出了他们的关切。他们说大麻的每单位种植产量有所下降，却没有说明具体原因。他们还发现，由于产量下降，大麻的价格上涨了。与此同时，为了增加收入，政府提高了牌照费。孟加拉国消费税委员会认为，这些因素相互结合，导致非法交易数量激增。当价格普遍高涨时，若取消税点，则意味着消费者支付的价格低于完税价格。与此同时，这类产品的卖家可以把利润留在手里，而不是以税收形式上交给政府，从而获得相当高的利润。[94]除政府外，所有人都从中受益。委员们解释说：

> 必须要记住的是，零售商事实上是通过公开竞价的方式来 100
> 确定其牌照费的，当他承诺支付高额费用，从而有权利去获得一件须缴纳高额直接税的物品时，必定希望以下列方式之一获得补偿：要么增加合法销售额，使牌照费与直接税之间的比例

> 变小，让牌照费不带来任何实际影响；要么迫使消费者为该物品支付足够高的价格，以涵盖税费和牌照费；又或者，通过非法出售大量物品而不支付直接税的方式来补充他的合法销售收入。[95]

简而言之，英国驻印度殖民政府认为，事实证明产量减少和价格上涨是从印度大麻跨地区走私的一大诱因。他们十分关心这个问题，于是分别在1884年和1904年试图弄清楚这种非法行为背后的成因。

按照这份报告撰写者的说法，“在1854年以前，政府对大麻零售商征税的方式为每天缴纳一次税款”。[96]此外，“大麻购买者的通常做法是携带各自地区税务官员发放的通行证，前往大麻种植者那里购买他们想要的任何东西，不受税务官员的任何干扰……那时候，人们认为没有必要在政府官员面前对大麻进行称重和包装”。[97]

从1854年起，英国官员开始定期增加大麻的税收额。然而，奇怪的是，“除了出口之外，什么都没有得到控制。大麻种植没有受到任何限制，产量也没有受到抑制”。[98]然而，20多年后，政府要求大麻种植者出示牌照，以确认其资质。[99]当然，没人会费心去审核到底有多少土地被用于种植大麻，或者牌照是否与实际种植的作物相符。后来，政府终于意识到问题出在哪里，却不想花钱聘请一名工作人员去调查所有种植大麻的土地，于是决定另辟蹊径。事实上，政府之所以不愿意在执法环节花钱，可能是由于它认为没有足够的资金去执法，而政府之所以缺少资金，部分原因在于走私者逃避纳税。

在这种特殊情况下，政府规定大麻只能卖给特定人群和组织，这实际上造成了政府对大麻的垄断。当然，正如本书前几章节所描述的其他政府管控过程一样，大麻走私活动不减反增，因为在公开市场上，价格往往会更高，不同的竞争对手可以根据当地情况和地区需求相互竞标。那些负责调查的人员并没有忽略这个问题：

> 作为一个阶级，大麻种植者在两方面非常引人注目。首先， 101
> 他们格外平和、守法；其次，他们非常富有和幸福，给我留下了最美好的印象。我发现，他们都很讨人喜欢，坦率而不盲目自大，礼貌而不卑躬屈膝。正在进行的大麻走私活动不能归因于他们本身有任何犯罪天性；相反，作为一个群体，他们没有任何犯罪倾向。大麻走私的根源在于诱惑太大，而被发现的风险却很小，人的美德还不足以抗拒这样的诱惑。[100]

根据1904年的报告：

> 可以假定的是，若大麻储存在公共仓库，走私活动不可能发生。现在，所有走私活动都必须在作物成熟和储存在公共仓库之间的这段时间内进行，也就是大约在2月1日到3月31日之间。这意味着走私者的机会大大缩小了，他再也不能在空闲时顺利地走私，而必须要抓紧时机。[101]

但报告撰写者指出，虽然政策有所变化，但行为并不一定会随之改变；走私活动丝毫没有减弱的趋势。此外，政府垄断无法确保大麻不会以其他方式进入市场。垄断保证了大麻的供应，但政府没有承诺会把大麻送到消费者手中。它不能满足市场的需求，市场就要自己做主。

很快，公共仓库的失窃问题愈演愈烈，甚至更常见的情况是，“有人从田地里偷未成熟的大麻，走私到博格拉（Bogra）、迪纳杰普尔（Dinajpur）和拉杰沙希（Rajshahi）等与大麻原产地相邻的地区”。[102]换言之，没有牌照的人从田地里收获未成熟的大麻，使其无法收入政府仓库，并走私到附近地区，不支付相应税收，从中牟利。消费者的需求因此可以得到满足。报告撰写者称，那些持有官方牌照的人不会从事走私贸易，但他所列举的事例似乎不那么令人信服。拥有官方牌照的人可以只上交一部分收成，并保留其中的一部分作物，以防止官方渠道不按时付款，这种做法既满足了消费者的需求，又能确保自身利润最大化。[103]

102 当别人偷了他们的部分庄稼时，他们也可以视而不见，因为大麻被偷运出去之后，这部分作物便不用交税，随后偷大麻的人会给他们付款。在这两种情形下，消费者的需求都有可能得到满足，且价格合理。

撰写这份大麻问题报告的印度官员声称，几乎所有政府官员都渴望确保一切走私活动能得到遏制。他建议称，要想确保这一点，可以采用两种手段。首先，加大对走私活动的处罚力度。“只有减少利益的诱惑，或提高走私活动被发现的风险，才能解决走私问题。现在很明显，如果走私者被发现后将面临严厉的处罚，如果只要被怀疑走私就会招致最严重的后果……大麻种植者必定三思而后行，不去冒这种风险。”[104]

这一立场显然是正确的，但也是非常不切实际的。换句话说，这种做法即使有可能根除走私，付出的代价也比遵守法规所产生的收益高。

要想防止官员受贿，就必须向执法人员支付更高的工资，使他们更严格地遵守规定，并确保他们的工作得到公平的报酬，不会因收支失衡而被迫接受贿赂。[105]他明确建议说，所有阻止大麻走私的官员都应因逮捕走私者而得到报酬。如果官员得到的报酬足以拒绝贿赂，就能够放弃走私者给予的诱惑。他相信，如此一来，贪污受贿等行为就会消失：

> 在大麻走私案件中，逮捕和扣押走私者的官员总能获得丰厚报酬。今年，侦破了一桩毒品走私案，有人从尼泊尔走私鸦片到拉贾希（Rajashi），并从那里带回大麻。成功逮捕走私犯的副巡官得到400卢比的奖励。所有副巡官都渴望侦破走私案件，希望获得晋升……很难说走私者把所有的官员都腐化了。毫无疑问，走私犯有一定的经济实力去行贿，但由于政府给予官员高额报酬，走私者可能会发现，与其给税收官员一大笔封口费，倒不如老实纳税划算些。[106]

走私者和执法人员之间的紧张关系存在于整个现代世界，在 103
我研究过的地方，几乎都有这种现象。然而，当人作为走私对象参与其中时，两者间的关系就更加紧张。在某些情况下，那些偷渡者是为了逃离赤贫或在别的地方寻求更多经济机会。他们把自己藏在船上，希望在另一个地方下船。如果他们无法跨越国界，那就贿赂国界两边的官员。在很多情况下，代表国家的执法人员或最高级别的官员会给偷渡者提供援助。[107]

例如：2007年，德克萨斯州国民警卫队（Texas National Guard）的三名成员被指控走私人口。他们每个人收取了1500英镑至2000英镑不等的贿赂，让非法移民从墨西哥边境进入了美国，而他们的职责本应是阻止这种非法越境活动。“根据联邦政府的投诉，国民警卫队的一名队员列兵托雷斯（Private Torres）驾驶一辆国民警卫队租来的白色福特货车租给国民警卫队送24名非法移民入境”，当他行驶到拉雷多（Laredo）北部的边境检查站时，被边防人员拦住。[108]

列兵托雷斯与另一名也参与了走私计划的警卫队士兵互相勾结，逃脱了侦查。他假装在执行警卫队的任务，驾车从辅助车道离开了检查站，逃脱了移民检查。第二天晚上，当他试图把这些移民带往北方时，边境巡逻队（Border Patrol）人员拦住了他。这些队员认为他们看到有人藏在他的货车里，却似乎没有提供任何额外的理由来阻止列兵托雷斯的行程。当时，托雷斯承认了自己的贪污腐败行为，并说出一名高级军官帕切科中士（Sergeant Pacheco）的名字。他声称帕切科每次给他1000美金到3500美金，让他带着墨西哥偷渡者从边境前往达拉斯，他一共送了七次。[109]据说，那些被逮捕的非法移民为了偷渡到达拉斯，支付了大约1500美金。显然，这是国民警卫队队员捞外快的一种方式；而此次被捕之前，他们已经做过好几次了，这再次表明钻反走私法的空子相当容易。偷渡者对国民警卫队队员的信任不言而喻，但从我们观察到的事例来看，这种信任显然未必能得到回报。

即便如此，如果国家决定严惩走私者，这些人所面临的惩罚也是非常严厉的。据媒体报道，德克萨斯州政府没有立刻决定如何处置这些走私者："他们被扣押在位于拉雷多的韦伯县（Webb County）监狱，保释金为75000美元，等待初步审讯……或者可能因密谋走私而面临联邦政府的指控，最高可判10年监禁和25万美元罚款。"[110]

当然，这样的案子已经屡见不鲜。据《时代》周刊报道，"自2004财政年度以来……美国海关和边境保护局（Customs and Border Protection）负责驻守加州至德克萨斯州边境的员工当中，共有282人因贪污腐败而接受调查；其中，（2007年1月到6月）有52人被调查，而相比之下，2006年全年被调查人数共66名"。美 104
国国土安全部（Homeland Security）不知道这些案子当中到底有多少与人口走私有关，甚至不知道到底有多少案子被定罪。[111]也许同样值得注意的是，海岸警卫队的辩护律师对此事的回应与杰布·布什护妻的做法如出一辙。"显然，这是一种犯罪，"他的律师说，"但与贩卖可卡因或大麻相比，此罪并不严重。"[112]2007年8月和2008年2月，所有涉案人员全部认罪；官职最大的涉案者因规划了一起"复杂的"行动而被判处三年监禁和三年监外看管。也许最能说明问题的不是政府被判有罪，毕竟违法行为是显而易见的。相反，移民和海关总署（Immigration and Customs Service）在被定罪后发布了一份新闻稿，详细叙述了这件事的经过，并解释了受罚的理由。[113]这仿佛是在告诉媒体，也是为了告诉民众，跨境非法走私人口会受到严惩，不会因为罪行不严重就得到某种不痛不痒的判决。警察贪污受贿，参与了非法活动，这才是该案件的严重之处。

借刀杀人

当然，侦查走私的难度是众所周知的，因为国家没有足够的警察或海关官员随时随地查验所有活动和每一笔交易。所以，绝大多数非法交易只能被放任不管或视而不见，而这正合走私者的胃口。尽管如此，走私产品的消费者往往由于没有成功购买一款受管制产品而在不经意间向执法人员透露了走私的信息。物品或商品没有卖出去，却提醒相关人员注意有不同寻常的事情发生，那些遵守法规的官员尤其会关注这个问题。然后，选择这样做的执法官员就会对违法者采取行动，提供更多与走私物品相关的证据，并提出制止走私的方法。以下两个例子有助于更清楚地说明这一点。

1784年秋，驻马提尼克岛的法国军队挨家挨户搜查了该殖民地居民的房屋和商店，看他们是否藏匿英国或美洲产的面粉，最终共查获约3000桶面粉。可以预料的是，这么一大批面粉被缴获后，消息很快就传到了附近岛屿。

105 如此大规模的搜查实属罕见，因而具有极大的新闻价值。根据巴哈马的报纸报道，“有人认为，同样的事情也会发生在瓜德罗普岛。如果真是这样的话，查获的面粉量将会大得多”。[114]卖面粉的殖民地商人无法迅速批发到法国面粉，所以转而购买走私面粉，以此作为满足客户需求的一种权宜之计。事实上，他们所做的事情在加勒比地区相当普遍，因为欧洲向加勒比地区运送面粉的频次本就不高，而且货船要花很长时间才能到达目的地，可就算能够顺利到达，面粉往往早已经变质。[115]

如前所述，在任何一个美洲殖民地，甚至在任何社会中，政府如此大规模地查缴面粉的现象都是非常罕见的。但是，正如人们想象的那样，一个与定期供应的法国面粉相关的突发事件促使殖民地政府采取了执法行动。运送面粉的货船从法国出发，跨越了广阔的大西洋，抵达马提尼克岛后，却发现“市场库存过剩，法国面粉无人购买”。那些运送面粉的商人大概是因为面粉变质和卖不出去而亏了不少钱，于是向政府投诉，“要求政府制止走私贸易”。[116]新闻界推测，正是这次投诉导致居民的面粉被查没。在这种情况下，那些鼓吹保护主义法律的商人不得不煽动政府去执行这些法律。政府的损失成倍增加，它只能投入重金去重新获得由于法律被无视而损失的钱，而这些法律的初衷就是确保政府有足够的收入。不用说，其他商人也都是当初违法的人，比如那些买卖面粉的马提尼克商人。[117]显然，由于地理位置不同和其他某些现实问题，商人之间的友好关系破裂了。

这些问题并非加勒比地区独有。事实上，在19世纪上半叶，地球的另一端也出现过同样的问题。开普敦的殖民者采用了一种回避法律的方式，可以说非常明智。1808年，新上任的东印度公司代表约翰·普林格尔抵达开普敦后不久，便写信给东印度公司，并在信中提出一个难题。从海关文件中，他无法确定茶叶是如何进口到开普敦的。他无法在海关记录中看到进口茶叶的数量：

> 我无法从海关报表中确定本殖民地以何种方式获得茶叶供应……要么此前（即普林格尔到来之前）有相当数量的茶叶

剩余，要么茶叶是通过走私渠道而来的。现有茶叶数量甚至不足以维持短时间内的消费。[118]

106 普林格尔怀疑殖民地存在走私活动，但由于没有真凭实据，他只能推测进口茶叶的数量与开普敦人口的潜在消费水平不完全匹配。几乎可以肯定的是，他的观点是正确的，这位殖民地的总督不久就扣押了一艘从事布料走私的小船，这引起了某些人的反应，称处罚措施与罪行不符。那么，除了几名热心的政府官员外，显然每个人都知道开普敦殖民地是容忍走私活动的。尽管如此，普林格尔并没有缄口不语，而是主动发表自己的意见，并向东印度公司的上司写了报告，此举可能会违背他自身作为一名官员的利益，因为他还要与殖民地居民互动和做生意。他暗示伦敦的上司，称开普敦殖民地的居民可能一直在逃避关税和走私茶叶，这种做法有风险，东印度公司可能会命令他对已发现的任何走私行为采取行动。相应地，这很容易使他陷入尴尬的境地，他不得不对自己的手下以及政府（若非警察或军事大国的话）所倚仗的人采取法律行动。如前所述，如果采取过于严厉的行动，可能会导致公开叛乱和更多的秘密活动。此外，对他们采取行动也要花很多钱，即使更多人依法纳税，也未必能弥补这笔费用。

但是，并非所有商人和居民都参与了经济欺诈，有些人其实是支持加强执法的。在20世纪的印度，另一名商人在从事秘密贸易时被审查和逮捕，而他走私的是糖的替代品——糖精。1924年，这名商人写道，“每磅糖精要缴纳20卢比的税”。与此同时，他还说，糖精在孟买的售价为12～13卢比，这意味着它在公开市场上以低于进口税成本的价格出售。由于印度不产糖精，所以这名“诚实的商人”知道它一定是被走私到殖民地的。正如他所写的那样，“我也是糖精的经销商之一，手里的库存已经有很长时间没卖出去了。未来，很多直接从制造商那里订购产品的商人会由于走私活动而蒙受巨大损失”。[119]

他呼吁政府采取行动：“如果政府立即采取措施制止这种行为，我会感谢政府。”[120]虽然他严格遵守那些监管市场的法律，或者他声称自己遵纪守法，但很明显，他知道自己被竞争对手抢了生意，所以请求政府通过收税来干预市场和执行现有法律。

如果说马提尼克岛和开普敦的消费者是在商人的纵容下购买 107
走私产品的话，这名印度商人则准备号召他的竞争对手一起来欺诈政府。当然，这也可能是一种“借刀杀人”的策略，要借政府之手铲除非法贸易的竞争对手，从而实现他垄断市场的目的。

然而，如果政府官员按公平交易者的意愿行事，可能会遇到更大的问题，因为一旦他们干预走私，那些平时容忍走私活动的地区有可能发生叛乱。而且，此举有可能使政府疏远更多的糖精消费者，因为他们购买走私糖精的价格远远低于含税糖精的价格。也许正如人们所预料的那样，政府没有回应那名商人的请求。为了安抚一名守法公民而疏远了绝大多数消费人群，这样的风险政府可承担不起，更何况那位公民只是自称守法而已（据我们所知，那名商人可能在走私其他产品）。同样重要的是，政府的无为而治可能会使公平交易者变成一名不那么诚实的交易者。走私就以这种方式变成了一种可以容忍的行为。

走私便由此诞生。

《惊慌的走私者》，创作于1830年左右。这是一组双联画的其中一幅，另一幅画名为《遇袭的走私者》，现存于伦敦格林尼治区国家海事博物馆（National Maritime Museum）。

乔治·罗姆尼（George Romney）于1804年创作的《约翰·奥尔德·巴特爵士》肖像画。奥尔德是18世纪末英属多米尼加殖民地的总督，为人遵纪守法。该画作现存于伦敦格林尼治区国家海事博物馆。

19世纪版画《杜阿尼尔港的法国海关官员》（*Douanier du Port/French Port Customs Officer*），现存于伦敦格林尼治区国家海事博物馆。

18 世纪末乔治·莫兰(George Morland)(1763—1804)年的绘画作品《走私者》(*Smuggler*)。莫兰擅长描绘研究粗暴人物形象，大部分以农村人为主。据说这幅沿海走私图是莫兰的作品，但很可能是当代的复制品，它描述的正是流行的走私话题。在 18 世纪末和 19 世纪初，这样的场景满足了观众对浪漫和冒险叙事的欲望，这种叙事方式也体现在当代文学中。该画作现存于伦敦格林尼治区国家海事博物馆。

托马斯·罗兰森(Thomas Rowlandson)所作的一幅漫画《走私者的装备》(*Rigging Out a Smuggler*)。妇女在走私活动中发挥了重要作用，尽管这在现有档案中找不到大量记录。即使如此，妇女会经常消费走私商品，而且正如这幅漫画所表明的那样，妇女也准备加入走私活动当中，使用女性服装作为隐藏非法物品的手段。这名妇女走私的是茶叶、酒精饮料和其他产品。该画作现存于伦敦国家海事博物馆。

威廉·希思（William Heath）于1830年创作的版画《波莉，我希望你不是在走私货物！》。和先前描绘的罗兰森漫画一样，这幅版画可以看作妇女深入参与了走私活动。该画作现存于伦敦格林尼治区的国家海事博物馆。

约翰·甘茨(John Gantz)于1822年绘制的水彩画《位于金奈(马德拉斯)的贸易委员会和海关》(*Board of Trade and Customs House at Chennai*(*Madras*))。版权归大英图书馆委员会所有(WD1363)。

第五章　走私、「习俗」与违法行为

走私遇上腐败 109

虽然走私活动已经很普遍，而且在大多数征收进口税的社会中都存在走私活动，但许多国家的政府在实施本国禁止逃税的法规时也普遍不够严格。它们认为这样做是有必要的，一方面是为了节省成本，因为一旦严格执法的话，费用会超过税收收入；另一方面，对走私姑息纵容的做法还可以维持政府与民众的良好关系。事实上，政府之所以能够容忍走私贸易及其相关活动，甚至进行暗中鼓励，也与政府想确保自身在民众心目中的合法性有很大关系。[1]

政府可以用任何借口来解释它为何不采取行动，甚至对走私活动不加以关注，比如由于缺乏资金，无法为相关执法行动提供足够经费；又或者检察官能力不足，无法审理较大的法律案件，而这种情况有可能是由于缺乏定罪证据，或者执法者未能迫使证人作证造成的。换言之，走私商和他们的客户很少被定罪，甚至很少受到起诉。[2]如果说某些走私者确实被起诉和定罪，那也纯粹是政府为了杀鸡儆猴，本书最后一章讲述的国民警卫队走私案就是这种情况。至于这样做是否有威慑作用，我们无法进行衡量，但很可能毫无效果。此外，在某些情况下，政府甚至否认本国存在任何走私活动。在18世纪，美洲许多殖民统治者就喜欢采用这种掩耳盗铃的策略。[3]

本章的核心是一个非常重要的问题：为了包庇走私活动，政府 110
官员是以何种方式背离他们所代表的法律政策和司法实践的？在现代世界，很多国家的政府普遍接受了这样一种理念，即统治者的合法性来自被统治者的认可。[4]把这种理念应用于走私贸易，就会产生另一系列问题，而首先面临的问题便是：那些同意受法律管辖的民众是否必须接受其官员制定的所有法律，尤其是那些阻碍和限制民众消费行为的法律？[5]这个问题的答案显然是否定的。有时候，忽视法律比挑战法律以及制定该法律的政府更容易，因为这可能会导致政府垮台。

更常见的情况是：各国政府制定法律来管理居住在其领土内的消费者；然而，政府和消费者都普遍明白一点：在实践中，已成文的法律几乎无法改变消费者的行为。无论政府或消费者，都有自己的理由来接受这样一种自欺欺人的局面，即法律是一种能够有效调节消费行为的工具。政府知道，只要制定不会引起公开叛乱的法律，就可以宣称自己代表了民意，从而获得某种合法性。与此同时，民众也明白，只要不公开叛乱（尤其是在1776年后），就算不遵守法律，也能获得一定程度的自主权；而如果循规蹈矩，反而不太可能获得自主权。[6]因此，限制商业活动的法律和政策催生了走私者，从而有效扩大了消费市场。这些走私者从事真正的自由贸易，因为他们愿意以消费市场愿意支付的价格为其提供所需商品。正如亚当·斯密所说的那样，“不合理的税收极大地诱使人们从事走私活动”。[7]

有趣的是，绝大多数政府都知道走私行为的存在。尽管如此，世界各国政府仍继续颁布限制商业活动的法律，而它们完全意识到这种法律永远不会得到充分实施，即使根本没人实施。他们之所以仍然费尽心思地立法，只是为了表现政府的特权，而非真正努力去迎合被统治民众的需求。[8]从这个意义上说，一个国家的法律制度是为了向其他国家展示其权威，并向其民众表明法律制度并非无关紧要。[9]

这有效确保了不同法律制度、甚至具体法规之间的某种协调， 111
彼此承认对方法律制度的效用，规范了货物在国界之间的流动。例如：英国需要规范商业活动，因为西班牙也如此，反之亦然；法国需要规范越南的商业活动，因为英国在规范印度的商业活动，以此类推。当然，随着时间的推移，有些国家逐渐取消了它们的贸易限制，有效地放宽了商法和商业实践的限制，此举是为了向其他国家表明：从某种程度上讲，“自由贸易”是件好事。然而，这种自由化是对走私活动的一种反应，同时也承认了被统治者对那些烦人的法律限制的忽视。[10]

一言以蔽之：现代世界绝大多数地方的走私者都违反了法律。因此，他们都是罪犯，不应该为自己可能犯下的违法行为获得任何回报；然而，绝大多数人的走私活动并没有被侦测到，这实际上就是鼓励他们去违法。与此同时，政府总希望人们遵守法律，或说服民众相信他们的邻居大多是守法者。由于鲜有走私者遭到起诉，所以这种守法行为可以被描述为政府获得更广泛民众支持的证据。另一方面，消费者要消费，因为他们必须消费才能生存下去；从某种意义上讲，这是一个与卡路里相关的问题。从消费者的角度来看，除了亚当·斯密在《国富论》中所说的自然和恰当的措施之外，消费行为无须任何限制。[11]因此，走私是一种完美的妥协方式，因为双方似乎都在遵守法律；民众的法外贸易和非法贸易都没有记录在案，尽管人们继续从事非法贸易，但政府可以声称走私活动根本不存在。

政府的代表并没有冒险使用暴力，而是找到了一些办法默许走私贸易活动，比如减少执法行动、对走私活动视而不见，甚至允许执法官员受贿而不受到任何惩罚（这或许就是我们现在常说“权力寻租”的最早期例子之一）。

到目前为止，本书大部分内容都在关注走私者如何与他们的政府以及邻国政府进行默契谈判，并没有真正探讨那些协助官员贪污贿赂、使走私者逍遥法外的人。

112 因此，本章的剩余部分将探讨那些受贿官员通过自身行为向其他人传达了些什么。殖民地官员和国家的其他官员通过贪污腐败的方式与公众打交道，统治者本来就应该与公众打交道，只不过这些官员采用了非法的方式而已。换句话说，立法者、执法者与那些必须遵守法律的人之间进行了直接对话。在殖民主义和帝国主义时代，由于欧洲各国政府都设在首都，所以政府官员们并不知道他们的手下在半个地球之外的地方从事什么活动。实际上，他们依赖别人为其执法，导致法律遭到破坏，而巧合的是，这恰恰加强了国家实力，并强化了它的合法性。

某些地方官员依附于军队，但大部分官员并非如此。事实上，正如前文所述，文官和武官有时会处于执法的对立面。[12]大多数武官要通过一个指挥系统层层汇报，而这个系统要跨越重洋，才能将信息返回到欧洲的指挥中心。因此，武官并没有真正地与当地和殖民地民众打交道。相反，他们通常是通过政府其他官员与殖民地民众进行联系的。在这方面，他们非常精确和严格。相比之下，文官虽然也要通过一个冗长的指挥系统向欧洲的政府汇报，但他们与当地民众的互动要直接得多。因此，若当地居民因不满他们的执法行动而采取任何敌对行为，他们就是首当其冲的受害者。[13]

为了应对如此普遍不满，也为了让自己的生活好过些，地方官员选择了接受贿赂，违背其雇主的利益。

但是，我们怎么知道这种情况真实存在？似乎没有多少地方官员留下的详细账簿，表明他们收受了多少贿赂、收了谁的贿赂，以及他们因此而无视哪些法规。[14]腐败官员很少记录下他们收受贿赂或被人买通、故意对非法活动视而不见的事实，这点并不奇怪（谁又能怪他们呢？）。当然，有极少数受贿官员被告上了法庭，但还有很多地方官员贪污受贿的故事只是人们道听途说而已，所以历史档案对此语焉不详。[15]最常见的情况是，腐败官员收取的贪污“费用”只是在第三方法院案件、证词或报告中被附带提及。

这些第三方本已自身难保，即将受到法律的制裁，因此，只要 113
揭露那些助长其行贿行为的地方官员，他们很可能会从中受益。即便如此，这样的事情也可遇不可求。由于官员腐败行为涉及区域内和跨区域贸易，所以第三方证词为我们了解官员腐败提供了指引。

官员腐败的证据也贯穿了本书的整个时间跨度；如前所述，现有几十桩对于腐败官员的指控必然被视为冰山一角。虽然只是趣闻轶事，但这些例子揭示了腐败官员与走私者同流合污的方式。绝大多数人之所以提出指控，要么因为他们的贿赂没有取得预期结果，于是批评或谴责受贿官员；要么因为他们想遵纪守法，却受到官员的不公平对待，于是认为官员贪污腐败。所有这些例子都证明了“法律不外乎人情”这个道理，尤其是在远离中央政府和当地条件鼓励官员贪污受贿时。它们还表明一点：从某种意义上讲，腐败有助于缓和许多社会当中统治者和消费者之间的紧张关系，从而恢复统治者的施政能力。[16]

虚张声势

例如，1764年，罗德岛的两名商人丹尼尔·詹克斯（Daniel Jenks）和约翰·詹克斯（John Jenks）指责特立尼达岛的西班牙殖民地官员拒绝归还他们扣押的船及其货物，而在此前一年，也就是1763年，西班牙和英国之间的战争结束。[17]他们的故事持续了好几年时间，它表明了一个重要的问题，即走私者如何与政府官员互动。而如前所述，与和平时期相比，战时走私活动更容易遭遇陷阱，这个故事便是又一个例证。

詹克斯兄弟拥有金尼卡特号帆船（Kinnicut），该船于1763年3月从荷兰苏里南（Suriname）返回新英格兰。船上货物包括一批糖浆，还有从欧洲进口的亚麻布和瓷器。[18]根据当时的商业模式，绝大多数货物都是糖浆，这并不让人感到意外。据詹克斯兄弟估计，他们的货物价值为2566英镑。金尼卡特号离开苏里南不到一周时间，一艘西班牙纵帆船便俘获了这艘船，并把它当成了战利品。特立尼达总督唐·何塞·安东尼奥·德吉尔（Don Jose Antonio de Gil）是那艘西班牙帆船的主人，船上共有42名船员，船长叫胡安·巴兹（Juan Baz）。[19]金尼卡特号被一艘私掠船俘获，而这艘私掠船恰巧属于西班牙殖民地总督，他不仅是总督，还是私掠船拥有者，这样的双重身份让他从此次俘获敌船事件中获利不少。[20]

114 那艘西班牙帆船把俘获的金尼卡特号带到特立尼达岛的港口。当这艘美洲殖民地船上的船员出现在总督面前时，他们抗议说，西班牙和英国之间的战争已经结束，他们不应该被逮捕，货船及其货物也不应该被扣押。此外，他们还辩称，对方必须迅速释放船和船员；如果不放，那就必须把船和船员告上相当于英国海事法庭的西班牙法院，对金尼卡特号及其货物作出公正裁决。然而，特立尼达总督另有打算。

特立尼达岛的西班牙殖民政府继续将这艘船扣押在港口，使其船员和它的新英格兰船东都无法获得船上货物。此外，金尼卡特号船员被监禁，尽管英国和西班牙签订过一份非常明确的和平条约，规定被俘船员必须被送回英国领土。[21]又过了一周左右，西班牙当局把金尼卡特号船员聚集到一起，分别送往加勒比地区两个不同的岛屿，并在那里将他们就地“释放”。六名船员“来到了一个海上孤岛，岛上除了野蛮人，几乎荒无人烟”。几天后，金尼卡特号船长和另外三名船员被送到了多巴哥（Tobago）。[22]他们上岸时，没有任何食物或水。至于那些被遗弃在南美大陆的人有何遭遇，历史档案没有给出答案，只是暗示说他们永远消失了。然而，多巴哥岛上的船员后来乘坐一艘独木舟（这艘独木舟来历不明）逃到了附近的格林纳达，此时距离他们被放逐到孤岛才几天时间。

现在应该可以清楚地看到，金尼卡特号被扣押后，特立尼达总督吉尔和他的船长巴兹从中获益。吉尔总督不遵守西班牙法律和西班牙与英国签订的停战协定，没有将船归还给合法所有者；相反，他想除掉那些潜在证人，因为他们目睹了吉尔给予许可权的船所进行的非法勾当。更确切地说，那些英国船主的原话是这样的：“他们把英国船员分散开，送到无人居住的遥远荒岛上，此举似乎是带有一种野蛮和邪恶的意图。他们想让船员自生自灭，音讯全无，以防止对方提出任何抗议。”[23]

115 1763年12月，金尼卡特号的新英格兰船主得知自己的船、船员和货物的遭遇后，他们向国王呈递奏疏，敦促乔治三世（George III）向西班牙国王（查尔斯三世）提出交涉，使西班牙政府对其非法获取和没收的货物作出赔偿。也许同样重要的一点就是，西班牙人从荷兰苏里南向西班牙殖民地特立尼达进口糖浆的做法也是违法的，而要使这种行为变成合法，唯一的办法是将进口货物作为战利品。英国驻西班牙大使在抗议西班牙人的行为时正是这么说的。作为回应，西班牙总督和他的私掠船雇员写了奏疏，连同他们审问英国船员的副本一起寄回西班牙。[24]显然，吉尔总督的抗议和文件完全没有说服查尔斯三世国王，他同意了英国提出的要求，并命令总督将金尼卡特号还给北美洲的英国船主。此外，国王下令惩罚巴兹，因为他在没有提供任何食物、船或其他逃生手段的情况下将英国船员送上岸。特立尼达的腐败案在西班牙被推翻，但这仍无法确保结果是皆大欢喜的。

为了收回财产，詹克斯兄弟要做的就是准备一份委托书，连同他们雇来的人一起送去特立尼达，根据国王的法令索要赔偿。于是，詹克斯兄弟聘请了吉迪恩·曼彻斯特（Gideon Manchester）船长前往特立尼达。抵达特立尼达后，他将与吉尔总督会面，要求替詹克斯兄弟收取债务。曼彻斯特带来了一份授权委托书，该委托书允许他代表这两位新英格兰商人行事。[25]

然而，当曼彻斯特到达特立尼达时，总督让他等了好几天，然后才同意见他。毫无疑问，吉尔利用这段时间来筹集一些钱还给曼彻斯特。几天后，吉尔提出支付曼彻斯特332枚八里亚尔和三里亚尔钱币，由于货值巨大，这笔钱只是杯水车薪，对曼彻斯特来说是完全不可接受的。[26]然而，吉尔声称他给的钱包含出售船及其货物所得的全部收益。曼彻斯特不相信这话，于是两手空空地离开了特立尼达。吉尔总督基本上无视国王给出的一份具有法律约束力的文件。事实上，他想保留自己从腐败行为中获得的个人收益，所以他觉得自己有理由不听从国王的命令。但这件事的真相很快就显露出来。

在金尼卡特号被俘获和船员被放逐之后，特立尼达总督短暂 116
等待了一段时间。然后，他下令把这艘船及其货物送到圣尤斯塔修斯岛（St. Eustatius），这是一座以支持“自由贸易”而闻名的荷属小岛。金尼卡特号到了圣尤斯塔修斯岛之后，被高价卖给了荷兰居民。[27]得知此事后，詹克斯兄弟再次向英国政府寻求帮助，想收回卖船的现金。如果一位殖民地总督可以通过向执法者撒谎而无视国王法令，那么现在，包括贪污腐败在内的这类案子将需要通过其他渠道穷追不舍；当然，我们也要认识到18世纪大西洋两岸通信有所延迟的特点。令人遗憾的是，在这点上，这个故事变成了尘封的历史。英国政府继续就此案向西班牙施压，但结果从未公之于众，吉尔总督本人则在接下来几年继续担任特立尼达总督。

这个故事对于了解走私贸易有重要意义，原因不在于英国索赔的金额有多少（索赔金额比较大，但也没有大得离谱），而在于它巧妙地说明了大西洋地区（乃至于其他地区）殖民地内部执法所存在的问题。在此案中，我们假设现存的英国法律文件内容无误，那么，为了积累个人财富，西班牙总督主动违背了西班牙国王的指令。虽然他不允许荷兰货物直接走私到特立尼达（很可能是因为那里没有人能买得起荷兰货物），但他设法把窃取来的财产变成自己的个人财富。吉尔总督只是薪水较低的诸多公职人员之一，而与此同时，他有责任执行地方和帝国的法律和政策，并确保他的个人经济利益不被忽视。这种典型的政治经济学问题极为普遍，在18世纪，除了洁身自好之外，还真没有明确的方法来避免这个问题。[28]

从法律角度来看，吉尔总督有很多机会把这件事做好，至少可以依法办事，可他并没有这样做。相反，他选择与自己的私掠船船员同流合污，扣押了金尼卡特号帆船。这不仅使他错误地站在了以《巴黎和平条约》（*Paris Peace Treaty*）为代表的国际法的对立面，也违背了西班牙国王的命令。由于俘获英国籍金尼卡特号的私掠船正是吉尔总督，所以，无论金尼卡特号被定罪还是出售，他都能从中受益。这确实是一个获取丰厚利润的好机会。此外，西班牙国王远在大西洋的另一头，不太可能对他提出质疑（国王之所以命令他归还船，更多是因为国际社会的压力，而不是该地区的典型执法方式）。吉尔控制着一片小小的领土，山高皇帝远，当然也不用承担西班牙帝国的主要经济使命。因此，几乎无人监督他，或至少没有来自官方的监督。越要承担帝国的主要经济使命，人们就越有可能关注他。他选择与自己的船员同流合污，说明他知道一点：作为殖民地的管理者，若要取得成功，哪些选民才是最重要的。

117 吉尔只需要满足那些最重要的选民即可，也就是特立尼达的居民。在西班牙的统治下，该殖民地人口稀少。[29]就像上一章提到的蒙特克里斯蒂的情况一样，特立尼达人口相对较少，而且不是特别富裕。因此，掳掠来的糖浆对岛上居民来说几乎没有任何用处；他们也无法以高价购买这种产品。类似于食物或欧洲商品等对他们有用的东西可以轻易地在邻近的法国和英国岛屿以及荷属自由港圣尤斯塔修斯获得，后者正是金尼卡特号帆船最终被出售的地方。在那个转口港把船卖掉，可以让那些有钱人购买糖浆以及其他货物，而这些货物可以立即在特立尼达转卖和消费掉。问题在于，任何在圣尤斯塔修斯获取的货物必然会以非法的方式进入特立尼达，因为它们不是来自西班牙。对于一个经常向西班牙殖民者供应非西班牙商品的荷兰殖民地来说，是不可能把西班牙货物卖给同一批殖民者的，况且这些货物本来就供不应求，而西班牙殖民者前往圣尤斯塔修斯的原因也正在于此。就这样，吉尔让走私活动得以横行无阻。

从某种意义上说，吉尔总督把糖浆送到圣尤斯塔修斯出售的做法是正确的，因为那里不仅买家比别的地方多，而且有更多买家愿意支付更多现金。买家能以优惠的价格买到商品，而吉尔能赚到足够的钱，至少可以在一段时间内吃喝玩乐。当特立尼达居民从圣尤斯塔修斯和邻近的其他非西班牙岛屿走私货物到特立尼达时，他可以装作视而不见。他为自己和那些生活在他统治下的人创造了一个双赢的局面，这也许正是他能够长期在特立尼达岛担任总督的原因。当然，问题在于，商人詹克斯兄弟成功地拉拢了英国政府，使后者支持他们的主张，这种情况比较罕见；显然，吉尔扣押货船的行为已经明显违反了《巴黎条约》，这使詹克斯兄弟的做法变得更加合乎情理。虽然殖民地官员有很多机会去贪污腐败，但受到高度监督时，倘若继续腐败，就会降低他们违法的成功率。吉尔干了这么多坏事，却能侥幸逃脱，是因为他管理的并非重点地区；而他也可以向欧洲的上级宣称自己想服从命令，但当地情况不允许这样做。这样的解释也许能唬住那些对殖民地一无所知的人。可是，殖民地与宗主国的联系越紧密，就越难以逃避严格的审查。

118

法律体系中的腐败行为

在很多国家和社会，每当涉及走私，法官都有大量机会贪污腐败。历史档案中充斥着对此类行为的指控。[30]在大多数地方，尤其是欧洲国家的殖民地，由于地方官员的薪水非常低，所以根除腐败仍是件极其困难的事情。根据1763年签署的《巴黎和约》（*Peace of Paris*），圣文森特岛成为英国的殖民地，当地殖民地官员的薪水远低于那些比较成熟的加勒比岛屿，比如牙买加和巴巴多斯，因而该岛行贿受贿之风似乎很猖獗，且在很多情况下，走私是贪污腐败的核心。[31]

1794年，圣文森特岛的附属海军法院法官纳撒尼尔·威克斯（Nathaniel Weeks）因“非法地……以他所谓的岛上唯一法官的身份”收取了750英镑贿赂款，被控贪污罪。根据原告威廉·巴顿（William Barton）的说法，威克斯法官曾告诉他，在战争时期，若巴顿和他的合伙人想征用战争时期被合法掳掠的商船，就必须付这笔钱。[32]换言之，掳掠者必须向这位法官支付一笔费用，才能获得他们自认为合法扣押货船的收益。在许多方面，这是上述特立尼达案例的另一面。在那个案例中，官员拒绝释放一艘被非法掳掠的船；而在这个案例中，他们拒绝给一艘被依法扣押的船定罪，或者说要收一大笔钱才肯定罪。当然，如果指控是真的话，则说明此前的一个观点：由于殖民地官员薪水过低，使受贿成为影响他们工作表现的决定因素。

例如，如果一位像纳撒尼尔·威克斯这样的海军法院法官给一艘船及其货物定罪所得报酬比他宣判该船无罪所得报酬要多，那么他就有了定罪的动机，除非有人能付更多钱，促使他改变主意。[33]在该案例中，我们再次假设巴顿的指控是正确无误的，那么这位海军法院法官要求收受的贿赂比他给该船定罪或宣判其无罪所得到的收益要高得多。似乎他为自己设定了一个最低价格，并且下定决心要得到这笔钱，就算违反法律和自身职责也在所不惜。如果他已经决定宣判该船无罪并把它还给船主，那他就什么也得不到，甚至有可能导致船上货物被拉到其他地方出售；当地居民、他的左邻右舍从中得不到任何好处，而在圣文森特岛上，他的生存恰恰要依赖于当地居民。给货船定罪，就相当于帮助了他在当地的朋友和其他居民，他们可以购买这艘船的货物；而即便如此，他自己也不一定能赚多少钱。几乎可以肯定的是，这一简单事实解释了他索取贿赂和敲诈勒索的原因。

因此，这艘船被定罪后，威克斯法官和原告威廉·巴顿都能从 119
中受益。但是，巴顿只想依法缴费，而不想把更多钱交给海军法院的法官。可能有几个因素造成这种局面，但从根本上讲，若巴顿向法官缴纳更多的钱，则意味着他手头可用的现金减少；而法官此举实际上是要求获得货船出售后收益的更大份额，这种做法进一步破坏了司法体系。走私活动几乎总是以各种各样的方式进行着。

这艘船是在战争期间获得的合法战利品，如果没被俘获的话，船上的违禁物品可以合法进口到圣文森特岛。那么，法院必定会判定走私到该岛的物品和产品为非法货物；如此判罚也会使国库受益，因为进口货物需要征收关税。所以，把一艘被俘获的船拍卖掉后，船上的走私货物将获得一个合法的身份，国库得以增加收入，而居民也能以低于正常税率的价格购买产品。在和平时期，这种货物本应是被禁止的，只能走私入境。威克斯法官认为，如果社会中的每个人都能从自身行为中受益，那他也应该分得一杯羹，因为他也是这个社会的一部分。尽管如此，还有其他腐败机会伴随此类进出口活动出现，其中很多活动经常涉及海关征税人员。

海关征税员经常被指控收取超出法律允许范围的服务费，而这些指控很可能是冰山一角，而非更孤立的例子。[34]海关征税员工资本来就很低，而腐败的机会又经常出现在他们面前。海关征税员有可能会犯下贪污罪，对于依赖他们记录进口货物情况的欧洲官员来说，这或许是件令人惊讶的事情；可对于殖民地居民来说，这毫不稀奇，因为他们恰恰需要海关征税员不记录进口的货物。各国政府将执法重担推给海关征税员，可征税员本身也是消费者，他们一方面要阻止走私活动，另一方面却要违背自身的利益。此外，如果他们制止类似走私活动，有可能会伤害到当地居民；要知道，当地居民与他们的关系比他们的雇主亲近得多。几乎可以肯定，各国政府都意识到这一点，只不过他们无法改变这种做法：

> 120 我已收到陛下的命令，代陛下向您表示感谢。您确实采取了最谨慎的措施，政府内部的任何海关官员及其副手、或他们聘请的任何办事员都没有要求、强求或索取任何超出规定的费用，也没有对船运造成任何不必要的延误。[35]

与纳撒尼尔·威克斯相比，新奥尔良的海关征税员威廉·布朗（William Brown）的腐败行为更直接，这再次表明每个人受到的指控都是正确无误的。1809年，加勒比各地政府收到了一份“全境通缉令”，这种官方通告似乎非常罕见。圣克里斯托弗岛（St. Christopher）总督休·埃利奥特（Hugh Elliott）写信给利物浦伯爵（Earl of Liverpool），称“班布里奇（Bainbridge）中尉在等着我，并且说他去这些岛屿的目的是逮捕潜逃的新奥尔良港征税员。”[36]班布里奇向埃利奥特总督出示的公文写道，“新奥尔良港征税员威廉·布朗于1809年11月13日潜逃……身上带着价值15万美元的黄金公款，请您协助抓捕该逃犯”。[37]事实上，由于工资太低以及长期从事税收工作，布朗得到了如此大的腐败机会。由于账面金额与实际相差甚远，我们可以想象这样一大笔钱最初是如何积累起来的，然后就比较容易理解一名收入微薄的征税员是如何完成这项壮举的。[38]

布朗是否曾被俘，目前尚不得而知，但他可能成功逃跑了。毫无疑问，当地某个官员接受了他的贿赂，串通起来帮助他潜逃。这些例子表明，海关征税员可能没有意识到自己的职责是控制某些犯罪活动，比如走私；可他们不仅没有这样做，反而经常参与其中，或者从中受益。当走私者不向海关申报进口货物时，他们故意视而不见，或者以某种方式收受贿赂。

公私合作犯罪

如果地方官员有可能被指控索贿和受贿，那么他们中的某些人、甚至很多人也会默许其邻居进口违禁物品。有时候，宗主国政府试图阻止员工腐败，而地方官员不得不阻止宗主国的做法。在这种情况下，没有义务效忠于当地民众的军队开始自行铲除走私活动。

121 1763年12月24日，多米尼加的英国指挥官约瑟夫·帕特里奇（Joseph Partridge）向驻扎在多米尼加沿海的海军少将泰雷尔（Tyrrell）投诉。泰雷尔是背风群岛的总司令。帕特里奇称，泰雷尔的手下“来到这里，在没有收到任何情报的情况下搜查了港口的货船”，此举“使这个新殖民地的贸易陷入了困境中，商人们就此事向我请愿”。[39]很明显，帕特里奇想通过投诉本国政府行为的方式去满足新英国商人（以前是法国商人）的需求，毕竟工作性质要求他必须与岛上的居民和平共处，并遵照大西洋彼岸的指令来管理他们。[40]因此，他反对在港口公开搜查货船，甚至想唤起泰雷尔少将的英国民族主义情感。帕特里奇坚持认为，若法律允许法国的糖进口到英国领土，王室要征收关税，这实际上将“大大增加国王陛下的收入”。[41]换言之，帕特里奇想暗示的是，英国法律禁止法国货船向多米尼加进口法国糖，可政府本身就有无视该法律的优势。但是，他的观点有点过分。

事实上，泰雷尔少将知道，帕特里奇早些时候曾给一些法国货船发放了假的通行证。这些货船将糖从邻近的法国岛屿运到英国领土，然后把它作为英国产品从多米尼加运出，就可以重新出口到英国。显然，帕特里奇本人也参与了向多米尼加走私糖的活动；至于他是否因发放假的通行证而收受任何金钱，我们无从得知。又或者，由于英国刚刚占领了多米尼加岛，而其居民以法国国民为主，帕特里奇是否为了便于管理这些居民而违反本国法律？我们同样不得而知，只知道他非常愿意与当地居民合作。

泰雷尔少将根本不理会帕特里奇混淆视听的论点。他知道搜查港口这件事，而且早就亲自批准了此次搜查。当然，他没有事先通知帕特里奇，因为他知道如此一来，帕特里奇就会隐瞒自身活动。泰雷尔少将认为他没有义务向多米尼加的任何人做进一步解释，尤其不能纵容帕特里奇。“我认为，我没有任何义务告诉你我为何有搜查违禁品的权力。”[42]

然而，从泰雷尔对帕特里奇投诉的剩余回应内容中，我们才能 122
真正理解殖民地的地方官员在为法律权力进行谈判时，很容易成为腐败的牺牲品。泰雷尔是一位严格的执法者，他斥责更善于适应环境的帕特里奇，要求后者更加注意守法：

> 您说这是一个处于婴儿期的新殖民地，希望我能考虑它的实际情况，给予它帮助，而不是给它带来苦难。我得告诉您，我关心和关注的事情永远是保护殖民地的贸易和繁荣。我也不得不冒昧地说一句，您不应该告诉我该做什么，而应该把您自己国家的法律读一遍，并审视自身的贸易行为。如果您能够做到这点的话，现在就不会遭受发放假通行证的指责。[43]

泰雷尔告诉帕特里奇，他已经让人在附近格林纳达岛的圣约翰港（St. John）扣押了那艘使用假通行证过关的帆船，并将整个案件移交给位于伦敦的贸易部（Board of Trade）。他声称，岛上的居民普遍参与行贿受贿：“我不仅有可靠的消息，而且发现……

海关官员发放假的通行证，就是为了骗取国王陛下的税收。我想将这种无耻行为上报给……海关检察官。”他们“故意纵容人们以欺诈的方式进出口法国糖、法国朗姆酒等产品”。[44]

英国保存的档案中没有关于该案件的其他资料，我也无法在法国殖民档案中找到任何信息。然而，从许多方面来讲，其他资料并不重要。与本章主题相关的是，该案例表明：一个国家内部执法部门之间的行动存在差异。尽管法律大体上描述了什么样的行为是可以允许的，什么样的行为是被禁止的，但各个执法部门对于这些法律的执行和阐释显然是不一致的。在这起走私食糖的案件中，泰雷尔依法办事的作风与帕特里奇权时制宜或腐败的作风大相径庭，表明殖民者想方设法凌驾于国家政策之上，因为他们能够在某些人的帮助下绕过法律，而这些人本来应该阻止他们这么做。多个机构在多个司法管辖区具有多重职责，这种现象造成权力的扩散，使得违法活动猖獗，且大多数违法行为未被发现。那些被抓住的人实在运气太差，他们在错误的时间出现在了错误的地方（或者说在正确的时间出现在正确的地方）。他们知道，泰雷尔少将和其他类似的人不可能无处不在。

123 腐败已经渗透到任何特定社会的绝大多数阶层、甚至所有阶层；正如我们所看到的，即使法院也可能会推动非法贸易的发展，法官会因其不同行为而得到不同数额的报酬。1792年5月，约翰·德鲁（John Drew）船长写信向约翰·拉福雷（John Laforey）少将投诉。德鲁抱怨说，尽管他已经命令手下镇压格林纳达群岛的卡利亚库岛（Carriacou）周边的走私贸易，但有人暗中搞破坏，使他无法完成任务。任务之所以失败，原因并不在于这些英国海军军官没有成功逮捕走私者和他们的船（事实上，他们很擅长做这件事）；相反，在此案例中，“货船被俘获次日，便被交给了……格林纳达海关的征税员并在报纸上……发表审判声明”。[45]当然，德鲁船长在写给海军少将的信中明确表示，他此前已经跟格林纳达的总检察长就扣押走私船的合法性进行了核实。他声称，总检察长告知他，他扣押货船的举动是完全合法的。

然而，当被扣押的货船到达格林纳达的附属海军法院时，法官便“命令将货船和货物归还船主”，因为在他看来，扣押船主的官员约翰·德鲁没有得到扣押货船的授权。[46]德鲁船长自然对此提出异议。他认为，“舱单制作法第27条赋予了我充分的权力，我可以把权力下放给我所指挥的这艘船的任何官员”。[47]格林纳达总检察长表示同意。实际上，德鲁认为，凡是通情达理的人都会同意他的意见，因为他所咨询过的人都表示赞同。因此，德鲁的问题成了反驳附属海军法院法官论断的理由之一。当然，法官也是格林纳达的当地居民，而不是英国海军军官。[48]以法官的专业能力和对当地情况的了解，他知道若宣判货物为走私物品，很可能会伤害左邻右舍，让他们无法获得自己需要或想要的商品，尤其是在他们必须为此支付更多费用的情况下。另一方面，他也知道，如果下令释放货物，实际受益者是格林纳达的其他居民，因为他们能够消费这些原本不支付高额关税就无法入境的产品（这些产品很有可能先出口，然后再通过走私的方式回到这个国家）。

因此，在法官看来，他只能二选一：要么伤害他所为之效力的国家的利益（虽然国家只给了他微薄的薪水），使国家无法获得依法应得的稳定收入；要么伤害左邻右舍的利益，使日常必需品或平价奢侈品退出流通领域。地方官员几乎总是选择前者。

124 就像该地区的西班牙殖民者一样，生活在殖民地的英国官员常常要在当地民众需求和帝国利益之间作出平衡。正如上一章所讨论的那样，虽然有些官员认为要严格遵守法律，但与那些愿意灵活执法的人相比，他们只是少数人而已。尽管如此，他们的执法行动使大多数官员面临挑战，后者认为政府应该与民众进行谈判，并容忍走私贸易活动，以换取自身的生存空间。国家不仅不严格执行法律，反而忽视大量不应视为微不足道的非法活动，以一种有悖常理的方式获得了当地民众的尊重和合法性。

然而，腐败和容忍走私不仅仅是殖民地和帝国官员的特权。可以想象得到，此种活动也发生在欧洲和其他社会。当然，它们很难被发现，因为这需要查阅所有欧洲人对于帝国边远殖民地和领土居民的投诉资料。尽管如此，我们仍然可以通过查阅大多数社会的档案资料来搜集与欺诈相关的报道。几乎可以肯定，我们能看到的案例是实际案例数量的冰山一角。

1762年，一位新英格兰居民（很可能是马萨诸塞州马布尔黑德市的居民）写匿名信给当时在巴巴多斯海关担任收税员的克拉克（Clarke）先生。这封信声称，“在老法兰西街区（Old France）的一所房子里，有人正在购买法国护照和介绍信，提供给那些向法国殖民地定居点运送食物的船”。[49]新英格兰的居民给一位巴巴多斯政府官员写信（该官员只是一位低级别的海关征税员），说他的邻居和同乡打算逃避法国的法律，这事确实非同寻常。写匿名信的人接着说道，那些介绍信“由法国的两位主要大臣签署，并加盖国王的印章”，示意任何法国臣民都要协助持有这些信件的人，“让他们在航行期间不因任何理由而受到骚扰或妨碍”。[50]

根据匿名信的说法，这些假的法国护照是在法国伪造、在波士顿和英属加勒比地区出售，每本护照售价大约为200美元。英属北美殖民地的买家被告知：如果他们在前往法国领土的途中遇到英国海军舰只，就要销毁伪造的护照，以免因持有敌对国护照而受到惩罚。[51]与此同时，该信还声称，伪造护照者提供了一个购买介绍信的机会，该介绍信可代替官方护照，售价100美元。

很明显，如果匿名告发者提供的信息准确无误，那从某种程 125
度上来说，法国政府是这种企图诈取英国政府税收行为的幕后黑手。持有这些护照的英国贸易商可以声称自己是法国贸易商，因而可以停靠法属加勒比港口，以获得被禁止流通的货物或现金。然后，他们可以回到英国领土，以英国人的身份将货物转手卖掉，从而避免交关税。英国货船也可以利用这个系统与法国在欧洲的港口进行贸易活动，此举同时违反了两国的法律政策。法国居民也从中获益，因为他们可以以不含关税的价格购买原本禁止进口的英国产品。也许最令人震惊的是，尽管法国政府制定的法律和政策遭到了践踏，但它愿意对此视而不见。法国人之所以这样做，是因为其公民获得的好处往往是以英国国库征收不到进出口关税、蒙受巨大损失为代价的。在两国交战期间，这可能是个特别重要的手段。在这样的冲突中，要想占得上风，就得掠夺敌人的财富。[52]

然而，尽管如此，写这封匿名信的人也试图解释他是如何了解这一骗局的。他手里掌握的信息非常详尽，可能提供信息的人曾亲眼看见或使用这种文件参与非法贸易。“我曾参与过一次非法贸易，”匿名告发者写道，“我只是负责看管一大批从船上卸下来的货物，防止其落入敌人手里。”[53]如果此话属实，那么写信人只是想保护他的货物，防止货船在英国领土之间航行时被法国私掠船掳掠。与此同时，如果他们碰巧被当地官员拦住询问，假护照也可以帮助走私者避免被人觉察。

然而，这份文件的性质表明，匿名举报者也担心在法国港口被人发现。他不应该出现在那里，而在“七年战争”（Seven Years' War）中，那里恰好是许多英国货船常去的地方，这绝非巧合。从此信中，我们可以清楚地看到，它所呈现的内容只是一种现象，即政府的各级官员曾经参与了违反本国法律的活动。虽然没有直接证据表明法国君主正在出售假护照，但很明显，假护照文件上盖了法国皇家印章。而且，由于文件上有了这样一个印章，只要有机会，那些熟悉皇室印章的人就可以参与伪造印章，愚弄执法官员。

126 假护照为走私活动提供了便利，持有假护照的货船可以假借身份，从而逃避缴纳关税和其他费用。至少在19世纪上半叶，假护照仍然是被反复提及的问题。然而，欧洲各国政府（以及其他国家政府）一直无法找到有效的方法阻止假护照买卖。几乎可以肯定，此问题的症结在于政府职员以及那些掌握护照制作技巧的人在某种程度上受益于假护照买卖。他们要么是假护照的提供者，要么是走私产品的消费者，而走私产品正是用假护照作为掩护非法进口的。[54]1800年，英国海军部（British Admiralty）收到了一本伪造的美国护照。显然，美国官员参与到了制作假护照的活动中。[55]

英国政府对这些假护照的反应相当明确：

> 我们认为，不能对上述交易相关人员进行有效的起诉。出

于欺诈目的而使用这些假文件的人，此举已经足以受到起诉，但起诉与否，还要取决于具体情况。在我们看来，如果禁止伪造和篡改护照和惩戒此类犯罪被视为一件重要的事情，则我们必须为此制订相关法规。[56]

政府最近对该案件作出了法律解释，有人认为这似乎是一种预兆，表明造假者在道义上应受到惩罚，因为他们使用这些虚假文件来促进特定交易。但是，该观点也没有提到这样的行为是完全非法的。换言之，现有法规并没有明确禁止这种制造假护照的行为。如果这种假护照被用来实施另一种违法行为，比如用来假冒国籍以进口违禁货物，那么政府就可以采取行动了，因为此举已经违反了商业法，而不是持有伪造证件罪（无论是否有意持有该文件）。这种解释再次表明，一个国家或政府为了获得合法性，需要以某种方式容忍可疑或非法活动。显然，这可以视为造福民众之举，而对政府本身来说，除了损失些许税收之外，几乎不用付出什么代价。[57]

当然，想方设法绕开不合时宜法律的人并非只有18世纪大西洋殖民地官员和欧洲政府代表；这种违法模式在时间和空间上继续存在着。鸦片战争结束后的几年里，广州的英国商人认为中国的地方官员已经腐败。[58]他们甚至指责英国驻华商务监督查尔斯·义律（Charles Elliott）向中国高级官员行贿："这些谣言……清楚地表明：清帝国的某些高官可能收受贿赂……这是清政府衰败的最确凿证据。"[59] 127

尽管查尔斯·义律把对他的指控斥为无稽之谈，但他回应的论点似乎更像是外交论调，而没有对指控背后的问题提出质疑。以下这番话中，他用第三人称来指代自己：

> 可以确定的是，义律从来没想过向清政府官员行贿，因为英国高级官员不敢做这种事，就算他们敢，也不会蠢到这个地步……他怎么可能不让自己同伴知道受贿官员给的大笔受贿款项收条呢？就算他忘记了自己对英国国王的职责，又怎么会忘记自己的家人还生活在国王的权力之下呢？[60]

对于公开进行的非法活动和不道德活动，义律和他所代表的英国政府尽量不提供任何支持，以免英国水手和商人产生在本国海域附近进行违法行为的想法（当然，他们已经这样做了）。义律写给英国上司的信中提及贿赂之事，表明英国人的想法是这样的："一定不能让英国军官清楚地意识到，如果贿赂能让高官作出巨大让步，那低级官员可靠贿赂来做任何事情，甚至是最低限度的生活便利和必需品、产品买卖许可、往返许可、雇佣许可、写作许可等权利。"[61]

这种恶性循环将导致腐败滋生、走私活动猖獗、公平贸易无从谈起，而正如义律所宣称的那样，他希望中国或其他国家能够避免出现这些问题。从这一逻辑中可以清楚地看到，中国人和东印度公司从事贸易的雇员完全不愿意承认腐败现象已经普遍存在（大家不要忘记，这些人毕竟是鸦片贩子）。显然，阻止鸦片走私的中国法律和英国东印度公司的政策根本不受重视，但现在，毒品走私犯却互相指责对方贪污受贿！[62]

义律对于贸易领域腐败行为的抗议来得太晚。事实上，有证据 128
表明，在1820年，不仅中国官员愿意接受贿赂，英国东印度公司的员工也愿意行贿。虽然双方有时都对这种腐败采取惩罚性行动，但这种惩罚更像是一种杀鸡儆猴的威慑，而非解决与腐败和贸易相关的深层次问题，或者更广义的政府合法性问题。

事实上，在1820年春，东印度公司致信其广州秘密代理人时这样写道：

> “埃塞克斯号”船上似乎发现了少量鸦片（约10或12磅），当时该船正在驶往广州的途中……被中国官员扣押……为了避免商人被处以重罚，以及鸦片贸易受到任何进一步的限制，埃塞克斯号的商人马霍普（Marhop）作出了妥协，向清政府的低级官员支付了6000美元。[63]

埃塞克斯号船长内斯比特（Nesbitt）否认他的船在孟买装运了鸦片。他声称，船上的炮手（一名低级别军官）很可能在没有他或其他人知道或许可的情况下把鸦片藏在船上。这些船员私藏鸦片的说法是否可信，目前我们不得而知。东印度公司的董事们其实并不那么关心贿赂的问题，他们似乎认为行贿是在中国做生意的潜在和必要成本。和义律一样，该公司的董事们反而担心中国官员可能会越来越期望贿赂，这将增加东印度公司在中国做生意的成本；此外，还有可能导致更多欺诈活动的发生，再次推高成本，比如：即使英国货船没有藏匿违禁的鸦片，中国官员在检查公司货船时也会习惯性地“发现”鸦片。他们这样做的目的就是增加自己的收入，索要贿赂，否则就会没收整艘货船。尽管走私者不想被别人强行索贿，但如果行贿能够让他们逃脱惩罚，他们也不是完全反对行贿，这样走私活动就不为人所知了。这种推理再次表明，东印度公司商人最感兴趣的是不受任何限制的完全自由贸易。

129 至于埃塞克斯号，东印度公司决定彻底调查鸦片的来源，不过迄今为止，此事是否系该公司雇员所为，仍未有定论。埃塞克斯号及其船员被召回伦敦，英国官员将对其进行适当审查，并在必要时适当调整东印度公司的政策：

> 若我国在中国珠江（Canton River）上行驶的任何一艘船被发现藏有鸦片，后果有可能会很严重，我们必须尽一切努力防止这种极具破坏性的事件发生。为此，在埃塞克斯号抵达泰晤士河（River Thames）后，我们要立即对其进行一次最特别的调查，调查结果将会告知你，并给你提供进一步的指示，因为该案件的性质似乎需要这样做。[64]

东印度公司后来的历史表明，它一再地向官员行贿。但除非此举有助于防止更大的货物损失，否则它会尽量避免这样做。[65]

与本国负责监督和审查走私贸易的腐败官员作斗争的不仅仅是东印度公司、英国政府和中国政府。下面的例子表明，在走私贸易领域，法国及其越南贸易伙伴同样容易贪污腐败和表现出“灵活执法”的特点。在该案例中，走私活动在某种程度上也已成为使其他非法活动合法化的一种方式。

1885年9月4日，法国政府在写给其“东京湾远征军司令”的信中称：

> 去年7月2日，您将《归仁总统的报告》（Report of the President of Quin'hon）转交给我，该报告提到当地设立了海关，由友好的中国人管理，中国人对那些在安南（Annam）沿海运输货物的货船征税。中国人这种强行索要钱财的做法……公然违反了1885年6月6日签署的条约第12条规定。根据该规定，在安南王国（Kingdom of Annam）境内的海关必须完全委托给法国政府管理。请……务必严格遵守该条约的这条规定。[66]

在这份文件中，法国人抱怨说，尽管越南与法国签署过一份条约，保证法国是为越南征收关税的唯一代理人，但越南地方官员如往常那样继续征收关税。越南的“中国”官员继续对沿海贸易收取关税。不过，法国人之所以希望越南停止这项活动，是因为法国官员认为它违反了以1885年条约达成的国际法，他们认为该条约也使他们有权获得沿海贸易所产生的税收。

为了实现该目标，法国政府提出加强执法力度，以阻止越南的 130
前统治者，即清政府继续对来自中国的进口货物以及中南半岛内部的沿海贸易征收关税。对巴黎政府来说，与保留当地控制权相比，其殖民地国家官员通过控制进口关税垄断权（并确保双方条约的有效性）而获得权力和权威更加重要；法国人想向越南当地居民展示自己的权威，但这意味着可能要疏远他们所依赖的当地官员。法国人不明白的是，清政府本可以轻易地煽动当地民众反对法国殖民者；他们所需要做的就是宣称法国人正阻止其邻国融入他们所习惯的贸易模式中。这将意味着越南人获得熟悉商品和产品的机会减少，还会造成更多民众不满，甚至可能会导致走私活动增加，以逃避法国关税。[67]

在这个特殊案例中，法国政府只是想确保那些被它视为违背反腐条约的人不能再从事非法贸易活动；换言之，那些人更关心如何中饱私囊，而非帮助法国建立殖民统治以及相应的法律制度。但是，在管理越南的中国人看来，征收进口关税成为他们向邻国展示自己对外权威地位的一种方式；由此产生的税收还给他们带来了本来会流入法国人口袋的收入，这进一步使他们积累财富的速度快于大多数邻国。反过来，这又有助于确保他们及其家人拥有更好的生活。当然，这份文件也表明了法国殖民官员似乎更想通过打压越南进口税收来展示自己的权威，而非将该收入用于任何类型的生产性用途。因此，光是通过这个例子，就可以看到合法性之争是围绕着非法进口和税收展开的。立法者不一定能左右执法；而走私活动之所以发生，正是因为两者之间的差距为其创造了空间。

法国殖民官员最终毫无意外地赢得了这场特殊的竞争，因为当时正值帝国主义鼎盛时期，巴黎政府完全愿意增加官员和服役货船的数量，使越南当地的中国官员无法收税。换言之，与早前一些走私案不同的是，法国政府准备对越南人实施严格征税，以便为法国政府向越南派驻官员支付费用。这与18世纪加勒比地区欧洲殖民政府（包括法国政府）的表现有所不同，这些殖民政府既不愿意也没有能力投入资金使人们更严格遵守反走私税收政策。[68]

然而，帝国派往当地的官员（在此案例中，即“东京湾远征军司令”）的想法可能恰恰相反。他们可能因为担心越南居民敌意加深而不太愿意增加税收人员。法国人要在一个拥有悠久历史的社会中管理大量越南人口，如果能得到越南官员的配合，或只是遇到一些零星的抵抗，工作肯定容易开展得多。[69]此外，就算允许在越南的清朝官员继续收税，法国还是可以加强帝国在越南境内的活动，法国人的净收入很可能会等于甚至大于通过越南人收税所得的收益。然而，只有那些在安南的法国人才会明白这点。就像一个世纪前加勒比地区的殖民地官员一样，法国殖民地官员不得不无视来自祖国的指令，但为了与当地数量更大的法国臣民相处，他们表面上还是声称要严格遵守这些指令。从这个意义上说，他们可能会成为殖民地居民眼中的合法政府。换言之，除了最恶劣的情况外，他们不得不允许违禁贸易存在。我们没有任何确凿的证据证明这种事情发生在越南，但在东南亚其他地方，类似情况时有发生。[70] 131

世界各地绝大多数帝国的走私贸易从未停止过，而正如前面所探讨过的那样，原因要么是它没有被发现过，要么是官员贪污腐败，使得走私贸易得以继续进行下去。正是出于这些简单的事实，全球各地的殖民地居民或土著居民战胜了严格的法治，或战胜了贸易方面的法律。走私只是他们的杠杆工具，以此调节他们的消费活动和消费模式。走私贸易既导致了贪污腐败这种不良行为，也催生了冷漠的官员，他们利用贿赂作为手段，避免严格执法或遵守法律制度。无论是伪造护照、使用假护照、为了索贿而作出错误判决，还是对帝国指令阳奉阴违，或者通过一种系统化的手段从邻国那里索取额外收入，形形色色的当地居民都找到了通过走私颠覆国家和帝国权威的方法。也许有点令人吃惊，但他们就是以这种方式与国家进行谈判的。

结　论

走私是自由贸易，然而，一些最支持自由贸易的人也可算作走私活动最猛烈的抨击者。他们将自由贸易与公平贸易区分开，以此表达自己的不满。对他们来说，“自由贸易”代表着没有任何限制的货物交换。但众所周知的是，无论过去还是现在，人们都期望绝大多数“自由贸易者”遵守世界各地施加在他们身上的各种法律制度和商业法规。从古至今，这种法律法规都不是任何道德准则的一部分，但毫无疑问，对于商业参与者来说道德感是有帮助的。

贸易政策几乎总是存在某些与生俱来的限制因素。在历史上，贸易政策由国家制定；而到了近代，它们由一些超越国家的机构制定，如世界贸易组织（World Trade Organization，简称WTO）。与“自由贸易”不同的是，公平贸易包括了那些根据政府政策和禁令进行的商业活动，它们同时还利用了亚当·斯密在两个世纪前所写的“同感”原则（fellow-feeling）。[1]从事公平贸易的人是诚实的，或者他们声称自己是诚实的。他们把自己描绘成品德高尚之人，符合理想化的贸易者形象。此外，通过披上“公平贸易”的外衣，这些商人让客户分享他们对美德的感受。如今，个人消费者可以自由购买咖啡和巧克力等公平贸易产品，他们显然希望这些高价消费品的生产者能获得公平的报酬，而不是只能勉强维持生活的工资。

134 如果这些消费者深入思考该问题的话（可能有些人真的这样做了），他们可能会认为监管公平贸易行为的政府并没有被骗取钱财。[2]那么，公平贸易就是消费者及其政府（或其他监管机构）确保廉价产品不会以牺牲农产品生产者或其他产品制造商的利益为代价获取。公平贸易也不剥夺生产者所居住和工作的国家任何应得收入。因此，公平贸易者可以在法律允许的范围内生活，同时还具有社会意识，这是一种美德。从这个意义上讲，公平贸易者显然对走私者的做法提出了质疑。[3]

因此，公平贸易可以说既代表了一种态度，也代表了一种良知。当然，良知能够区分公平贸易和所有围绕走私展开的非法活动。正如我们所看到的那样，这种违法行为很多，也很普遍，而这种普遍性不仅体现在地理上。从获得产品到以逃税方式出口产品，从通过未经授权的渠道运送货物和人员到以逃避关税或未经许可的方式进入新市场，从购买来路不明的货物到故意纵容走私者或收受贿赂，使犯罪行为得以进行，无论过去还是现在，各色人等成了走私活动的共犯。当然，与走私相关的违法活动不止这些，但我希望读者现在能够识别大部分类似活动，它们不仅发生在过去，现在也依旧存在。当然，公平贸易不是偷窃；它毕竟是以美德和同情等理念为依据的。相比之下，走私活动显然是偷窃，不过正如我前面所说的那样，走私活动的受害者远不如大多数其他刑事伤害罪的受害者明显。对许多人来说，公平贸易之所以极具吸引力，正是因为它允许个体消费者在从事最个人化的消费活动时把自己想象成国家政体的一部分。这个理想化的政体是诚实和公正的；此外，它在法律面前平等对待每个人。简而言之，它是公平的。

遗憾的是，这只是想象而已。正如本书所述，在全世界形形色色的社会中，走私者及其客户的人数很可能超过了公平贸易者；这种局面一贯如此，并非什么新鲜事。走私产品的自愿消费者数量似乎没有上限。为了不让本书读者产生内疚感，也许一种比较稳妥的说法就是：绝大多数人认为，携带超过限额的产品跨越国境并不是什么大不了的事情；很多人为了以较低价格购买救命的药物，也会毫不犹豫地跨越国界，而这些药物在自己所在国是无法以如此低的价格买到的。

此外，还有无数个人聘请家政服务人员（比如保姆），从来没 135
有人检查过他们的执业证件，也没有人给他们交税。[4]更有甚者，偷渡已经发展成为一项产业，人们为了养家糊口而非法跨越边界。[5]显然，走私劳工生产出来的产品只要价格合适，就不愁销路。很多消费者喜欢把自己想象成公平贸易者，但其中很多人并非如此。显然，他们认为自己是某个国家政体的一部分，但他们的行为却侵蚀这个国家的根基。[6]

虽然公平贸易商品生产者的收入可能高于其他人，但仍可能不足以维持生活，更不能保证有足够的消费者购买其产品，从而向政府支付进出口税。因此，即使是那些愿意为公平贸易商品付出更多代价的人，也不会像他们所希望或认为的那样强化国家实力或为全球经济体系作出贡献。有时候，甚至连邻居也以难以置信的眼光看待他们："如果不是打着'公平贸易'的旗号，谁愿意为同样的商品付更多的钱？"似乎消费已经变成了以尽可能低的价格购买商品，或者借用维布伦（Veblen）"歧视性对比"理念，从事炫耀性消费。[7]亚当·斯密在《国富论》中所说的市场原则早已成为过眼云烟。如今，良性生产与消费、自我调节、甚至自我意识似乎是相对稀缺的，正如本书所探讨的那样，他们曾在历史中出现过很多次。然而，一种华而不实的说法依旧存在，它鼓励人们支持所谓的美德和同情理念，但这些理念很容易遭到违背，甚至是无意识的违背。在这点上，营销手段战胜了物质。因此，政治团体、民间社会日益与自己的政府存在矛盾。对于生活在古典自由主义国家、甚至新自由主义国家的人来说，这可能是一个陷阱，他们将个人利益放在第一位，认为法律制度要屈从于大众的意志。然而，正如本书所阐述的那样，这几乎是一项不可能完成的任务。

然而，即使是这样一种主张，也并非普遍成立。接下来我要讲个故事，它跟我的一位挚友有关。我的这位好朋友在一个国家买了些珠宝，而她并不住在那个国家。她打算把珠宝当作礼物送给女儿，那些珠宝在国外的售价远低于她在自己国家购买的价格。

136 然后，她带着珠宝登上了回国的航班。飞机顺利降落在她祖国的国际机场。她领回行李时，看到了无须申报物品的绿色通道；她还看到了红色通道，若有乘客在国外购物，必须走那条通道申报并缴纳关税。她本可以毫不犹豫地和同航班的大多数人一起走绿色通道，把给她女儿的珠宝非法带入这个国家，完全无人知晓。

然而，她的良心不允许她这样做（她与柯伦巴·布什不同，柯伦巴花的钱无论如何都比我的朋友要多，却在海关申报表上故意少报物品价值；而我朋友所在的国家无须填海关申报表）。她走了红色通道，那里没有海关官员。事实上，除了她以外，红色通道根本没人，于是她直接去了海关办公室，但大门紧闭。她敲了敲门，等人过来。等了10分钟之后，海关官员终于出现了。我的朋友解释了事情的来龙去脉，并告诉海关官员，她还买了一对钻石耳环。那位海关官员带着困惑的表情看着她，仿佛在说：你只要从绿色通道过去就可以了啊，根本不用检查。为什么会有人想主动纳税？为什么有人会找到代表国家的海关官员，交纳那些很容易就可以逃避的税费？我的朋友想支付她该付的钱，海关官员不得不照做，给了她一张账单，她在离开机场之前付了钱。我的朋友开始明白，政府期望她逃税，政府官员甚至为她提供了便利，但我的朋友拒绝了，反而被人以怀疑的眼光看待。我认为，这恰恰使她成为一个诚实的“公平贸易者”。

> 没有多少人会如此费劲地来安抚自己的良心。多年来，我甚至问过我的学生这个问题——当然，只是假设而已。在我的大型演讲课上，大部分观众、甚至90%的观众都有国外旅行的经历。我问他们：你们从国外带商品回美国时，是否每次都如实向海关申报金额，并在必要时缴纳关税？他们通常的反应要么是哈哈大笑，要么露出嘲笑的表情，仿佛在说他们根本不把这些申报表格放在眼里。然后，我把他们称为走私者，并与他们分享这些书页中出现的一些故事。他们开始思考自己有意或无意的行为是否可能会对他们所生活的民间社会和统治他们的政府产生一些负面影响。正如我的朋友不想成为走私者，但国家似乎漠不关心一样，我的学生无法想象自己是走私者，但他们确实是走私者。这让他们感觉很不舒服，直至几分钟后我换了个话题。

137 在我看来，这种实验一直是非常有用的教学工具，因为我平常既要教低年级班如何进行世界史调查，又要教高年级班如何进行古典政治经济学调查。这些课程的核心都是一个中心问题，即在民众的个人生活中，政府应发挥什么样的作用。我的学生从历史和理论角度提出了一些较为复杂的想法，他们关注的不仅仅是什么样的理论关系应付诸实践，还思考什么样的理论关系才是正确的。虽然衡量批判性思维的进步并非易事，但我还是观察到一点：经过一个学期的学习后，学生们在思考理论和实践时提出的问题变得越来越复杂。更重要的是，他们很多人开始明白，走私（以及其他类型的违法行径）应被视为对公民（或臣民）和国家之间现有边界的一种考验，它考验的是政府应该在民众生活中扮演什么角色。

无论人们是否相信“大政府”的理念，每个社会都肯定存在某种形式的政府和法律制度。我们不一定要接受霍布斯式（Hobbesian）甚至马基雅维利式（Machiavellian）的世界，也能够了解政府为其民众提供了哪些功能。无论是保护个人生命或财产，还是对别国发动战争，几乎每个社会的国家都有一个或多个重要的功能。只要接受了这样一个简单的前提（我的学生总能接受该前提），那么接下来的结论就是：国家或政府需要税收才能生存下去。

这正是走私者所面临的问题，而几乎所有逃税者也都要面临这个问题。为了让政府能够实现其功能，人们必须缴纳税费。当然，很多政府没有为其公民或市场提供充分的保护，而很多人也认为自己与政府没有任何瓜葛，可问题在于走私进一步削弱了政府的能力，使其无法公平或充分地履行自身职责；同时，它也侵蚀了许多人对国家的信任感。18和19世纪的道德家抱怨说，走私活动剥夺了国家和社会应得的收入，可谓一语中的。[8]事实上，走私活动及其参与者造成了一个极难摆脱的恶性循环。

倘若不加以制止，走私活动不仅会导致官员的腐败（本书所讲述的故事表明，此类官员在历史上并不少见），而且还会给政府本身的合法性带来艰巨挑战。查明哪些政府雇员公然或私底下知法犯法是一回事，而参与到走私活动中则又是另外一回事。走私可以让每个人都能以期望的价格消费自己想要的东西，不用考虑消费品的来源。更令人胆寒的是，这种不受约束的消费行为很可能削弱政府功能，产生不利影响，而政府的作用正是保护消费者的生命和财产安全，甚至保护他们的消费权。 138

因此，这存在一个权衡利弊的问题。然而，大多数人看不到当中的利弊，或者故意视而不见。如果政府要生存下来，就必须通过税收来养活自己。它可以从很多地方收税，但税收最终来源于那些生活在其权力之前的民众。无论从何处获取税收，纳税者都必须明白一个道理：税收取之于民、用之于民，政府给予纳税者最低程度的回报就是安全和文明秩序。换言之，政府提供的服务能够使民间社会以文明的方式运转。因此，政府依赖民间社会给予其养分，民间社会则依赖政府给予保护。最近有人提出，政府与民间社会之间存在寄生关系，事实并非如此；恰恰相反，政府和民间社会是互利的关系，而且这种关系必须继续存在下去。

下面我要说的话可能会让某些读者感到困扰，但我还是要说出来。当然，这可能是低纳税人群不认可的观点。他们觉得自己交了太多的税，没有足够的钱去买他们梦寐以求的保时捷跑车，去拥有20间房的别墅。但这是一个再简单不过的事实——若要政府存在下去，并提供最基本服务，民众就得交税。

尽管如此，在2008年美国总统大选期间，这仍成为一个重要话题，并一直持续争论到2009年全球金融危机。副总统乔·拜登（Joe Biden）在竞选期间声称，在奥巴马总统任期内，凡收入超过20万美元的人“都要缴更多税……是时候表现出爱国情怀了……是时候投入进来、成为国家的一分子了，是时候帮助美国摆脱老一套做法了”。共和党的一位评论员在接受采访时回应道：“在我看来，民众并不认为纳税等同于爱国。”[9] 法律制度使文明社会的运行保持稳定，并确保个人自由（包括消费自由），而公民要参与到法律制度的制定当中，就需以纳税作为代价。如此复杂的治国理念，却变成了关于爱国主义的争论。

139 在后来的竞选活动中，该问题再次被摆上台面。共和党副总统候选人莎拉·佩林（Sarah Palin）州长抨击了拜登的立场：

> 您最近说的高税收，其中要求提高税收，或者缴纳更高的税费是爱国的表现。在美国的中产阶级看来……那不叫爱国。爱国是指政府知道自己并不能解决所有问题，有时候反而会制造问题。所以，政府应当减轻美国家庭的税收负担，让私营经济和我们的家庭茁壮成长。[10]

有人认为，政府在公民生活中扮演着重要角色，而佩林的声明抨击了这个观点。因此，它对于政治经济学的理解不够清晰。她的反政府言辞表明，割裂国家才是爱国主义行为。鉴于爱国主义的真正含义，这番话是不合逻辑的。换句话说，要人们想成为爱国者，国家就必须成立一个政府，而这反过来要求政府必须有收入。这种收入当然来自税收。因此，如果现有的收入使政府无法提供必要的服务（服务的内容取决于政府的法定角色），那政府就要获取更多收入，这是顺理成章的事情。为了增加收入，它可以提高税收，也可以通过更严格地执行税法来保障税收。这可能需要制定新的法律，比如美国在独立战争前夕通过的法律；或者意味着海关人员要在边境检查中更加严格，而从国外回来的消费者自觉缴纳应付的关税。只有这样，纳税才是真正的爱国行为。

《纽约时报》专栏作家托马斯·弗里德曼（Thomas Friedman）在2008年10月8日的定期评论中也提出了类似观点。他写道：

> 我在明尼阿波利斯市郊区的一个中产阶级家庭长大，我的父母教导我，虽然纳税不是件令人愉快的事情，但我们的警察、军队、公立大学、地方学校、科研和老年人医疗保险都要靠税收支持。对于税收，奥利弗·温德尔·霍尔姆斯法官（Justice Oliver Wendell Holmes）的话非常精辟："我喜欢纳税。我用纳税的钱买到了文明。[11]

弗里德曼说得对。他的专栏文章将税收与政府所提供的基本 140
服务联系在一起，抨击了佩林关于税收的立场。至于政府提供哪些服务，人们可能持有不同意见，但他们不能不赞同一点：这些服务必须靠税收支撑，除此之外别无选择。的确，纳税人都是爱国的，但这样还远远不够。正如奥利弗·温德尔·霍尔姆斯所声称的那样，向政府纳税是生活在文明社会的标志。事实上，税收是文明社会的源泉之一。只有如实纳税，做一个“公平交易者”，而不是从事走私活动或消费走私商品，才能确保能够与邻里在文明社会里和平共处。

然而，我们可以就税收的性质以及商品和服务是否征收了适当的税收而进行辩论，也可以思考政府在制定税法时是否偏重于某一人群。每一套法律制度都有或至少应该有这种机制。此外，还有一些跨国家的机构也有助于解决此类问题，比如世界贸易组织。但至关重要的是，在进行这些辩论时，个人和企业（在某些法律制度中，企业通常被视为法人）要继续缴纳他们应付的税收和关税。否则，不仅这场辩论无法继续下去，而且最终会导致法律制度的崩溃和国家的破产。无论过去还是现在，这样的例子数不胜数，我们不希望历史重演。在这点上，亚当·斯密的逻辑是无懈可击的。纳税是保护个人和公共道德的手段，即使是苛捐杂税也能起到同样作用；如果税负过重，公众可以通过现有机制进行谈判，制定更合理的税额，从而改变不合理的政策和政府。此外，纳税不仅能保证“以物易物”原则，还能让所有生活在某种法律制度下的人拥有公平的机会，且在面对困难时多一份泰然自若。

注　释

序　言

1. 很少有走私者会写日记，或者这类日记根本没有保存下来。极少数走私日记尚存于世，包括John Rattenbury, *Memoirs of a Smuggler, Compiled from His Diary and Journal: Containing the Principal Events in the Life of John Ratterbury, of Beer, Devonshire, Commonly Called the Rob Roy of the West*（London, 1839）。还有一本走私者日记，据说是美国John Howe, *The Journal Kept by John Howe While He Was Employed as a British Spy: Also While He Was Engaged in the Smuggling Business*（Concord, NH, 1827）。这本书的作者自称是个走私者，但人们后来对是否存在这个人提出了怀疑。请参照William Daniels, "Specious spy: The narrative lives and lies of Mr. John Howe," *Eighteenth Century: Theory and Interpretation* 34, no. 3 （1993）:264–86。丹尼尔斯认为，豪是这部作品的出版商路德·罗比（Luther Roby）杜撰出来的人物，而且该角色融入了亨利·德·伯尼埃（Henry DeBerniere）在美国独立战争中的经历以及罗比所认识的其他人的经历。这里必须要指出，由于走私者编写的一手资料非常稀少，所以历史学家们只能依赖于其他资料来源来描写走私贸易，而这些资料则由那些很少参与走私活动的人编写的。19世纪的Eric Tagliacozzo, *Secret Trades, Porous Borders: Smuggling and States Along a Southeast Asian Frontier*, 1865–1915（New Haven, 2005）, esp. pp. 6–7中提出过类似的东南亚走私问题。

2. 关于法律体系，请参照Lauren A. Benton, *Law and Colonial Cultures: Legal Regimes in World History, 1400–1900*（Cambridge, 2002）, esp. pp. 1–30。由于违禁品贸易和走私活动涉及来自多个国家的主体、公民和法律，所以依靠任何一个国家的记录都不足以完成全面的法律分析。事实上，这正是使走私活动研究在其最基本，或者说最广泛的概念化过程中成为可对比的话题。世界历史学家需要用广角镜头来看待这个全球化问题。

此外，要识别和调查每一起司法案件，这本身就是一件可怕的事情。然而，就算这样做，也绝不能保证这些案例能体现所有与违禁品贸易和其它走私活动相关的问题，因为很多走私活动是在无人察觉的情况下进行的。

这里还必须要指出：即使我们在某一个国家的司法记录中查明了一个案件，也绝对不能保证我们能完全了解过所发生的事情，因为走私活动至少牵涉到两个国家的法律。使问题更加复杂化的是，许多法律档案都受到了破坏，其原因要么是天灾，比如17世纪和19世纪伦敦海关大楼发生火灾，要么就是腐败官员蓄意破坏。

3.例如，请参照Alan L. Karra, "Caribbean contraband, slave property, and the state, 1767–1792," *Pennsylvania History* 64, no. 5（1997）: 250–269; " 'Custom has the force of law' : Local officials and contraband in the Bahamas and the Floridas, 1748–1779, " in *Florida Historical Quarterly* 80, no.3（2002）: 281–311; "Smuggling and Its Discontents," in *Interactions: Transregional Perspective on World History*, ed. Jerry Bentley, Renate Bridenthal, and Anand Yang（Honolulu, 2005）, pp. 206–227; and "Transgressive Exchange: Circumventing Eighteenth-Century Atlantic Commercial Restrictions, or the Discount of Monte Christi, " in *Seascapes: Maritime Histories, Littoral Cultures, and Transoceanic Exchanges*, ed. Jerry Bentley, Renate Bridenthal, and Karen Wigen（Honolulu, 2007）, pp. 121–34。

4. 从许多方面来说，我之所以决定挖掘欧洲档案，特别是英国和法国的档案，是出于两个原因。第一，这些档案通常保管得很好，我已经找到了一种方法，可以从这些档案中收集到关于18世纪加勒比地区走私活动的信息。因此，我可以假设世界其它地区的走私信息也相对容易收集。第二，也是更重要的一点，1800年后的世界现代史大多可描述为土著居民与欧洲人之间的交流，尤其是与英国人的交流，法国人的参与程度较低。简而言之，这是一种行之有效的方法，可以扩大本书的研究领域，同时又避免研究过于庞大的范围。

5. Aline Helg, in *Liberty and Equality in Caribbean Colombia, 1770–1835*（Chapel Hill, 2004）, esp. pp.72–74对南美洲的走私活动进行了一番细致的探讨。另请参阅*Slavery and Abolition* by Linda Rupert, “Marronage, Manumission, and Maritime Trade in the Early Modern Caribbean”，该文章探讨了加勒比地区与南美洲之间的奴隶走私现象。

第一章

143

1. 例如，请参照William Mathew to the Board of Trade, 8 March 1751, The National Archives: Public Record Office（henceforth TNA: PRO）, CO 152/41, Kew。这份文件涉及丹麦人与英国人在西印度群岛的走私活动。还有许多关于1882年提尼克岛走私活动的讨论，如位于普罗旺斯地区艾克斯市的海外档案中心（以下简称CAOM）的文档FM/SG/*MAR/CORR/55。关于东印度非法贸易的信息，请参照“Illicit Trade in Spices at the Molucca Islands. Exertions of Mr. R. T. Farquhar to Prevent the Same,” 1801, in India Office Records（henceforth IOR）F/4/92/1858, British Library（henceforth BL）, London。

2. 关于走私活动在国民经济和全球经济中所起的作用的阐述和评估，请参照 part I of Jagdish Bhagwati, ed., *Illegal Transactions in International Trade: Theory and Measurement*（Amsterdam, 1974）, pp. 9–46。另请参照C.G.F. Simkin, “Indonesia’s Unrecorded Trade,” in ibid., pp. 157–71。

3. G.Rainy, ICS, “Report on the Manufacturing and Smuggling of Ganja,” Jooint Magistrate on Special Duty, Calcutta, 1904, p. 12, IOR, V/27/625/5, BL。

4. 这与劳伦·本顿在其即将出版的*A Search for Sovereignty: Law and Geography in European Empires, 1400–1900*（Cambridge, 2009）一书的导言所提观点相类似。帝国和国家的法律需与它们的地理环境联系起来，尤其需与执法方式相关联。

5. 与走私相关的讨论很可能会与现代世界新出现的、不断演变的“国家”的定义联系起来。关于这个问题的详细讨论请参照第3章。这也是Eric Tagliacozzo, *Secret Trades, Porous Borders: Smuggling and States Along a Southeast Asian Frontier*, 1865–1915（New Haven, 2005）所探讨的主题，该书研究了19世纪末东南亚的走私情况。

6. 例如：加勒比地区的一个岛屿多米尼加向英国出口的食糖总量超过其登记在册的产量，殖民地官员担心该岛从邻近的法属岛屿非法进口食糖，再把它当作英国产品重新出口。此类例子请参照“Extract of a Letter to General Melville from his Correspondent in Dominica,” dated 8 May 1785, TNA: PRO, CO71/9, f.357。

通过将产量与出口量进行对比，可以估算出走私产品的规模。然而遗憾的是，档案中没有包含这两方面的完整数据。

7. 例如：请参照 Jack P. Greene, *Negotiated Authorities: Essays in Colonial Political and Constitutional History*（Charlottesville, 1994），esp. pp. 15–24。这个问题的重点在于政府如何在宗主国中心管理那些远离宗主国的人。还可参照Lauren A. Benton, *Law and Colonial Cultures*（Cambridge, 2002），pp. 210–65。

8. 至于如何处理经济政策与国家合法性之间的关系，请参照Jurgen Habermas, *Legitimation Crisis*, trans. Thomas McCarthy（London, 1976），esp. pp. 70–75, 96–97。为了更透彻地理解这种关系，请参照Rodney Barker, *Political Legitimacy and the State*（Oxford, 1990）。我

不想卷入到关于合法性的广泛理论辩论中，而是将辩论作为一种手段，让喜欢社会学理论的读者找到额外读物。

9. 例如，请参照活页文选“An Examination of the British Doctrine Which Subjects to Capture a Neutral Trade Not Open in Time of Peace”（London, 1806）。

10. 关于政府在近代的作用，可谈的话题很多。对于政治经济学家来说，国家（或君主）的作用在马基雅维利《君主论》的第14章中有着清楚的表述。该书首次出版于1515年，阐述了欧洲统治者是如何将发动战争作为国家主要目标的。一个半世纪后，约翰·洛克（John Locke）写道，政治思想已经进化，国家的主要目标是保护私人财产。详见John Locke, *Two Treaties of Government*, Book II, Chapter IX。本书第3章较详细地讨论了这一概念的演变。

11. 关于消费在政治经济中不断扩大的作用，第3章有所讨论。

12. 请参照Lauren A. Benton, *Law and Colonial Cultures*, pp. 212–14。也可以说，俄罗斯和奥斯曼帝国等陆地帝国之所以将新领土并入其帝国，只是为了充盈自家金库。人口和土地的增多，意味着更多的监管机会（或扩大监管权），税收也因此增加。在此过程中，帝国几乎总会限制与外部接触，进一步强化了法律制度对新并入人口的控制。

13. 请参照Lauren A. Benton, *Law and Colonial Cultures*, pp. 31–79。另外还可以参照John Francis Davis, *The Chinese: A General Description of the Empire of China and Its Inhabitants*（London, 1836）, esp. V. 1, pp. 3–128, and v.2, pp. 430ff。

14. 关于这方面的一个例子，请参照Roy Moxham, *The Great Hedge of India*（New York, 2001）。莫克塞姆担心的是英国在印度建立的海关篱障，该篱障建立的目的是防止食盐从不受东印度公司控制的领土自由越过边界。在该书大部分内容中，他想找出海关篱障的方位，却难以找到。不过，他在这个过程中解释了很多历史和政治经济趣闻。

15. 关于商人及其与政府关系的探讨，尤其是英国商人与政府之间的关系，请参照John Brewer, *The Sinews of Power: War, Money, and the English State, 1688–1783*（New York, 1989）, esp. pp. 206–17。还可以参照John Reeve, *A History of Shipping and Navigation*（London, 1792），该书详细讨论了贸易法及其在美国的运用情况，以及一些具体的法律案例，这些案例澄清了相关法律问题。

16. 大量资料讲述了参与走私的各个阶层的人。这篇文章摘自G.P.R. James, *The Smuggler: A Tale*（Paris, 1845）, p. 3。

17. 关于发生在中国的类似事例，请参照 Davis, *The Chinese*, v.2, pp. 446ff。我在"Caribbean contraband, slave property, and the state, 176701792" in *Pennsylvania History*（Special Supplement Issue, volume 64, Summer 1997）: 250–69中也讨论过这个问题。

18. 关于亚当·斯密所讨论的内容，请参照Smith, *An Inquiry into the Nature and Causes of the Wealth of Nations*（London, 1776）, Book I, Chapter II, paragraph 1。关于政府与保护财产的关系，还可参照John Locke, *Two Treaties*, Book II, Chapter XI, "Of the Extent of the Legislative Power"。

19. 请参照Jack P. Greene, *Negotiated Authorities: Essays in Colonial Political and Constitutional History*（Charlottesville, 1994）, pp.43–77。Benton, *Law and Colonial Cultures*, pp. 12–18也探讨过此话题。

20. 西班牙官员常说"Obedezco Pero NOCumplo"来回应西班牙政府的规定。这句话的字面意思是"我服从但我不顺从"。实际上，它给了他们在自己居住的地方以自己的方式解释法律的余地。

21. "司法部长迈克尔·B·穆凯西在美国律师协会前发表准备好的评论，"2008年8月12日，引用埃里克·利希特布劳（Eric Lichtblau）的话说，"穆凯西不会追究招聘调查收费问题"。*New York Times*, 2008年8月12日。

22. 早期关于走私和违禁品贸易的历史著作都是讲述趣闻轶事的古籍，不作任何分析。举个例子：这些书将了很多故事，故事通常涉及某一个国家或地区，但对于走私活动，却没有给出解释或历史背景。关于此类著作，请参照Joseph Jefferson Farjeon, *The Compleat Smuggler: A Book about Smuggling in England, America and Elsewhere, Past and Present*（London, 1938）, and A. Hyatt Verril, *Smugglers and Smuggling*（New York, 1924）。

23. 总的来说，全世界有三种商业法规，但在走私者看来，它们没什么区别。人们制定这三种法规的目的都是增加税收、监管社会某方面的消费（比如阻止成瘾物质的进口）以及履行国际条约中的义务。

24. 在这些行为的实践者身上，同样存在这种区别。例如：我们可以看一首歌曲的名称“The Citizen's Procession, or the Smuggler's Success and the Patriot's Disappointment: Being an Excellent New Ballad on the Excise Bill”（London, 1733）。在歌曲中，走私犯与暴民联系在一起，并与公平交易者和诚实交易者相提并论。还可以参照Robert Hardy, *Serious Cautions and Advice to All Concerned in Smuggling: Setting Forth the Mischiefs Attendant Upon That Traffic; Together with Some Exhortations to Patience and Contentment under the Difficulties and Trials of Life*（London, 1818）。这种文章区分了走私活动所涉及的不同行为，包括资助走私、实施走私、作为买方或卖方处理走私物品。

25. G.P.R.James, *The Smuggler: A Tale*, p. 4。

26. 大量历史档案中记录了那些在错误时间和错误地点被逮捕的走私犯；事实上，这通常是走私犯在某些地方被抓住的唯一原因。请参照*Memoirs of a Smuggler, Compiled from His Diary and Journal: Containing the Principal Events in the Life of John Ratterbury, of Beer, Devonshire, Commonly Called the Rob Roy of the West*（London, 1839）。至少按拉滕伯里的说法，他的人生故事充满了自己在错误时间和错误地点被抓的例子。

27. 请参照Governor Orde in Privy Council, 4 July 1789, TNA: PRO, CO71/16。

28. 与英国《航海法》相比，法国的独家专营权对法国及其殖民地之间的贸易限制更多。无论任何情况下，《航海法》的重要性都被英国1766年制定的《自由港法案》所削弱。《自由港法案》向非英国商业活动开放了加勒比当地的一些港口，包括多米尼加首都的罗索港。请参照Frances Armytage, *The Free Port System in the British West Indies. A Study in Commercial Policy, 1766–1822*（London, 1953）, and Jean Tarrade, *Le commerce colonial de la France a la fin de l'Ancien Regime. L'evolution du regime de <l'Exclusif> de 1763 a 1789, etc.*（Paris, 1972）。

29. 英国的贸易政策并没有像法国那样垄断商业；加勒比地区的法国种植园主认为，英国食糖市场较为开放，在这样的市场上销售食糖，能卖出更高的价格。请参照Robert Louis Stein, *The French Sugar Business in the Eighteenth Century*（Barton Rouge, 1988）, pp.76–79。

30. 这种模式反之亦然。英国商人经常抱怨马提尼克岛的法国居民非法进口非法国产品，而当时马提尼克岛处在英国人的控制之下。他们把法国糖当作英国产品出口，以支付费用。例如，请参照Mr. Grove to Mr. Leslie, 19 May 1784, TNA：PRO, CO71/8, and J. Orde to the Privy Council of the Board of Trade, 1 September 1787, TNA：PRO, BT6/41, ff.205–11。

当时的英国工业还处于早期阶段，但大多数产品的质量似乎比法国进口的产品性价比更高，至少加勒比地区的产品是这样的。19世纪东南亚也有类似的情况；英国纺织品被当作法国纺织品进口，因其质量更好、价格也更便宜。具体请参照Dossier L–22（4）with material dated 1886, in Fonds Ministeriels, Serie Geographique, */Indo/AF/227, CAOM。

31. 事实上，殖民与帝国利益问题并非微不足道。和世界各地的殖民地居民一样，岛民经常抱怨法律过于严苛，导致他们与殖民者发生摩擦，而这些法律似乎与他们的利益背道而驰，因为制定法律的初衷就是让那些在宗主国的人受益。请参照Greene, *Negotiated Authorities*, esp. pp. 20–23, and Benton, *Law and Colonial Cultures*, esp. pp. 80–126。本顿主张将这一问题视为管辖权冲突，对我而言，他的论断很有帮助。

32. 事实上，在我读到18世纪和19世纪初许多岛屿写给加勒比地区当地人的大量信件时，约翰·奥尔德是伦敦法律当局最受规则约束和最虔诚的教条主义信徒之一。毫无疑问，他是最有可能对那些他所统治的人采取法律行动的英国官员，只要他认为他们违反了律例，便可施以惩罚。在多米尼加的殖民办公室档案中，有更多关于走私的信件，其数量多于我在英国国家档案馆看到过的其它岛屿档案（包括前面提到的牙买加和巴巴多斯）。例如，请参照TNA：PRO，CO71/16，71/17 and 71/18，NA，从中可以看到奥尔德专注于打击走私，以及他与该岛法官和议会的持续冲突，因后者更倾向于容忍走私。也许这是因为他是一名前海军军官。

33. 关于海军军官参与扣押海上船舶后海军如何分赃的详细说明，请参照Order in Council，1 June 1763，TNA：PRO，ADM1/3866。关于美洲附属海军法院所采用流程的更广泛讨论，请参照Carl Ubbelohde，*The Vice Admiralty Courts and the American Revolution*（Chapel Hill，1960），pp. 15–16。

34. Governor Order in Privy Council，4 July 1789，TNA：PRO，CO 71/16。

35. Ibid.

36. Stewart to Orde，2 July 1789，TNA：PRO，CO71/16。至少在刚开始的时候，该岛立法委员会的大多数人都支持奥尔德，请参照Resolution of the Council，9 September 1789，TNA：PRO，CO71/16。但到了第二年，情况便恶化了。斯图尔特由于投诉奥尔德而被免职。请参照“Deposition before Anthony Bertrand，Esq.，” July 1790，TNA：PRO，CO71/17。奥德声称要把斯图尔特替换掉，这导致斯图尔特采取行动。

37. 在殖民地办公室档案中，发现了许多可以说明这些情况的案例，请参照TNA：PRO，CO71/17 and CO71/18。

38. 请参照1790年4月15日《公告》，TNA：PRO，CO71/16。

39. 请参照James Bruce to Grenville，10 November 1790，TNA：PRO，CO71/18。另参照Orde to Grenville，8 January 1791，and R. Wells，

Acting Comptroller of the Customs, to Order, 13 December 1790, TNA: PRO , CO71/18。

40. Orde to Dundas, 13 June 1792, TNA: PRO, CO71/23。奥尔德担心多米尼加的大量法国居民怂恿政府与马提尼克岛和瓜德罗普岛勾结，从而在岛屿之间走私货物和食糖。随着英法战争的临近，他也越来越担心殖民地拒绝提供适当资金来加强该岛的防御。但是，多米尼加居民并没有对他隐瞒其他总督所干的事情。

41. 伶仃是珠江口的一个小岛，靠近广州港，位于黄埔以南十英里，距离澳门和香港不远。请参照Davis, *The Chinese*, v.1, pp.120-121。

42. 请参照“Extract from a Secret Letter to China”, 2 April 1828, IOR, F/4/958/27188（2）, BL, p. 87。

43. Ibid.

44. 禁止鸦片贸易的理由可能是为了促进中国人的社会福祉，不让他们接触到一种可能上瘾和使身体衰弱的产品。中国制定这项法律时，提出了一个表面上与大多数保护主义欧洲贸易法不同的理由。尽管如此，这两种法律禁令之间很容易找到相似之处。许多欧洲国家之所以制定贸易限制措施，是为了促进良性消费（即限制奢侈品消费），或监督不当的消费行为。

45. “Extract from a Secret Letter to China”, 2 April 1828, IOR, F/4/958/27188（2）, para. 88ff., BL。还可参照J.A.Mackay, *From London to Lucknow*（London, 1860年）, v. 2, p.526，该书对鸦片走私问题有着清晰和绝佳的陈述。尽管中国政府没有对此次袭击做出回应，但对英国向其出口鸦片的立场普遍感到不满。

46. “Extract from a Secret Letter to China”, 2 April 1828, IOR, F/4/958/27188（2）, para. 93, BL（斜体字是我故意强调的）。

47. 事实上，1844年的中英条约规定：“每个港口的中国海关关长将采取适当的手段，防止欺诈或走私行为导致逃税的情况发生”。请参照Treaty between England and China, 1844, TNA: PRO, CO129/1, f228, p.10。

48. 关于中国禁烟律例的讨论，以及中国政府对臣民处罚的一般性讨论，请参照*Ta Tsing Leu Lee*：*Being the Fundamental Laws*, *and a Selection from the Supplementary Statutes of the Penal Code of China*, trans. Sir George Thomas Staunton（London, 1810）。尤其在Book V, “Duties and Customs” of the Third Division（Fiscal Laws）中，讨论了对盐和茶叶走私者以及其他走私者的惩罚问题，请参照pp.148－57。另请参照xxxiv of the First Division；该节指出，外国人受中国法律管辖（p. 36）。此外，还有些法令涉及向在广州经商的欧洲商人解释和运用这些政策，详见appendix XI, pp. 515－24。

49. 关于鸦片贸易和中国，请参照Davis, *The Chinese*, v.2, pp.452–57。还可参照Carl Trocki, *Opium*, *Empire*, *and the Global Political Economy: A Study of the Asian Opium Trade 1750–1950*（London, 1999），esp. pp. 88–93。关于中国禁止鸦片贸易的简短讨论，可参照“An Explanation of the Peiho Massacre,” in Mackay, *From London to Lucknow*, v. 2, p. 525。”。

50. Van Tue位于河内和海防沿岸之间，尽管地处偏僻之处，但它距离从海岸到首都的公路很近，可能是转运走私产品的主要地点。

51. John Gillespie, in *Transplanting Commercial Law Reform: Developing a Rule of Law in Vietnam* （Aldershot, 2006），esp. pp.49–55。吉莱斯皮认为，除了那些不得不直接和法国人打交道的人，法国法律与大多数越南村民基本没有关系。当然，这种态度在这里有所体现。从法国的角度来看，它努力在20世纪40年代初使司法管理标准化（第51页）。正如Milton E.Osborne, *The French Presence in Cochinchina and Cambodia*：*Rule and Response*（*1859–1905*）（Ithaca, 1969），pp. 84–88所描述，这种做法代表了法国在越南最早期经历的变化。

52. Telegram, 6 January 1940, INDO/RSTNF//5451, CAOM。

53. 5枚坐洋大约为50法郎，这是1930年以后的固定汇率。贿赂金额不是很大，大约2美金左右，有关这种货币对其它货币汇率的讨论，请参阅https://www.globalfinancialdata.com/index_tabs. php3?

action=showghoc&country_name=VIET_NAM（2008年7月31日访问）。

54. Telegram, 6 January 1940, INDO/RSTNF//5451, CAOM。

55. Ibid.值得注意的是，该记录称被殴打的官员显然穿着制服。法国的官方调查非常关注这一点；法国人质疑村民们到底知道多少，因为他们考虑该将这定性为对两个刚正不阿官员的攻击，还是对法国的攻击。政府官员穿着制服，说明村民们正在攻击的对象是法国，如本章另外两个故事，同样讲述了人们对可明显识别的官员采取暴力行为。换句话说，暴力行为针对的是那些试图阻止走私活动的人。

56. 在印度，人们对非法蒸馏酒展开了深入和广泛的讨论。尤其要指出的是，在较边远和偏远地区，这个问题更严重。请参照“Report of the Commission Appointed by the Government of Bengal Excise Commission to Enquire into the Excise of the Country Spirit of Bengal, 1883–84”, IOR, V/26/323/4, BL, pp.50–58，了解关于印度非法蒸馏酒精的观点。从某种意义上说，越南的案例更加平常，因为这件事实际上牵扯到税费，而不是那些饮酒者的任何道德缺陷。

57. Telegram, 6 January 1940, INDO/RSTNF//5451, CAOM。

58. Ibid. 这里所描述的事件与BradlyW.Reed, *Talons and Teeth: Country Clerks and Runners in the Qing Dynasty*（Stanford, 2000）, pp. 172–75中讲述的故事一致。当然，中国故事里的人有所不同，但里德的故事表明，当地居民极其厌恶那些负责实施税法的人。

59. 事实上，即使连法国政府也意识到殖民地内部存在执法问题。在Arthur Girault, in *Principles de colonization et de legislation coloniale*（Vol. 2: Notions administratives, juridiques, et financiers, 5th edition, 1929）中，他声称，若在殖民地内部征税和以其他方式执法，有可能会疏远当地民众，同时只产生非常有限的回报。吉罗主张对沿海进出口征收关税，他认为这是实现收入的一种更简单、更公平的方式；请参照p731–32。在Lauren A. Benton, *Law and Colonial Cultures*, pp. 127–66，劳伦·本顿也表述了大致相同的立场。这些案件相当于管辖权冲突，它们可能发生在某个帝国的内部、两国之间、或是被殖民国家及其新统治者之间。

60. Robert Hardy, *Serious Cautions and Advice to All Concerned in Smuggling: Setting Forth the Mischiefs Attendant Upon That Traffic; together with Some Exhortations to Patience and Contentment under the Difficulties and Trials of Life*(London, 1818)。

第二章

1. 例如：请参照2008年4月份关于索马里海盗的一些新闻报道，包括："Piracy's new wave; Big ransoms, technology give plunder on high seas new allure," *Chronicle Herald*(Halifax);John Lillkung and Xan Rice, "Focus: Ocean terror: They opened fire with machine guns and rockets," *Observer*(London), 27 April 2008; and John J. Metzler, "Ahoy! Pirates in Somalia's troubled waters," *China Post*(Taiwan), 3 May 2008. 作为对比研究，请参照2008年5月27《纽约时报》关于走私者的故事。该故事刊登在报纸头版（那天刚放完假，没有什么重大新闻），其关注的不是走私活动，而是美国与墨西哥边境官员的腐败方式。因此，故事的重点不是走私者本身，而是那些容忍走私的官员，以及他们从中得到哪些回报。走私者和他们的客户一如既往地不为人所知。

2. 例如：我用非科学方法对国会图书馆的图书和文章数据库进行搜索，在返回的词条中，含"海盗"的词条数量为1214个，含"走私"的词条数量为271个。我还用文章数据库FirstSearch搜索"走私"和"海盗行为"两个关键词，分别显示503个词条和1129个词条。虽然这些词条只是一些趣闻轶事，但它们提供了可量化的例证，证明学者们对这些重要课题的相对关注。

3. 关于海盗的文献数量相当大，我不打算在这里讨论其中的绝大多数文献。至于海盗祸害民众以及受害者识别海盗的一些例子，请参照Alexander Exquemelin, *Buccaneers of America*, trans. Alexis Brown(Mineola, NY, 2000), pp.92–97; Virginia West Lunsford, *Piracy and Privateering in the*

Golden Age Netherlands (New York, 2005), p.155ff; and Carl Trocki, *Prince of Pirates: The Temmengongs and the the Dvelopment of Johor and Singapore, 1784–1885* (Singapore, 1979), p. 67ff。

4. 在定义"走私活动"时，约翰·韦斯利称，走私者分为许多类型，尤其包括"所有那些销售未完税商品的人"。即便如此，他把"那些买茶、酒、亚麻布、手帕或任何未完税商品的人"也列入"走私者行列"中。John Wesley, *A Word to a Smuggler* (London, 1793), p.1。

5. Marcus Rediker, *Between the Devil and the Deep Blue Sea: Merchant Seamen, Pirates, and the Anglo-American Maritime World* (Cambridge, 1987), p.261；另可参照Lunsford, *Piracy and Privateering*, p.105。还可以参照J.S.Bromley, "Outlaws at Sea, 1660–1720:Liberty, Equality and Fraternity among the Caribbean Freebooters," in *Bndits at Sea*, ed. C.R.Pennell (New York, 2001), esp. pp.170–71, and Kenneth J.Kinkor, "Black Men under the Black Flag," in ibid., esp.pp.195–202. 关于海盗的另一种观点，请参照Robert J. Antony, *Like Froth Floating on the Sea: The World of Pirates and Seafarers in Late Imperial South China* (Berkeley, 2003年), esp. pp.16–17 and 82–104。

6. Wesley, *A Word to a Smuggler*, p.1。

7. 请参照Marcus Rediker, *Villains of All Nations*。还可参照Carl Trocki, *Prince of Pirates*。

8. 在Trocki, *Prince of Pirates*, esp. pp.62–67中，我们可以看到一个值得注意的特殊例子。现代海盗有时会讨论说，他们以逃离社会经济秩序作为自身行动的理由；有些海盗还认为，其犯罪行为能够促进消费。因此，海盗希望逃离他们的社会经济困境，但最终由于消费增加，他们参与社会经济的程度更高，这就有点自相矛盾了。因此，海盗行为不是一种乌托邦式的逃避，而是一种向上流动和进步的手段。例如，请参照"Piracy's new wave," *Chronicle Herald* (Halifax), 24 April 2008。

9. George Lipscomb, *A Journey into Cornwall*（Warwick, 1799）, p.227。

10. 例如，请参照Anne Perotin–Dumon, “The Pirate and the Emperor: Power and the Law on the Seas, 1450–1850,” in Bandits at Sea: A Pirate Reader, ed. C.R.Pennel （New York, 2000）, pp.25–54。这个故事在ouglas R. Egerton et al., *The Atlantic World: A History, 1400–1888*（Wheeling, IL, 2007）, esp.pp.133–35中也有所讲述。

11. 海盗是在未经当局许可的公海强盗，而私掠船则获得了政府许可，能够随意攻击敌国船只。这两个群体之间的法律界线是明确的，但在和平时期，经常有人抱怨私掠船对非敌国船只采取行动，这当然使他们被归入海盗的行列。关于海盗和私掠船之间的区别，可以在David Cordingly, *Under the Black Flag: The Romance and the Reality of Life among the Pirates*（New York, 1995）, pp.xvii–xviii中找到。还可参照Lunsford, *Piracy and Privateering*, esp.pp.9–34，对私掠船在荷兰早期经济中发挥的作用所作的讨论。

12. 请参照Alexander Exquemelin, *Buccaneers of America*, pp.56–57，它们讲述了早期西班牙宝藏舰队遇袭事件。该书还有其它许多关于海盗袭击西班牙定居点及其在美洲居民的例证（e.g., pp.135–142）。在Nigel Cawthorne. *A History of Pirates: Blood and Thunder on the High Seas* （London, 2003）, 有对这种行为的更多历史记载。还可参照Anne Perotin–Dumon, “The Pirate and the Emperor,” in *Bandits at Sea*。在J.H.Elliott, *Empires of the Atlantic World* （New Haven, 2006）, p.224, 也提及过这件事。

13. 对于“海盗活动”一词定义的探讨，请参照Derek Johnson, Erika Pladdet, and Mark Valencia, “Introduction: Research on Southeast Asian Piracy” in *Piracy in Southeast Asia: Status, Issues, and Responses*, ed. Derek Johnson and Mark Valencia （Singapore, 2005）, esp.p.xi。还可参照Anne Perotin–Dumon, “The Pirate and the

Emperor," in *Bandits at Sea*, pp.29–55。

14. 这一过程在Robert J. Antony, *Like Froth Floating on the Sea*, pp.122–23中进行了详细探讨。虽然他考虑了南中国海的情况，但同样的过程也发生在世界其他地方。关于盎格鲁-加勒比地区殖民地建立过程与海盗之间的关系，请参照Marcus Rediker, *Between the Devil and the Deep Blue Sea*, esp.pp.56－61。

15. John Robert McNeill, *Atlantic Empires of France and Spain: Louisbourg and Havana, 1770–1763*（Chapel Hill, 1985）, p.6对西班牙舰队进行了简单探讨。另请参照Archibald Campbell to William Pitt, 18 October 1790, TNA: PRO, FO95/7/4, ff.481–485, 以当代眼光从全球角度对西班牙舰队进行深入讨论。

16. 请参照Nigel Cawthorne. *A History of Pirates: Blood and Thunder on the High Seas*（London, 2003）, esp.pp.51–76, 就这一段与海盗相关的历史进行广泛讨论。

17. 请参照Egerton et al., *Atlantic World*, p.135; Cawthorne, *A History of Pirates*, pp.77–106; and David J.Starkey, "Pirates and Markets," in *Bandits at Sea*, p.115。

18. 实际上，欧洲人之所以承认海盗的地位，仅仅是因为他们向欧洲的国库提供了现金，这其实就相当于贿赂。现金是否通过直接袭击其它国家得来的，这对欧洲国家来说并不重要。请参照Anne Perotin–Dumon, "The Pirate and the Emperor: Power and the Law on the Seas, 1450–1850," in *Bandits at Sea*, pp.29－55; 另请参照John L.Anderson, "Piracy and World History: An Economic Perspective on Maritime Predation," in *Bandits at Sea*, pp.82–106, and Egerton et al., *The Atlantic World*, p.134。

19. 请参照Richard S. Dunn, *Sugar and Slaves: The Rise of the Planter Class in the English West Indies, 1624–1713*（Chapel Hill, 1972）, esp.pp.3－22。还可参照Rediker, *Between the Devil and the Deep*

Blue Sea, p.58。

20. 这种说法有点言不由衷，因为绝大多数欧洲国家对《托尔德西里亚斯条约》及条约在西班牙和葡萄牙之间划分新领土的做法很不满意，因为它们都想在那里建立自己的殖民地。请参照Richard S. Dunn, *Sugar and Slaves*, pp.3–18，以及Arthur Percival Newton, *The European Nations in the West Indies, 1492–1688*（London, 1933），对欧洲国家在加勒比地区的竞争进行广泛探讨。

21. 请参照Anne Perotin–Dumon, "The Pirate and the Emperor," pp.34 - 35, 37, 41 - 44。

22. 当然，还要记住一点：对那些从矿石中提取黄金的美洲印第安人来说，西班牙的政策并不完全是仁慈的。事实上，有些人甚至可能认为，西班牙对美洲原住民的政策其实使海盗更容易攫取美洲的领土，因为美洲印第安人不太欢迎西班牙人建定居点和开采黄金，这一点可参照Elliott, *Empires of the Atlantic World*, p.224。

23. 事实上，学者们已经注意到这一点，并将这些主题摆在读者面前。关于海盗活动的文献，雷迪克的著作有着很好的阐述，请参阅Rediker, "The Seaman as Pirate," in *Bandits at Sea*, pp.140–48, and Bromley, "Outlaws at Sea," in *Bandits at Sea*, esp.pp.175–82。

24. 请参照Peter Earle, *The Pirate Wars*（London, 2003），esp. pp.89–108 and 159–80。

25. Lauren Benton, "Legal spaces of empire: Piracy and the origins of ocean regionalism," *Comparative Studies in Society and History* 47（2005）:700–24曾对法律与海盗之间的相互影响提出过非常细微和复杂的观点，而这里也许过度简化了该观点。

26. 例如，请参照Hans Turley, *Rum, Sodomy, and the Lash: Piracy, Sexuality, and Masculine Identity*（New York, 1999），pp.1–27。该书对18世纪海盗船的生活进行了简单探讨。还可参照Rediker, "The Seaman as Pirate," and B.R.Burg, "The Buccaneer Community," in *Bandits at*

Sea, pp.211–43。

27. 关于独立生活，请参照Alan L. Karras, *Sojourners in the Sun*（Ithaca, 2002）, pp.211–15。还可参照Bromley, "Bandits at Sea," esp. pp.176–84。很明显，尽管许多海盗已经大大改善了自己的经济状况，但却没有实现独立生活的目标。在"The Seaman as Pirate"中，马库斯·雷迪克把战利品的分配称为"18世纪全世界最平等的资源处置计划之一"（p.144）。当然，这种平等分配无法确保海盗能过上舒适的退休生活，靠不动产产生收入。对于南中国海存在的这些问题，安乐博在*Froth Floating on the Sea*, pp.122–38中进行了深入探讨。最后，关于现代海盗活动（以及其它海上犯罪活动）的一个广泛讨论，可以参考William Langewiesche, *The Outlaw Sea: Chaos and Crime on the World's Oceans*（New York, 2004）。

28. 这些权力和特权包括海盗的法律地位。请参照Benton, "Legal Spaces of Empire," esp.pp.704-10。

29. 同样参照Benton, "Legal Spaces of Empire"。

30. 请参照Anne Perotin–Dumon, "The Pirate and the Emperor," pp.45-48。

31. "Examination of William Blackstock, before the Honorable Gilbert Fleming, Esq., Lieut. General and Commander in Chief of all His Majesty's Leeward Charibbee Islands in America," TNA: PRO, CO152/45, ff.136-138。

32. 这艘船后来估值15万英镑，据说来自墨西哥，当时正在前往西班牙的途中。请参照"Proclamation by Gilbert Fleming, 8 December 1750," TNA: PRO, CO152/45, f.165。

33. Ibid.

34. 布莱克斯托克指的当然是北卡罗莱纳州的新伯尔尼，距离奥克拉科克大约40里格。

35. 关于罗得岛与海盗联合起来打击西班牙人的史实，可以参考Elliott, *Empires of the Atlantic World*, p. 224.。即便如此，英国殖民地事务部提供的罗得岛文件中，包含了许多关于罗德岛走私活动的例证；罗德岛被视为走私贸易的温床之一，只不过我们尚未找到统计数据来证明这一说法。罗德岛历史学家将“解放”事件（即1769年海关人员遭到袭击，船只被毁）与美国独立战争联系在一起。请参照John Russell Bartlett, ed., *Records of the Colony of Rhode Island*（Providence, 1861）, v.6, p.593，以及Sidney James, *Colonial Rhode Island: A History*（New York, 1975）, p.319。关于罗德岛参与走私贸易的更多报告，请参照约瑟夫·万顿（Joseph Wanton）对波士顿海关官员的答复，1769年7月［无具体日期］, TNA: PRO, CO5/122, pp.209–10，以及“Copy of a Letter from the Collector and Comptroller to the Commissioners of the Customs at Boston, 27 July 1769,” TNA: PRO, CO5/1282, p.173页。在文件TNA: PRO, CO5/1282中，还对该事件作了进一步的讨论。

36. “Examination of William Blackstock, before the Honorable Gilbert Fleming, Esq., Lieut. General and Commander in Chief of all His Majesty's Leeward Charibbee Islands in America,” TNA: PRO, CO152/45, ff.136。

37. Ibid.这就是船只估值15万英镑的缘由。船员发现船上有150袋硬币，那几乎可以肯定的是，卸下这些硬币的西班牙帆船是宝藏舰队的一部分。事实上，欧文·劳埃德很可能知道这艘船上装的是什么货物，并想防止这笔钱被上交到北卡罗莱纳总督手里。当然，这也合理地解释了他为什么从一开始就策划了窃取船只的计划。

38. “Examination of William Blackstock, before the Honorable Gilbert Fleming, Esq., Lieut. General and Commander in Chief of all His Majesty's Leeward Charibbee Islands in America,” TNA: PRO, CO152/45, ff.136。胭脂红是一种产自昆虫的红色染料；它是西班牙殖民时期中美洲的主要出口商品之一。

39. Ibid.

40. Admiral Rodney to Philip Stephens, 6 March 1781, TNA: PRO,

ADM1/314, p.46。

41. 一般而言，那些通风报信、使嫌疑犯定罪和货物得以出售的人将在货物拍卖之后得到1/3的钱。布莱克斯托克和他朋友的想法是把他们协助窃取的货物分出1/3，然后把它的位置告知当地官员，却不透露他们是如何知道这事的。他们肯定在想：政府给他们支付了告密者费后，他们早期犯下的罪行就会被赦免，无论结果怎样，他们都可以全身而退。

42. "Examination of William Blackstock, before the Honorable Gilbert Fleming, Esq., Lieut. General and Commander in Chief of all His Majesty's Leeward Charibbee Islands in America," TNA: PRO, CO152/45, ff.136。

43. Ibid.众所周知，暴力是海盗的特点，也是海盗被判处死刑的主要原因之一。请参照Rediker, "The Seaman as Pirate," p.154, and *Between the Devil and the Deep Blue Sea*, pp.24–27。

44. "Proclamation," by Gilbert Fleming, 24 November 1750, TNA: PRO, CO152/45, f.165。

45. "Proclamation," by Gilbert Fleming, 24 November 1750, TNA: PRO, CO152/45, f.167。伦敦海事委员会让人们了解到这一案件以及当时正在进行的外交抗议。请参照Gilbert Fleming to the Earl of Sandwich, 13 December 1750, TNA: PRO, ADM1/3818, p.78。

46. 请参照Gilbert Fleming to the Lords of Trade, 22 December 1750, TNA: PRO, CO152/41。弗莱明担心的是，民众既是抢劫海盗的同谋，也是海盗的从犯，所以应判处死刑。

47. 请参照"Memorial of Hay and Kingsley, Merchants in St. John's, Antigua," [n.d.], 1771, TNA: PRO, CO5/119/2, f.230。

48. 关于丹麦商业和自由港口政策的简单探讨，请参照Neville A.T.Hall, *Slave Society in the Danish West Indies: St. Thomas, St.John, St.Croix*, ed. B.W. Higman (Baltimore, 1992), pp. 21–22。还可参照Frances Armytage, in *The Free Port System in British West Indies.*

A Study in Commercial Policy, 1766–1822（London, 1953）。他也多次引用圣托马斯和丹麦针对自由贸易的立场。

49. “蟹岛”是英国给别克斯岛（Vieques）起的名字，该岛距离波多黎各东海岸只有八英里。海伊与金斯利公司声称它“尽管无人居住，但普遍被视为属于英国领地”。当然了，蟹岛当时仍无人居住，西班牙人直到19世纪才开始在岛上定居。

50. 请参照“Memorial of Hay and Kingsley, Merchants in St. John's, Antigua,” [n.d.], 1771, TNA: PRO, CO5/119/2, f.230。

51. Ibid.

52. Ibid.文中所提到的未载于船上的货物指的是欧洲商品。没有提到本可以成为走私物品的“木杆”。

53. 下一章将更详细地讨论这点。

54. “Report from Foreman of Grand Jury, 7 April 1809, in Correspondence of Recorder of Prince of Wales with President of India Board,”, 1807–12, IOR, G/34/197, ff.137–38, BL。

55. Ibid.

56. Ibid. 海盗问题和对于海盗的指控有增无减。尽管英国和其它欧洲国家政府试图扩大它们的区域势力并加强国家实力，但它们也认识到，它们必须与当地统治者打交道，而其中许多统治者从当地的海盗活动中获利。例如，请参照*An Exposition of the Political and Commercial Relations of the Government of Prince of Walws Island with the States on the East Coast of Sumatra from Diamond Point to Siack*（Prince of Wales Island, 1824）, esp.pp.4–5。

57. Ibid. 卡尔·特洛基在其著作《海盗王子》中提出，这种担忧是在20世纪20年代新加坡形成后产生的。如他所说，“随着新加坡的形成，马来半岛的欧洲人对群岛周围的海盗活动深表关切”（p.76）。但从这些记录中可以清楚地看出，这种担忧早在新加坡形成之前就有了；该地区的欧洲人一直想摆脱海盗的骚扰。关于近代对该地区海盗袭击的讨论，请参阅Owen

Rutter, *The Pirate Wind: Tales of the Sea Robbers of Malaya*（London, 1930）, republished by Oxford University Press in 1986。还可参照Eric Tagliacozzo, *Secret Trades, Porous Borders: Smuggling and States along a Southeast Asian Frontier, 1865–1915*（New Haven, 2005）。

58. 关于通过威尔士亲王岛进行走私活动的例子，请参照第3章。

59. Commodore of the H.C. Yacht Nereide to G.W.Salmond, Esq.［Acting Secretary of Government］, 18 April 1829, IOR G/34/145, BL。

60. Ibid.

61. Ibid.这种说法有可能成立，因为英国东印度公司含糊其辞地提到被劫船上的一些货物。前面已经明确列举出其它货物，而后面又说了一句"和其它货物"，这话似乎非常可疑，似乎写信者只想列出合法性不容质疑的货物。

62. Ibid.关于马来半岛海盗的英文历史著作并不多，比如Samuel Dickinson, *The Pirates Own Book, Or Authentic Narratives of the Lives, Exploits, and Executives of the most Celebrated Sea Robbers*（Portland, 1837）, esp.204–220，这部分内容探讨了上述时期马来半岛海盗袭击商船的故事。

63. 例如：关于非法复制视频和软件的讨论，可以参照"Soul waging war against illegal copying，"*Korea Times*, 6 April 1999, and Natalie Alcoba，"Counterfeit DVD lab busted: Four arrested: 20000 pirated movies seized from two stores，"*National Post*（Canada）, 29 August 2006. 这只不过是两个小例子。欲了解仿冒奢侈品的制造和销售情况，可参照Carolyn Batt，"Bargain hunters sustain shady counterfeit world，"*West Australian*（Perth）, 16 June 2007, and "South China police seize 2.6m–dollar worth of counterfeit products，" Xinhua news agency（Beijing）, in English, 25 August 2007.。此外，还可以参照经济合作与发展组织的报告*The Economic Impact of Counterfeiting and Piracy*（2008），网址为www.oecd.org/sti/counterfeiting（于2008年11月27日

查阅）。

64. John Lillkung and Xan Rice, “Focus: Ocean Terror: They opened fire with machine guns and rockets, ” *Observer*（London）, 27 April 2008。

65. 请参照 Xan Rice, “Focus: Ocean Terror, ” *Observer*（London）, 27 April 2008。

66. “Somali pirates seize French yacht, ” BBC News online, 4 April 2008, 网址: http://news.bbc.co.uk/1/hi/world/africa/7331290.stm（2009年6月8日访问）。

67. Associated Press, Somalia, “Hostages on French ship freed, and six pirates and loot are seized, ” *New York Times*, 12 April 2008。

68. 请参照John Tagliabue, “Suspected pirates arrive in Paris, ” New York Times, April 17 2008。

69. Ibid.

70. Ibid.

71. Ibid.

72. 请参照John S. Burnett, “Captain Kidd, human rights victim, ” *New York Times*, 20 April 2008。

73. 请参照“Report: Arrested ‘Pirates of Ponant’ related to Somali president, ” Deutsche Press-Agentur （German Press Agency）, 5 May 2008。其中最著名的是亨利·摩根（Henry Morgan）, 他于1675年成为牙买加副总督以及附属海军法院法官。1682年, 作为总督的摩根被撤职; 请参照 Oxford Dictionary of National Biography （Oxford, 2004）, v.39, pp.121-28。

74. “Pirates take crew of Spanish fishing boat to shore: Report, ” Agence France-Presse, 22 April 2008。

75. Elizabeth A. Kennedy, Associated Press, “Two wives, a home, $90000; they’re the perks of being a pirate off Somalia, ” *Hamilton*

Spectator, 24 April 2008。

76. 并非所有走私者都是如此，因为许多毒品走私者，尤其那些与大毒枭有关联的毒品贩子在走投无路时才会诉诸暴力。也许可以换种好听的说法：只有当走私者想不到其它出路、而他们看到的替代方案不可接受时，暴力事件才会发生。

77. Kennedy, Associated Press, "Two wives, a home, $90000, " 24 April 2008。

78. "Piracy' s new wave; Big ransoms, technology give plunder on high seas new allure, " *Chronicle Herald* (Halifax, Canada), 24 April 2008。

79. 牙买加的皇家港口是一个可以看到海盗疯狂消费的地方。请参照Dunn, *Sugar and Slaves*, pp.155–58, 177-86。关于海盗生活的第一手资料，请参照Alexander Exquemelin, *Buccaneers of America*（Mineola, NY, 2000）。另可参照C.H.Haring, *The Buccaneers in the West Indies in the XVII Century* （London, 1910）。

80. 请参照Rediker, *Villains of All Nations*, pp.70–76, 99; 也可参照Antony, *Like Froth Floating on the Sea*, p.132ff。

81. "Piracy' s new wave, " *Chronicle Herald*, 24 April 2008。

82. 一般而言，赎金由实施攻击的人以及那些为海盗提供资金的人瓜分，后者通常居住在相对接近索马里的地方，比如肯尼亚和阿联酋。据说，海盗每打劫一次，幕后主谋都要净赚几百万美元，这使得现代海盗活动比表面上看起来更加不平等，而且更类似于大企业。请参照 John Lillkung and Xan Rice, "Focus: Ocean Terror, " *Observer*（London）, 27 April 2008。

83. John J. Metzler, "Ahoy! Pirates in Somalia' s troubled waters, " *China Post*（Taiwan）, 3 May 2008。

第三章

1. 关于奴隶生育能力和加勒比奴隶通常无法生育的历史讨论，请参照Kenneth Kiple, *The Caribbean Slave: A Biological History*（Cambridge, 1984）, esp.pp.104–19。还可参照Richard Sheridan, *Doctors and Slaves: A Medical and Demographic History of Slavery in the British West Indies, 1680–1843*（Cambridge, 1985）, esp.pp.222–48。

2. R·T·法夸尔的小传请参照IOR, O/6/8, pp.597–601, BL。法夸尔于1794年以作家身份加入东印度公司，并于1795年9月成为圣乔治堡税务委员会（Board of Revenue in Fort St. George）会计助理。他的职业生涯一直持续到1801年，当时他想争夺德那第岛（Ternate Island）控制权，结果失败了，于是专门负责商业事务。1805年2月至9月，他短暂担任威尔士亲王岛政府首脑，后来回到了印度，并最终返回英国。1810年，他又再次回到印度。

3. R.T.Farquhar, "Observations on the Proposed Plan of Introducing Chinese Settlers at Trinidad and the Other West India Islands and Establishing a New Branch of Commerce, by Opening a Direct Intercourse between the East and West Indies," [n.d., 1805] Add. Mss. 13870, pp.89–104, BL。

4. Ibid., f.91。

5. 请参照*Ta Tsing Leu Lee*, Fifth Division, Book III, "Protection of the Frontier," pp.232–39。清政府认为，凡无通行文书私自离开边境者皆为逃兵，处罚非常严厉：一方面，单纯逃离边境的人会受到杖责；另一方面，那些"与边界以外的外国有联系"的人会在监禁后被勒死。纵容这种行为的官员同样会受罚，但在偷渡者被判死刑的案件中，官员只被罚流放。此外，任何向外国人提供信息的人，一经定罪即被斩首。很明显，清政府并不赞成其臣民与外国人往来。因此，那些敢冒险偷渡出中国的人显然是在违反法律，而那些接受贿赂帮助他们偷渡的人，或者对偷渡视而不见的人，也会使自己处于违法的风险之中。

6. 威尔士亲王岛的历史有点像加勒比群岛中的一些被反复易手的岛屿；它在荷兰人和英国人之间易手了好几次。Sir Home Popham, in *A Description of Prince of Wales Island*）（London, 1805年）中提到了中国人和马来人移民到该岛，并认为中国人可招入军队服役，请参照该书第28页-29页。司法机构很的建立过程很复杂，因为该岛不在印度，而是由东印度公司和英国王室治理。关于这方面内容，请参照TNA：PRO, TS11/369, folder 1159。

7. Farquhar, "Observations," f.90。

8. 现代经济学家普遍认为"充分就业"是指就业人口约占总人口的95%。显然，这一统计数据不会保存在1805年的一个偏远的贸易站，但居然有人提议说该数据在任何情况下都可以实现，这似乎有点可疑。

9. Farquhar, "Observations," f.91。

10. Farquhar, "Observations," p.91ff。

11. 有两本著作将走私描述为一系列互不关联的趣闻轶事，请参照Joseph Jefferson Farjeon, *The Compleat Smuggler: A Book about Smuggling in England, America and Elsewhere, Past and Present*（London, 1938）, and A. Hyatt Verril, *Smugglers and Smuggling*（New York, 1924）。

12. 经济学家曾尝试过估算非法贸易的范围和规模；从历史的角度来看，此举不如解释和阐述非法贸易行为那么重要。关于这一系列评估方法，请参照J.N. Bhagwati, ed., *Illegal Transactions in International Trade*（Amsterdam, 1974）。

13. 该话题在*Lauren A. Benton*, *Law and Colonial Cultures: Legal Regimes in World History, 1400–1900*（Cambridge, 2002）中多次提及，如pp.18–26中也有所讨论。

14. 请参照*Ta Tsing Leu Lee*, esp.p.238，讨论非法出口商品及对参与此类活动者的处罚问题；在pp.148–57中，探讨了对于走私活动的一般处理方式。此外，中国监管贸易和积累利润的其它方式也值得思考。请参照

pp.164－67。

15. 我一直相信《圣彼得堡时报》（*St.Petersburg Times*）对此事件的报道；其它报纸都报道了这一事件，主要以佛罗里达州的报纸为主。请参照Jo Becker, "Bush: Wife meant to hide shopping spree from me," *St. Petersburg Times*, 22 June 1999。还可参照Rick Bragg, "Governor explains wife's lie to Customs," *New York Times*, 22 June 1999, p.14; Judy Hill, "Well, at least she has the clothes," *Tampa Tribune*, 25 June 1999; Andrew Marshall, "Bush's wife is caught smuggling clothes," *Independent* （London）, 25 June 1999; and Charles Rabin, "Customs: First Lady declined a chance to amend declaration," *Miami Herald*, 20 June 1999, p.1B。

16. Becker, "Shopping spree"。

17. Ibid.

18. 《美国法典》第19章一般只在非常罕见的情况下才对违反海关法的人实施监禁。

19. Becker, "Shopping spree"

20. Ibid.

21. Jane Wolfe, in "The Hazards of trying to sneak it in," *New York Times*, 11 June 1999, sec.3, p.8全面讨论了这个问题，包括它在多大范围内上存在，以及海关对走私活动激增作何反应。Carl Hiaasen, in "First-class faux pas," *Miami Herald*, 27 June 1999, p.1B 也阐述了最基本的问题。他提出，"柯伦巴·布什冲关事件与侵犯隐私无关。一位前途无量的著名政治人物的妻子违反了一项法律，尽管她的手法很拙劣。

22. 请参照A. Balu, "Nothing to declare," *India Tribune*, 22 September 1999。

23. 请参照Benton, *Law and Colonial Cultures*, esp.ch.1。还可参照她在"Legal Spaces of Empire," esp.p.714ff中对印度法律边界与欧洲殖民者法律边界的探讨。

24. 人们普遍认为财富是用金钱或金银来衡量的，这一观点在Adam Smith, *The Wealth of Nations*, Oxford ed., Book IV, Chapter 1（Oxford, 1993） pp.276–78中有所讨论。显然，斯密对这种概念提出了质疑，并认为从长远来看，政府为了最大限度地获取金银而制定政策的做法是有害的。

25. 例如，关于西班牙以黄金作为殖民事业的核心目标，请参照J.M.Cohen, ed. and trans., *The Four Voyages of Christopher Columbus*（London, 1969）, esp.pp.56–57, 61–62, and 143, and Bernal Diaz, *The Conquest of New Spain*, ed. and trans. J.M. Cohen （London, 1963）, esp.pp.87–88。

26. 例如，请参照Henry Kamen, *Empire: How Spain Became a World Power* （New York, 2003）, p. 287ff。卡门指出，西班牙过度依赖信贷为其向美洲扩张提供资金。像其他人一样，他不相信西班牙提取的财宝足以资助帝国的增长。

27. 关于西班牙与白银的关系，以及白银在西班牙和欧洲经济中的作用，可以在几本书中找到。例如，请参照Dennis O.Flynn, *World Silver and Monetary History in the Sixteenth and Seventeenth Centuries*（Aldershot, 1996）, esp.ch.8。还可参照John R.Fisher, "Mining and Imperial Trade in Eighteenth-Century Spanish America," in *Global Connections and Monetary History, 1470–1800*, ed. Dennis O. Flynn, Arturu Giraldez, and Richard Von Glahn （Aldershot, 2003）, pp.123–32。

28. 例如，请参照Flynn, *World Silver and Monetary History*, esp. ch.8。还可参照Garcia-Barquero Gonzalez, "American Gold and Silver in the Eighteenth Century: From Fascination to Accounting," in Flynn et al., *Global Connections*, pp. 107–21。

29. 请参照Kamen, *Empire*, esp.pp.285–329。还可参照Fisher, "Mining and Imperial Trade," and Gonzalez, "American Gold and Silver"。

30. 请参照John Robert McNeill, *Atlantic Empire of France and Spain: Louisbourg and Havana, 1700–1763* （Chapel Hill, 1985）, p.50。关于西班牙贸易政策演变的简要讨论，请参照Carla Rahn Phillips, “Trade in the Iberian Empires,” in *The Rise of Merchant Empires: Long Distance Trade in the Modern World: 1350–1750*, ed. James Tracy （Cambridge, 1990）, p.76ff。西班牙限制性贸易政策的废除在James Lockhart and Stuart Schwartz, *Early Latin America*（Cambridge, 1984） pp.362－63中有所探讨。另请参照Kamen, *Empire*, p.437中对早期规避限制性贸易法律行为的描述。关于18世纪西班牙跨大西洋经济的简短概述，可参照David Ringrosed, *Spain, Europe, and the Spanish Miracle, 1700–1900*（Cambridge, 1996）, pp.83－105。

31. 请参照Ralph Davis, *The Rise of the Atlantic Economies* （Ithaca, 1973）, pp.176–93, and Niels Steensgaard, “The Growth and Composition of the Long–Distance Trade of England and the Dutch Republic before 1750,” in Tracy, *Rise of Merchant Empires*, pp.102–52。讨论荷兰在加勒比地区贸易中的崛起过程，还可参照Jonathan Israel, *Dutch Primacy in World Trade*, 1585–1740（Oxford, 1989）, esp.pp.237–44 and 313–26。关于贫穷的西班牙水手从事违禁品贸易，请参照Pablo E. Perez–Mallaina, *Spain's Men of the Sea: Daily Life on the Indies Fleets in the Sixteenth Century*, trans. Carla Rahn Phillips（Baltimore, 1998）, pp.105–7。

32. Smith, The *Wealth of Nations*, Book IV, ch.8 （Oxford edition, p.358）。

33. 亨利·卡门（Henry Kamen）在《帝国》（*Empire*）一书中哀叹道，西班牙人无法养活自己的奴隶，而是要求他们找外国人赎身，而外国人购买奴隶的渠道只有两种，要么通过官方许可，要么通过或奴隶贩子，具体请参照pp.430－31。

34. 请参照John Orde to Dundas, 13 June 1792, TNA:PRO, CO

71/23。

35. 马克斯·韦伯详细讲述了政府官员的问题，即官员的收入来自纳税人缴纳的税费和其它费用。事实上，他认为政府应该给官员发薪水，并使他们高度职业化，以避免这些问题的发生。虽然他是在20世纪描述了一个缺乏效率、无法正常运作的官僚机构，但他所看到的制度问题绝对适用于18世纪和19世纪的官僚机构。具体内容请参照Max Weber, "Bureaucracy," in Max Weber: *Essays in Sociology*, ed. Hans Gerth and C. Wright Mills（Oxford, 1946）, esp.pp.204–9。

36. 关于违禁品贸易的重要性和腐败在促进违禁品贸易方面所扮演的角色，请参照J.R.McNeil, *Atlantic Empires of France and Spain*, pp.196–200。还可参照William S. McClellan, *Smuggling in the American Colonies at the Outbreak of the Revolution*（New York, 1912）。

37. Smith, *The Wealth of Nations*, Book I, ch.11 （Oxford edition, p.157–58）。

38. Smith, *The Wealth of Nations*, Book IV, ch.8 （Oxford edition, p.376–77）。斯密所说的"生产活动"是指商品的制造商使其货物或产品进入一个受保护的市场，消费者要以较高的价格购买这些产品。

39. 请参照Adam Smith, *The Wealth of Nations*, Book IV, ch.2。本章中，史密斯对欧洲商业体系出现的问题提出了广泛的批评。

40. Adam Smith, *The Wealth of Nations*, Book IV, ch.8 （Oxford edition, p.378）。

41. 请参照Adam Smith, *The Wealth of Nations*, Book I, ch.11（Oxford edition, p.157）。斯密从不同情商人，而称他们为"非生产阶级"，靠"地主和农民"为生（Book IV, ch.9, p.385）。商人和国家之间的联盟也在Linda Colley, *Britons: Forging the Nation*, *1707–1837*（New Haven, 1992）, pp.61–71中有所提及。

42. Book V of *The Wealth of Nations*（Oxford edition, pp.393–444）中有所讨论。

43. 亚当·斯密著作中关于奢侈品的理念在M·J·D·Roberts, “The concept of luxury in British political economy: Adam Smith to Alfred Marshall, ” in *History of the Human Science* 11:1(1998):23–47中有着简短讨论。类似的简短讨论还可参照Istvan Hont and Michael Ignatieff, “Needs and Justice in the *Wealth of Nations*: An Introductory Essay, ” in *Wealth and Virtue: The Shaping of Political Economy in the Scottish Enlightenment*, ed. Istvan Hont and Michael Ignatieff （Cambridge, 1983）, pp.8–9。还可参照Smith, *Theory of Moral Sentiment*, ed. D.D.Raphael and A.L, Macfie （Oxford, 1976）, Book IV, ch.1.6–1.10, pp.180–184。

44. 关于欧洲糖消费量日益增长的总体概况，可参照Sidney Mintz, *Sweetness and Power*（New York, 1985年）, pp.121–50 and p.180ff。明茨称这是“强化”和“扩张”的过程，即糖在欧洲所有社会阶层和经济阶层民众的食谱中发挥着日益重要的作用。

45. 关于同情的探讨，请参照Smith, *Theory of Moral Sentiment`*, Book I, ch.1.1.4–5, p.10。斯密对于美德的观点，还可参照Book VI。

46. 请参照Book VII of *Theory of Moral Sentiments*, 斯咪讨论了法律、美德和同情之间的各种联系

47. 与自由劳动力相比，奴隶显得成本过高。请参照亚当·斯密《国富论》（牛津版，第81页、238页和349页）。

48. Smith, *The Wealth of Nations* （Oxford edition, p.348ff.）。请注意，斯密从来没有说过这点，但作者从《国富论》的这部分内容以及斯密对重商主义的反复抨击中得出了这个结论。

49. John Locke, *Two Treaties on Government*（London, 1824）, Book II, sections 221–222。

50. 早在17世纪，也就是在洛克之前，托马斯·霍布斯（Thomas Hobbs）就谈到了税收问题。他主张征收消费税，而不是收入税，而如果穷人的消费低于有钱人的话，就会产生某种累进税制。即使如此，它并不

是我们今天所说的那种累进税制，而更像一种增值税。关于霍布斯税收理论的精彩讨论，请参照Dudley Jackson, "Thomas Hobbes' theory of taxation," *Political Studies* 21:2 (June 1973): 175–82。关于洛克对税收的观点，请参照Martin Hughes, "Locke on taxation and suffrage," *History of Political Thought* 11(1990): 691–702。第二篇文章是对艾伦·梅金斯·伍德第一篇批评文章的回应，"Locke against democracy," in *History of Political Thought* 12(1992):657–89。

51. Smith, *The Wealth of Nations*, Book V, ch.11 (Oxford edition, p.451)

52. 请参照Karl Max, "The German Ideology," in *The Max-Engles Reader*, 2nd ed., ed. Robert Tucker (New York, 1978), p.184ff。

53. 请参照Max, "The Communist Manifesto," in *The Max-Engles Reader*, 2nd ed., p.475。

54. Friedrich Engels, 1791 postcript to Max, "The Civil War in France," in *The Max-Engles Reader*, 2nd ed., p.628。

55. 马克思指出了腐败的诱惑和它所暴露出来的存在弱点的制度，具体例子请参照"Corruption at Elections," *New York Daily Tribune*, 4 September 1852。在*People's Paper* of 16 October 1852 也有所提及。

56. 请参照John Stuart Mill, *Utilitarianism* (New edition, 1887), ch.2, pp.14–15。

57. 请参照Mill, *Utilitarianism*, pp.134–39。

58. Jeremy Bentham, "An Introduction to the Principles of Morals and Legislation," in *The Works of Jeremy Bentham* (New York, 1962), ch.3, p.14（斜体为我故意强调的）。

59. 关于圆形监狱，可参照Jeremy Bentham, *The Panopticon Writings*, ed.Miran Bozovic (London, 1995), pp.29–95。关于幸福微积分的描述，可参照*Principles of Morals and Legislation*, ch.4。

60. Jennifer Pitts, *A Turn to Empire: The Rise of Imperial*

Liberalism in Bentham and France（Princeton, 2005）, esp.pp.107–21对杰里米·边沁的帝国理念有着极为精彩的论述，包括了其对帝国行政和税收的看法。这些观点普遍不是很积极，但与他的职业生涯的观点是矛盾的。请参照该书第107页-121页。她还注意到边沁和穆勒父子在这方面的区别，边沁主要批判的是英帝国统治，而税收是这种统治的重要组成部分。

61. 关于政府合法性问题的精彩讨论，可参照David O.Friedrichs, "The legitimacy crisis in the United States: A conceptual analysis," *Social Problems*, vol.27, no.5 （Jun., 1980）:540–55。还可参照Hebermas, *Legitimation Crisis*, trans. Thomas McCarthy （Boston, 1975）, pp.98–100。

62. Ibid. 论及政府不应该做哪些事情，美国独立战争就是一个很好的例子。1763年后，债务缠身的英国政府开始通过旨在增加收入的法律，同时还实施了一系列已成文的法律，这使得本已猖獗的走私活动变得更难以控制。抗议实施法律的人并没有反对政府阻止走私活动，而是批评国家没有代表人民的意愿，对人民的需求没有做出反应。英国政府采取的强硬措施造成了合法性危机。它未能与人民进行谈判，从而使自身陷入了更糟糕的局面。请参照McClellan, *Smuggling in the American Colonies*, and John W. Tyler, *Smugglers and Patriot*（Boston, 1986）。

63. 随着欧洲贸易商越来越多地与中国开展贸易，这将变得越来越重要。他们知道自己容忍了一定数量的非法活动，事实证明这是很有帮助的，并且给了欧洲贸易商从事非法活动的借口。请参照*Ta Tsing Leu Lee*, pp.543-44。此处翻译了前面提到的一些关于与外国人打交道的条例。根据这些条例，凡在别处与外国人通商者、或不制止此类行为的官员、或"串通外国人或纵容"此类行为的官员，都要受到惩处。"意图"是一个重要的判断依据，因为纯粹玩忽职守的官员只是被降级，而那些积极参与者将被处决。玩忽职守的官员可以通过"捉拿罪犯，并使其受到严惩"来实现自我救赎（P. 544）。

64. 事实上，这是一个非常重要的问题；清政府认为，那些离开其领土的人背叛了清朝的政治体制。请参照*Ta Tsing Leu Lee*, p.232ff。如果那些对非法移民问题视而不见的政府官员意识到这种状况以及法夸尔的移民计划，清政府可能会对臣民的偷渡行为采取更加严格的措施，比如关闭边界，因为法律本身是禁止偷渡的。当然，正如Bradley W. Reed, *Talons and Teeth: Country Clerks and Runners in the Qing Dynasty*（Stanford, 2000）中提醒我们的那样，清政府的地方官往往很容易贪污腐败，或者默许当地居民的走私行为（esp.pp.200－266）。

65. 关于法夸尔小传的讨论，请参照本章备注2。在派回印度之前，他只在威尔士亲王岛工作过很短的时间。因此，法夸尔当时显然不被视为合适的领导人。同样明显的是，他那份怂恿中国人继续偷渡出境的计划没有得到英国主子的青睐，他们当时并不想得罪清政府。

66. 东印度公司的很多船只在广州做生意，而清政府想对广州的对外贸易加以管控。至于管控方式，请参照*Ta Tsing Leu Lee*, p.515ff。与此相关的一般性法律，请参照*Ta Tsing Leu Lee*, p.145ff。

第四章

1. 绝大多数涉及走私的文学作品只是简短地探讨了这一话题，局限于某一特定时间和某一特定地点。即使如此，没有任何一部著作声称其采集的数据是客观或详尽无遗的。一部有趣的著作记录了孟买港的走私活动，尤其是在第二次世界大战结束后的几年里。请参照Sripad Gopte, *Thrilling Seizures: Memoirs of a Customs Officer*（Mumbai, 1998）。它提供了一个有趣的故事，让我们知道海关收税员是如何工作的，以及他们缴获了哪些走私货物。最后，关于走私活动的综合性报告，请参照*The Parliamentary Register: House of Lords*, vol.xiv（London, 1784）, p.154ff。

2. 关于科伦巴·布什的讨论，请参阅第3章；该章的材料也来自Alan L.Karras, "Smuggling and Its Malcontents," in *Interactions: Transregional Perspectives in World History*, ed. Jerry H. Bentley, Renate Bridenthal, and Anand A. Yang （Honololulu, 2005）, pp.135–

49。关于英格兰南部沿海走私活动的讨论，请参照其它著作，例如Mary Waugh, *Smuggling in Kent and Sussex, 1700–1840* （Newbary, 1985）。还有许多其它类似的作品可参阅。

3. 关于法国产品被假装成英国产品出售的简短讨论，请参照*The Free Port System in the British West Indies. A Study in Commercial Policy, 1766–1822* （London 1953）, pp.46–47。关于近期烟草走私在有组织犯罪中的作用，请参照Dale Coker, "Smoking may not only be hazardous to your health, but also to world political stability: The European Union' s fight against cigarette smuggling rings that benefit terrorism, " *European Journal of Crime, Criminal Law and Criminal Justice* 11, no.4 （2003）:350–76。关于英国东印度公司采取了那些措施以防止走私盐进口到它的殖民地，请参照Roy Moxham, *The Great Hedge of India*（London, 2001）。

4. 虽然我无意向读者介绍有关非法毒品贸易的大量文献，但以下文章可能会引起读者的一些兴趣："US–Jamaica relations tense. Some offended by efforts to crack down on drug trafficking, " *The Dallas Morning News*, 16 March 1997; "Navy island base is also drug smugglers' port of call, " *Washington Post*, 1 November 1995; "Crazy medicine' flow out of Burma–U.S. trains Thai unit on block methaphetamine traffic, " *Washington post*, 17 July 2001。

5. 关于大麻市场和大麻合法化的讨论，请参照"High times over for marijuana: Globalization plus U.S. efforts shrinking crop, " *Sun–Sentinel* （Florida）, 1 March 2001, "2660 pounds of marijuana seized after high seas chase, " *Virginian–Pilot* （Norfolk）, 27 May 1999

6. 事实上，这让人想起像约翰·斯图尔特·米尔（John Stuart Mill）这样的功利主义者所提出的论点。有人认为他们以自己的方式追求自己的利益，但政府的行动使他们无法继续这样做。

7. 只要搜索Lexis–Nexis数据库，就能找到成千上万关于该话题的文章，包括“More young, socially vulnerable Lithuanian girls become victims of human smuggling: Experts,” *Baltic News Service*, 19 March 2008, or Jorge Barrera, “Human smuggling has self-appointed protectors ready to shut down border,” *Toronto Sun*, 5 April 2007。

8. 侨民可以用合法的方式汇款，也可以通过跨境走私货币而不申报。走私货币不一定会剥夺国家的财富，但有可能会让一个国家不知情或未同意的情况下资助了自己的敌人。例如，请参照“UN warns Bangladesh of terror financing through remittances,” *BBC Monitoring South Asia*, 6 June 2007, and Jerry Seper, “Fed-Mexico plan eases bank transfers: Critics say aliens could abuse it,” *Washington Times*, 6 December 2006, p.A1。

9. 关于偷渡的奴隶，请参照Alan L. Karras, “Caribbean contraband, slave property, and the state, 1767-1792,” *Pennsylvania History*, vol.64, no.5 (1997):250-55。

10. Ibid.

11. 关于该时期的变化，请参照David, Geggus, “The Haitian Revolution,” in *The Modern Caribbean*, ed. Franklin Knight and Colin Palmer (Chapel Hill, 1989), pp.21-50。还可参照Dale Tomich, *Slavery in the Circuit of Sugar: Martinique and the World Economy, 1830-1848* (Baltimore, 1990), pp.14-21。

12. 关于走私和奴隶贸易的终结，请参照Robert Louis Stein, *The French Sugar Business in the Eighteenth Century: An Old Regime Business* (Madison, 1979)。

13. 奇怪的是，18世纪60年代末，扎卡里·贝利的父亲曾是牙买加的海关收税员；在另一位海关收税员道格拉斯先生因腐败被免职后，他接替了这一职务。请参照“Memorial of the Commissioners for Managing and Causing to Be Levied and Collected His Majesty's Customs,” 23 July 1771, TNA:PRO, CO 137/66, p.207。

14. 请参照*Bahama Gazette*, 28–31 August 1792。

15. Ibid.

16. Ibid.

17. Ibid.

18. 关于18世纪加勒比地区剪裁硬币的例子，请参照John Dalling to Dartmouth, 3 January 1774, TNA:PRO, CO 137/69, p.55。还可参照Johnstone to Portland, 12 February 1799, TNA:PRO, CO 71/31，以及反对它的公告，请参照*Mrs. Brown's Roseau Gazette and Dominica Chronicle*, 2 August 1798, to be found in TNA:PRO, CO 71/31。

19. 这也是亚当·麦克基翁在19至20世纪探讨的话题。请参照*Melancholy Order: Asian Migration and the Globalization of Borders*（New York, 2008）, pp.37, 282–83, and 352。

20. 请参照Karras, "Caribbean Contraband, Slave Property, and the State."

21. 这里，历史记载比较清楚。没有大量涉及走私的法院案件，当地档案中也没有太多关于这个主题的资料。相反，历史记录中出现的奇怪案例揭示了少数不幸的走私者被抓时发生了什么事情。此类案件不应被视为代表性案件，因为具有代表性的案件完全没有纳入历史记录当中。还可参照Eric Tagliacozzo, *Secret Trades, Porous Borders: Smuggling and States along a Southeast Asian Frontier, 1865–1915*（New Haven, 2005）, p.3, 及p.317ff。

22. 这种断言很符合马克斯·韦伯对与官僚行为相关的理想类型的讨论。请参考in Max Weber: *Essays in Sociology*, ed. Hans Gerth and C. Wright Mills（Oxford, 1946）, pp. 204–9. 该观点在Martin Slattery, *Key Ideas in Sociology*（Cheltenham, 2003）pp. 27–33 中也做了一般性讨论。在韦伯看来，官僚主义者要把自己的个人利益与他所服务的官僚机构的利益分开。当然，这在现实中比想象中要难。

23. 当英国政府开始阻止非英籍船只从事奴隶贸易时，它实际上已经把自己变成了大西洋世界的警察，尽管从事奴隶贸易的国家尚未废除奴隶制。随着英国采取了这种行政和执法措施，它也表明了自身的真正立场。英国在结束本国的奴隶贸易之后，便决定阻止其它国家将奴隶偷运到英国在加勒比地区的领土。

24. 请参照R.T.Farquhar, "Observations on the Proposed Plan of Introducing Chinese Settlers at Trinidad and the Other West India Islands and Establishing a New Branch of Commerce, By Opening a Direct Intercourse between the East and West Indies, " [n.d., 1805] Add.MSS.13870。

25. 关于欧洲各国满足于其它欧洲国家居民违反本国法律的讨论，请参照Alan Karras, "Customs Has the Force of Law; Local Officials and Contraband in the Bahamas and the Floridas, 1748–1779, " *Florida Historical Quarterly*, esp.pp.284–89。

26. 埃利加·古尔德（Eliga Gould），在其著作"Lines of Plunder or Crucible of Modernity? The Legal Geography pf the English–Speaking Atlantic, 1600–1825, " in Seascapes: *Maritime Histories, Littoral Cultures, and Transoceanic Exchanges*, ed. Jerry Bentley, Renate Bridenthal, and Karen Wigen （Honolulu, 2007）, pp. 105–22, 中正确断言："新秩序的起源于海盗活动和非正规战争，而伟大的民主革命往往掩盖了这一事实。"我认为它也掩盖了民主国家走私违禁品的历史。在许多方面，加勒比殖民地消费者获得的服务优于新建立的美利坚合众国，因为他们继续能够规避那些妨碍消费的法律，而美国消费者则越来越多地受制于欧洲的法律观念。

27. 关于人口数字，请参照William Taggart's Declaration, 21 April 1760, TNA：PRO, CO 152/46, p.267。还可参照Alan L. Karras, "Smuggling and Its Malcontents, " in *Interactions*：*Transregional Perspectives in World History*, ed. Jerry H. Bentley, Renate Bridenthal, and Anand A. Yang （Honolulu, 2005）, p.142。

28. 请参照William Taggart's Declaration, 21 April 1760, p.267. 威廉·谢利称，每年有四百至五百艘船停靠港口。请参照Shirley to William Pitt, 1 August 1760, TNA:PRO, CO 152/46, p.265。还可参照“Deposition of Martin Garland,”31 May 1787, TNA:PRO, CO 5/1068, p.18。关于违法行为的探讨，请参照Karras，“Custom has the force of law,”*Florida Historical Quarterly*。

29. 这封信有原版复制稿，请参照“Cop of the Lieutenant Governor of Monte Christi' s Letter to Governor Shirley Dated St.Fernando de Monte Christi, 1 March 1760,” TNA:PRO, CO 152/46。

30. 若某国船被另一国视为“敌船”，则意味着两个国家正在交战，敌船可以依法扣押。非交战国家不应该有任何理由扣押彼此的货船。1760年，英法两国交战，英国和西班牙则保持和平。

31. William Shirley to Lt. Governor of Monte Christi, 26 March 1760, TNA: PRO, CO 152/46, f.261（verso）。

32. 然而，可以想象的是，法国的船可以阻止它们。值得一提的是，根据法国的“排他性”原则，任何船不得在法国领土内与西班牙特许货船进行贸易。这只是不同欧洲国家的经济政策在加勒比地区交叉和重叠的一个例子。因此，我们很容易明白一个国家的居民是如何得到政府的允许去违反另一个国家法律的。请参照Armytage, *Free Port System*, pp.32–38; and Jean Tarrade, *Le Commerce Colonial de la France a la Fin de l'Ancien Regime*：*L'evolution du regime de <l'Exlusif> de 1763 a 1789*, 2 vols.（Paris, 1972）, esp.1:101–12。

33. 实际上，这种情况在1752年的确发生过。我在“Smuggling and Its Malcontents,”p.144中讲述过此事。

34. William Shirley to Lt.Governor of Monte Christi, 26 March 1760, TNA: PRO, CO 152/46, f.261。

35. Ibid.

36. Ibid.

37. 当然，这种超出许可范围的贸易也发生在英国殖民地。尽管如此，还是有一些合法的方法来回避禁令。我们可以提出一些非常特殊的情形，比如：干旱、飓风或粮食作物受破坏有可能会使民众挨饿，尤其是奴隶。在美国独立战争之后的几年里，很多加勒比岛屿几乎每年都会发生这种情况。结果，违禁物品源源不断地进入该市场，消费者倾向再次战胜了法律禁令。

38. 西班牙船只在法国港口接收了法国的工业品，然后从北美和加勒比其它地方将它们给了来访的英国船只。西班牙人还将一些货物运往古巴和波多黎各，并把北美和英国违禁品带到法国和西班牙领土。简而言之，在蒙特克里斯蒂的西班牙人促进了整个西半球的走私贸易。

39. William Shirley to Lt.Governor of Monte Christi, 26 March 1760, TNA: PRO, CO 152/46, f.262 (recto)。如果这些货船从西班牙港口合法清关，那么就有文件表明它们已向西班牙政府支付了出口税。但这批货没有这样的文件，谢利便得出了它们从未进入过西班牙港口、因而有人逃税的结论。由于这批货物没有在合法报关的情况下进入西班牙港口，所以它们的主人仍然是法国人，当然可以扣押，因为法国和英国正处于战争状态。

40. William Shirley to Lt.Governor of Monte Christi, 26 March 1760, TNA: PRO, CO 152/46, f.263。

41. 同样参照William Shirley to Lt.Governor of Monte Christi, 26 March 1760, TNA: PRO, CO 152/46, f.265；而关于费用和价格，请参照Shirley to Pitt, 10 April 1760, TNA:PRO, CO 152/46, p.269。

42. 还可参照Andrew O'Shaughnessy, *An Empire Divided: The American Revolution and the British Caribbean* (Philadelphia, 2000), pp.61–62。

43. 请参照Lauren A. Benton, *Law and Colonial Culture: Legal Regimes in World History, 1400–1900* (Cambridge, 2002), p.22。本顿的论点在这里起了作用，因为人们承认“地方制度实践”是根据殖民法律发展起来的，除了史密斯所认为的人类“以物易物”的倾向，它不是一种本土固有的做法。不过，在其它时期的世界其它地方，比如东南亚，这有可能是本土固有做法。

44. William Shirley to Lt.Governor of Monte Christi, 26 March 1760, TNA: PRO, CO 152/46, f.263 (recto)。

45. Ibid.

46. "Copy of a Letter Rear Admiral Holmes to John Cleveland, Esq. Secretary of the Admiralty," 23 July 1761, TNA: PRO, CO 137/61, f.37 (verso)。

47. Ibid.

48. Ibid, 38 (verso)。这群人当中有岛上最富有的几位居民，包括扎卡里·贝利（海关收税员）、奥古斯丁·格温和西蒙·泰勒。

49. 我们已经在其它地方讨论过，如果霍尔姆斯被调离岗位，换一个做事更灵活的官员，走私贸易可能更容易进行。

50. 他还指认罗伯特·斯特林与法国人进行非法交易。有关斯特林职业生涯的讨论，请参照Alan L. Karras, *Sojourners in the Sun:Scots Migrants in Jamaica and the Chesapeake, 1740–1820* (Ithaca, 1992), pp.72–75。当然，在任何时候，法国农产品贸易都是非法的，如果没有和平条约，就有可能被没收。

51. 在同一岛屿上的港口之间往来通常需要"帆船通行证"，它们也是欺诈和违法行为的对象，人们会通过伪造或贿赂等手段获取往来蒙特克里斯蒂所需的通行证。英国海军一直在留意那些不能出示通行证的货船，或者它们的通行证看上去是假的。关于帆船通行证以及如何阻止走私者使用通行证的讨论，可以在瓜德罗普巴斯特尔的将官詹姆斯·莱思和圣约翰安提瓜海关收税员之间在1815年8月22日的一系列信件中找到（TNA: PRO, Cust34/174）。信件往来持续了几年时间，结果双方达成一项共识，要求通行证应在每个港口进行检查，并由每个港口的海关检查员签字确认。如果不这样做，海关就会发起法律诉讼。另请参照*The Weekly Register*, 11 April 1820, TNA: PRO, CUST 34/174。

52. 请参照Benton, *Law and Colonial Cultures*, pp.204–5。在乌拉

圭，这种情况不同于本顿的观点，因为乌拉圭的多元法律制度是通过殖民者和土著居民之间的谈判建立的。在这些走私案件中，殖民者成为土著居民，欧洲的“执法者”和官员扮演了本顿所说的殖民者的角色。

53. 关于全球鸦片贸易的著作已经很多，我不打算在这里赘述了，而毒品走私也不应被视为本书的主要重点。关于历史上鸦片贸易及其对现代毒品贸易的一些影响，请参照Carl Trocki, *Opium, Empire, and the Global Political Economy: A Study of the Asian Opium Trade 1750–1950*（London, 1999）, esp. pp. 160–73; David Anthony Bello, *Opium and the Limits of Empire: Drug Prohibition in the Chinese Interior, 1729–1850*（Cambridge, MA, 2005）, esp.pp.16–20; and Amar Farooqi, *Smuggling as Subversion: Colonialism, Indian Merchants, and the Politics of Opium*（New Delhi, 1998）。

54. 例如，西印度报纸经常刊登声明，称在签署和平条约后的几年里，这些港口向外国商业开放。它们认为，由于战争造成供应短缺，人口需要自我补充；可问题在于，这些法令往往定义松散，试图给走私产品以合法入境的掩护。关于这方面的讨论，请参照“Draft Letter to Mr. President Bishop,”29 May 1800, TNA:PRO, CO 28/66。巴巴多斯总督里基茨遇到了一些麻烦，他想开放港口方面，但没有足够的需求。请参照Fortland to Ricketts, November 1800, TNA:PRO, CO 28/65。

55. 这种抱怨充斥在档案记录中；例如，请参照“Us the Subscribers”to Admiral Rodney, n.d.[1773?], TNA:PRO, CO 5/119（part 2）, pp.424–25。

56. 这是第二位卡利登伯爵，杜普雷·亚历山大。卡利登伯爵的家族是苏格兰和爱尔兰人，来自伦敦德里郡，途经苏格兰斯特林市。他的父亲在印度发了大财，所以给儿子谋了一份开普殖民地总督的职位。考虑到东印度公司的赚钱机制，这并不特别令人惊讶。他的离职原因确实是一团疑云，其严厉的治理手段似乎是罪魁祸首。（此处讲述的故事可在IOR, G/9/2, p.10ff, BL中找到）。还可参照Joshua Wilson, *A Biographical Index to the Present House*

of Lords, *Corrected to October 1808*（London, 1808）, pp.103–4。

57. 私人贸易商一般不能自己进口这些货物，如果被发现这样做，他们的船只也将被没收。东印度公司对这些产品有垄断权。请参照33 Geo III, c.52, sections 129–133, in *A Collection of Statutes Relating to the East India Company*（London, 1810）, pp.319–21。

58. 请参照“Memoial of J.Cowham,” 30 December 1809, IOR, G/9/2/, p.10ff, BL。

59. 船员在英国和印度之间的长途航行中从事私人交易，这种情况并不少见。他们自己购买了货物，希望能卖个好价钱。

60. 请参照“Memoial of J.Cowham,” 30 December 1809, IOR, G/9/2/, p.10ff, BL。

61. Ibid.

62. 条例33 Geo III, c.52包括了可能适用的所有义务；它罗列的内容很多，很容易想象为什么人们想方设法逃避这些义务。该条例可在*A Collection of Statutes*, pp.283–331中找到。还可参照1803 list of duties that appears in 43 Geo III, c.68, pp.455–557。

63. John Pringle to Henry Alexander, 10 January 1810, IOR G/9/18, p.131, BL。

64. John Pringle to Capt. Cowham, 11 January 1810, IOR G/9/18, p.131, BL。

65. 当英国于1795年接管开普敦时，当地可能有多达15000名居民，其中10000人是奴隶；当殖民地在1806年回归英国时，不可能有更多的白人。请参照Leonard Thompson, *A History of South Africa*（New Haven, 1995）。还可参照C.A.Bayly, *Imperial Meridian: The British Empire and the World*, *1780–1830*（London, 1989）, esp.pp.202–4。可以在Robert Percival, *An Account of the Cape of Good Hope*（London, 1804）, pp.273–74中找到关于开普敦人口的预计和描述。

66. 每艘英国船的船员中必须有3/4英国人；各项活动都要满足这条标

准，但在战时可网开一面，允许把外国人算作英国人，但前提是他们在一艘军舰上工作了三年。此外，航行开始时的船员人数必须等于完成航行的船员人数。请参照34 Geo III, c.68， *A Collection of Statutes*, pp.903–5。

67. 荷兰人一直控制着开普敦，直到1806年。他们定期从印度进口产品，用"面包、牛、葡萄酒和开普敦的其它产品"做交换。因此，看来这艘船的船员们确实是在设法获得生活物资，以交换从印度进口的货物。正是因为东印度公司有这样的政策，才使其过去的行为成为刑事诉讼的目标。请参照Percival, *Account of the Cape of Good Hope*, pp.323–24。

68. 请参照此前第3章对此事的讨论。

69. Jo Becker, "Bush: Wife meant to hide shopping spree from me," *St.Petersburg Times*, 22 June 1999。该法律绝对不是无关紧要的，除非官员选择无视它，或与试图无视法律的公众进行谈判。对这点的深入探讨，请参照Karras, "Custom Has the Force of Law"。

70. 请参照William Mathew to the Lords of Trade, 6 March 1750/1, TNA:PRO, CO 152/41。

71. Extract of "Letter to General Melvill from His Correspondent in Dominica," dated 8 May 1785, TNA:PRO, CO 71/9, p.357。

72. 关于附近岛屿要求奥尔德采取强硬措施阻止走私活动，请参照"Letter from William Senhouse, Surveyor General of His Majesty's Customs for the Leeward Islands, to Orde," 18 March 1785, TNA:PRO, CO 71/12。奥尔德指示海关征税员阻止走私贸易。还可参照"Memorial from Orde to Privy Council"［n.d., 1787］, TNA:PRO, BT 6/41, p.213，对走私过程进行了详细的描述。

73. 了解更多证据，请参照Alexander McAllister to Mr.Greg, 14 May 1785, TNA:PRO, CO71/9。奥尔德回到伦敦后说服了枢密院，称对他的指控是毫无意义的；后来他得以继续自己的海军生涯。请参照Denis A. Orde, "Orde, Sir John, first baroner （1751–1824）," *Oxford Dictionary of National Biography*, 2004 （http://www.oxforddnb.com/view/

article/20810，2008年11月11日访问）。

74．关于此事的探讨，请参照“Correspondence Submitted Respecting the Prevalence of Smuggling in the Districts of Malabar and Coimbatore, in Consequence of the Tobacco Monopoly,” 1818, IOR, F/4/626/17002, BL。虽然两者都在印度，但马拉巴尔在喀拉拉邦，有时被称为马拉巴尔海岸。哥印拜陀位于印度北部和东部，即现在的泰米尔纳德邦。1818年，人们将烟草从哥印拜陀走私到东印度的马拉巴尔领土；因此，东印度公司视此举侵犯了它的进口垄断权。

75．“Correspondence Submitted Respecting the Prevalence of Smuggling,” 1818, IOR, F/4/626/17002, BL。

76. Ibid.

77. Ibid.

78. Ibid.

79. Ibid.

80．问题在于，我们不知道政府当时在做什么或说什么，因为对方似乎没有通信记录。至少现在来看，这要被视为许多可能性之一。

81．“莫普拉”指的是来自马拉巴尔的穆斯林。请参照H.Percy Smith, *Glossary of Terms and Phrases*（London, 1883）, p.329。其他不常见的名称是马拉巴尔和哥印拜陀地区的地名，在“Map of South Coimbatore,” surveyed in 1821–1823, IOR X/2332/1–2, BL的两部分中有记录。

82．Extract Ft. St. George, Judical Consultations, 25 November 1817, from Acting Magistrate in Zilla of Coimbatore to the Secretary to Government, IOR, F/4/626/17002, BL。

村庄就是一个税收区域。塔币是东印度公司在印度南部统治期间铸造的金币。此事件发生时，据说塔币都是金币，一枚塔币值8先令。请参照Colin Bruce II, John S.Deyell, Nicholas Rhodes, and William F.Spengler, *The Standard Guide to South Asian Coins and Paper Money Since* 1556 AD（Iola, WI, 1981）。

83. Extract Ft. St. George, Judicial Consultations, 25 November 1817, from Acting Magistrate in Zilla of Coimbatore to the Secretary to Government, ibid。

84. 请参照Telegram, 6 January 1940, INDO/RSTNF//5451, CAOM, 以及第1章对此事的讨论。

85. “摩尼加”是东印度公司调查员或其他行政类员工。在这件案子中, 他们随后攻击了把他们关起来的海关官员。

86. Extract Ft. St. George, Judical Consultations, 25 November 1817, from Acting Magistrate in Zilla of Coimbatore to the Secretary to Government, IOR, F/4/626/17002, BL。

87. Ibid.

88. Ibid.

89. 公共利益不一定只包括公共卫生问题, 不过前者肯定包含了后者。在这件案子中, 如何平衡国家收入需求和个人消费者需求之间的关系? 这又回到了上一章的讨论内容。事实上, 英国议会就增加印度酒精消费进行了辩论, 酒精消费不仅为政府增加了收入, 也引发了传教士戒酒的冲动。例如, 请参照J.Gelson Gregson, *The Drink Traffic in India: Extracts from the Commission to Enquire into the Excise of Country Spirit in Bengal, 1883–84*（London, 1885）。

90. 当代对于鸦片进口到中国和其它地方的争论, 请参照Major General Alexander, *Contraband Opium Traffic: The Disturbing Element in All Our Policy and Diplomatic Intercourse with China*（London, 1857）。还可参照James H. Mills and Patricia Barton, eds., D*rugs and Empires: Essays in Modern Imperialism and Intoxication, c.1500–c.1930*（New York, 2007）。在*Opium, Empire, and the Global Political Economy*中, 卡尔·特洛基认为鸦片是一种“真正的商品”; 而在*Opium and the Limits of Empire*中, 大卫·贝罗认为最好把鸦片称为“易成瘾的消费品”, 将它与糖、茶叶相提并论, 并与西德尼·明茨在*Sweetness and Power*（New York,

1985）中描述的现象关联起来。贝罗在第4章中对中国禁烟的过程进行了广泛的讨论。

91. 这使人想起一种传统的说法，即英国对利润的渴望导致了毒品长期被走私到中国。这种说法最近受到了抨击，因为学者们已经开始研究吸食鸦片是否真的使人成瘾。不过，毫无疑问，几乎所有的鸦片贸易都是违禁品贸易，并导致白银从中国净流出，流入了鸦片贸易商手里。很多人对此话题有过论述，包括Mills and Barton, eds., *Drugs and Empires*; see especially John F. Richards, "'Cannot We Induce the People of England to Eat Opium?' The Moral Economy of Opium in Colonial India," pp.73–80, and Amar Farooqui, "Opium and the Trading World of Western India in the Early Nineteenth Century," pp.83–100.还可参照Bello, *Opium and the Limits of Empire*, esp.chaps.1 and 4。

92. G.Rainy, "Report on the Manufacturing and Smuggling of Ganja," ICS, Joint Magistrate on Special Duty, Calcutta, 1904, IOR, V/27/625/5, BL。

93. 还可参照"Report of the Commission Appointed by the Government of Bengal Excise Commission to Enquire into the Excise of the Country Spirit of Bengal, 1883–84," p.94, IOR, V/26/323/4, BL, as cited in "Report on the Manufacturing and Smuggling of Ganja," by G. Rainy, ICS, Joint Magistrate on Special Duty, Calcutta, 1904, IOR, V/27/625/5, BL。

94. Ibid.

95. Ibid.

96. 关于官方公布的大麻关税，请参照"Report of the Commission Appointed by the Government of Bengal Excise Commission to Enquire into the Excise of the Country Spirit of Bengal, 1883–84," p.92, paragraph 93, IOR, V/26/323/4, BL。

97. 同样参照"Report of the Commission Appointed by the

Government of Bengal Excise Commission to Enquire into the Excise of the Country Spirit of Bengal, 1883–84, " p.94, IOR, V/26/323/4, BL, as cited in "Report on the Manufacturing and Smuggling of Ganja, " by G. Rainy, ICS, Joint Magistrate on Special Duty, Calcutta, 1904, IOR, V/27/625/5, BL。

98. Ibid.

99. 关于英国政府对大麻的观点，以及随着时间的推移，其观点发生哪些变化，请参照Martin Booth, *Cannabis*: A History（London, 2005）, esp.p.135ff。

100. "Report on the Manufacturing and Smuggling of Ganja, " by G. Rainy, ICS, Joint Magistrate on Special Duty, Calcutta, 1904, p.22, IOR, V/27/625/5, BL。

101. Ibid., p.10（30）。

102. Ibid., p.11（34）。

103. 当然，这引发了政治经济学的几个问题：官僚主义的作用，以及个人不遵守扰民的法律。这不是什么新鲜事，不过布斯在《大麻》一书中担忧发生这样的事情。

104. "Report on the Manufacturing and Smuggling of Ganja, " by G. Rainy, ICS, Joint Magistrate on Special Duty, Calcutta, 1904, p.22, IOR, V/27/625/5, BL。

105. 当然，在18世纪，那些想提高司法机构的工资的人也持同样的论点。

106. "Report on the Manufacturing and Smuggling of Ganja, " by G. Rainy, ICS, Joint Magistrate on Special Duty, Calcutta, 1904, p.13（41）, IOR, V/27/625/5, BL。这个论点很合理。税务官员需要更高的工资，才能不去收受贿赂以及帮助走私者逃税。

107. 同样参照McKeown's *Melancholy Order*。

108. Ralph Blumenthal, "Three Guardsmen Charged with Human

Smuggling, " *New York Times*, 12 June 2007, p.A13。

109. Ibid.

110. Ibid.

111. Ralph Blumenthal, "Answer Sought in Smuggling Case, " *New York Times*, 13 June 2007。

112. Ibid.

113. 新闻稿可参考以下网址：http://www.ice.gov/pi/news/newsreleases/articles/08021aredo.htm （2008年8月1日访问）。奇怪的是，在这篇文章中，列兵托雷斯仍然在监狱中，没有被审判。

114. Bahama Gazette, 11–18 December 1784。

115. 关于面粉短缺的探讨，请参照Governor Bruce to Dundas, 13 July 1793, TNA:PRO, CO 71/25。由于英法战争，多米尼加面临面粉短缺的问题，他只能以非法形式从美洲购买一些面粉。然后，他试图在三个月内开放该岛的基本食品贸易，因为战争扰乱了该岛平常的贸易模式。

116. Ibid.

117. 商人的货物属于受保护贸易的一部分，他们无法出售自己的货物，这种行为的另一个例子在Richard Tyrrell to Philip Stephens, 30 June 1764, TNA: PRO, ADM 1/308中有所体现。在这件案子中，蒂雷尔命令他的部队上岸，扣押多米尼加岛法国居民正在消费的外国货物；他的行为是多米尼加人抱怨英国人的直接结果。

118. John Pringle, Cape Town, 29 June 1808, to William Ramsay, Secretary [docketed: received 12 December 1808], IOR, G/9/1/ff.400–401, BL。

119. 来自*Times of India* dated 15 February 1924, p.6, IOR, R/2/620/83/item 3, BL的剪报。

120. Ibid.

第五章

1. 这一点在Alan Karras, “Custom has the force of law: Local officials and contraband in the Bahamas and the Floridas, 1748–1779”, *Florida Historical Quarterly*, esp.pp.302–11中有所讨论。在该书所描述的案例中，西佛罗里达殖民地的英国政府官员允许当地居民违反英国法律而不加以惩罚，甚至连驻扎海上的英国海军官员也敦促当地官员更严格执法。因此，与更加遵守法律的行为相比，这成为最能使当地居民满意的行动之一。

2. 如前所述，档案中的法律案件数量很少，就算有相关记录保留下来，可能也会比较分散。J. R. McNeil in *Atlantic Empires* （Chapel Hill, 1985）, p.199中统计了哈瓦那俘获的货船数量，鉴于他只观察到少量案例，说明还有大量案例未被记录下来。TNA:PRO, SC4/1第120页–123页列出了一份巴哈马1804年至1805年间俘获的船只数量（绝大多数船只被判定为战利品）。法庭审判的另一个法律案件请参照“Facts Opposed to Falsehood, in the Prize Cause Clarissa, Supply Simmonds, Master: Taken by the Daphne Letter of Marque, of Aldbrough, Thomas Abbott, Commander” （London, n.d., ［1797?］）。最后，与Elisa Ann相关的系列文件中谈及一桩法国人捕获英国船只的案件，该系列文件时间跨度从18世纪末至19世纪末，Fonds Ministeriels, Serie Geographique, MAR/43, CAOM。

3. 英国殖民地会定期发布和返回调查结果，几乎每个殖民地的档案中都有调查结果，请参照TNA:PRO, CO5/1105, f.278–82（for New York） and CO/5/762, f.397ff（for Massachusetts）。在法国和西班牙的档案中也有针对走私的类似指控。

4. 人们可以在此对政治经济学进行广泛的讨论，但可以说，政府主权和合法性归于民众的概念肯定是由洛克和斯密提出的。关于民间主权观念演变的讨论，请参照Lee Ward, *Politics of Liberty in England and Revolutionary America* （Cambridge, 2004）。关于另一种讨论，请参照John A. Hall, *Coercion and Consent: Studies in the Modern State*

（Cambridge, 1994）。

5. Adam Smith, in *Theory of Moral Sentiments*（Oxford, 1976）中承认，道德高尚之人虽不赞成某些法律，但为了避免诉诸暴力，他们有时候还是会选择遵守这些法律。请参照该著作VI.ii.2.16–18。对于那些傲慢自大、断言完善的政策可以立即实施的人，斯密似乎持反对意见。他认为，唯有对公共政策进行深入讨论或谈判，才能使之完善。

6. 美国独立战争使洛克哲学派的政府理论思想得到了统治者的认可，“无代表，不征税”原则就此确立。

7. 请参照*The Wealth of Nations*（London, 1776），Book V.II（p.453），以及Book IV.III.1。斯密声称，关税导致法国和英国之间走私活动增加（p.303）。他的信件也涉及这个问题（p.550）。

8. 请参照Jurgen Habermas, *Legitimation Crisis*, trans. Thomas McCarthy（London, 1976），pp. 98–100。

9. 关于这一话题，Lauren A. Benton, *Law and Colonial Cultures*（Cambridge, 2002）中有详细论述。虽然本顿用来说明她论点的例子与我的例子来自不同时空，但她建立的分析框架与这里使用的定性数据完美契合。

10. 在多米尼加海关收税员被一艘船的船员扔下海的例子中，我们已经探讨过暴力问题。我们还可以用北美洲的另一桩案件来探讨暴力问题，即罗德岛的暴徒袭击了为英国税收官员提供服务的“自由号”帆船；这群人之所以袭击海关收税员的财产，是因为他们认为船员们在执行税法的手段太过分。关于这一案例的简要讨论，请参照*Records of the Colony of Rhode Island*, ed. John Russell Bartlett（Providence, 1861），v.6, p. 593。

11. 请参照Adam Smith, *The Wealth of Nations*, Book III. i（esp. pp.227–30）。还可参照Hont and Ignatieff, “Needs and Justice in the *Wealth of Nations*,” in *Wealth and Virtue: The Shaping of Political Economy in the Scottish Enlightenment*, ed. Istvan Hont and Michael Ignatieff（Cambridge, 1983）。

12. 或许多米尼加总督奥尔德就是一个很好的例子；他早期和晚期的职业生涯都在英国海军度过。离开海军后，他成为多米尼加殖民地的总督，并且因殖民者的走私行为而与他们发生冲突。在海军服役时，他能够向其他总督发号施令，或至少在他们需要奥尔德为走私活动提供便利时不给予帮助和支持。卡拉斯的《习俗具有法律效力》讲述了西佛罗里达总督蒙福特·布朗和罗德尼上将之间的冲突，该例子足以说明帝国官员对执法的需要有着怎样的不同看法。

13. 为了说明牙买加文职和海军军官如何发生冲突的，请参照本书第4章中关于海军少将霍尔姆斯的讨论。也可参照Karras, "Custom Has the Force of Law," pp.292–98。

14. 关于此类文件的例子，请参照电影《银行大劫案》（*The Bank Job*）。在影片中，伦敦的一名罪犯在账簿中记录了警察收受的贿赂。在我查找过的档案里，没有发现类似文件。不过，我查找的档案也不是很详尽，这样一份文件仍然可能存在。

15. 例如，请参照"Report to the House of Assembly of Jamaica in June 1766," TNA:PRO, BT 6/76。在这起案件中，一名海军军官被指控"从西班牙人那里收受非法钱财，为他们将金银进口到牙买加岛提供便利"。该官员被指控长期索要钱财。

16. 关于腐败的文献比关于走私的文献要多得多，也许是因为研究腐败要比研究走私容易得多。这类例子包括：Michael Johnston, *Syndromes of Corruption*（Cambridge, 2005）; Jean Claude Wacquet, *Corruption: Ethics and Power in Florence, 1600–1770*, trans. Linda McCall（University Park, 1991）; John Noonan, *Bribes*（Berkeley, 1984）；以及透明国际组织（Transparency International）的年度报告。关于海关机构腐败历史的简短讨论，可以参考G.D.Ramsay, "The Smugglers' Trade: A Neglected Aspect of Commercial Development," in *Transactions of the Royal Historical Society*, 5th series, v. 2（1952）:131–57。

17. 请参照"Petition of Daniel and John Jenks, Merchants of

Providence, against the Spaniards for the Illegal Capture of Their Vessel and Cargo and Barbarous Treatment of the Crew," transmitted to Lord Shelburne, 13 April 1768, TNA:PRO, CO 5/1299, pp.33–44。

18. 有趣的是，在七年战争期间，美国人在苏里南与荷兰人进行的贸易是完全合法的，但与邻近的法国殖民地圭亚那进行的贸易却是违法的。当然，到这个时候，战争早已结束了。

19. "Petition of Daniel and John Jenks," 13 April 1768, p.32。

20. 在这种情况下，总督加倍受益。首先，作为将"金尼库特号"带入港口的船员（或者说告密者）之一，他会得到一部分受益；其次，作为一名政府官员，他将获得另一份收益。因此，他的个人经济利益源自确保法院不做出任何定罪和宣判，而不是遵守祖国的法律规定，认定何时和如何扣押船舶才可视为合法。

21. 请参照"Petition of Daniel and John Jenks," 13 April 1768, p.33–34。1763年《巴黎条约》结束了这场战争；该条约的第三条要求将所有被俘船只"连同所有船员和货物"恢复原状。此外，该上诉状引用了"Preliminary Articles of Peace"的第25条条款。

22. 请参照"Petition of Daniel and John Jenks," 13 April 1768, p.33。该记录丝毫没有提及其余33名被俘船员一事。

23. Ibid., p.34

24. 请注意，这仍然是从英国的角度讲述问题。我不确定英国记录所指的西班牙文件副本是否留存下来；与往常一样，它们没有被放在在英国的文件中。我无法进入印度群岛档案馆做调研。

25. "Petition of Daniel and John Jenks," 13 April 1768, p.38。罗德岛总督的信件中也提到了这个案子。请参照Joseph Sherwood to Governor Hopkins, 31 October 1763, in Rhode Island, *Correspondence of the Governors of Rhode Island, 1723–1775*（Rhode Island, 1903）, p.352。

26. 按标准换算率，这份报价似乎价值在75英镑左右，其价值不太可能达到宣称的2000多英镑。

27. “Petition of Daniel and John Jenks,” 13 April 1768, p.42。

28. 吉尔可能“表面上”行为端正，他对于美德的看法来自马基雅维利，而不是亚当·斯密关于美德的现代定义。请参照Machiavelli, *The Prince*, and Adam Smith, *Theory of Moral Sentiments*。在这方面，他与其他西班牙官员一致，他们回答说：“我服从，但我不认可。”

29. 截至1800年，岛上有大约2100名白人和大约18000名奴隶。对于人口数量的估测，请参照http://www.trinidadandtobagonews.com/historical.html（2009年6月15日查阅）。

30. 例子之一可参考James Campbell to Archibald Campbell, 8 April 1784, TNA:PRO, CO 137/49, f.139–40。隐含的指控可参考“Extract of Report of Commissioners of West India Revenue Inquiry,” 16 February 1815, TNA: PRO, CUST34/175。

31. 格林纳达海关机构的薪资水平请参照TNA: PRO, CO101/47, p.57ff。固定薪资约为每年50英镑，再加上行动提成；背风群岛的薪资水平请参照TNA: PRO, CO152/94。这些岛屿的固定薪水和提成普遍较低。

32. 请参照Nathaniel Week's indictment, 3 July 1794, TNA: PRO, CO260/4, p.226。此外，威克斯几年前欠债入狱，他试图从威廉·皮特那里得到帮助，把他救出监狱，并任命为巴巴多斯的唯一拍卖商，这样他就可以获得额外的收入。请参照Nathaniel Weeks to William Pitt, 5 July, TNA: PRO, CO 30/8/188, f.20。

33. 因此，工资结构为腐败和殖民官员逃避法律提供了机会。请参照Patrick K. O'Brien, “The Political economy of British taxation, 1660–1815,” *Economic History Review* ser. 2 XLI (Feb.1988) :1–32。奥布莱恩指出，“效率低下和不诚实为欺诈创造了可能性”。

34. Lord Sydney to the Governors of Jamaica, Bahamas, the Leeward Islands, Bermuda, Barbados, Grenada, St. Vincent, and Dominica, 8 July 1785, TNA: PRO, CO5/267。另请参照R.Tyrrell to PhilipStephens, 30 June 1764, TNA: PRO, ADM 1/308。

35. Lord Sydney to the Governors of Jamaica, 8 July 1785。

36. Governor Hugh Elliott to Earl of Liverpool, 28 February 1819, TNA:PRO, CO 152/95。

37. Notice, dated 27 November 1809, TNA：PRO, CO152/95。

38. 这点在西班牙军官的案件中也许更容易理解，他们的本职工作是阻止违禁品贸易，但他们自己也参与到墨西哥境内的违禁品贸易中。请参照Christon I. Archer, *The Army in Bourbon Mexico, 1760–1810*（Albuquerque, 1977）, pp. 219–20。对许多这些官员来说，违禁品的诱惑实在太大了。

39. 请参照Joseph Partridge to Admiral Tyrrell, 24 December 1763, TNA:PRO, CO 101/9, p.198。

40. 这使人想起在战争期间，英国从法国手里夺取了多米尼加控制权；该变化写进了《1763年巴黎条约》。

41. 请参照Joseph Partridge to Admiral Tyrrell, 24 December 1763, TNA:PRO, CO 101/9, p.198。

42. Tyrrell to Partridge, 30 December 1763, TNA:PRO, CO 101/9, p.200。

43. Ibid.

44. 请参照Admiral R. Tyrrell's Letter to Captain Partridge, 17 December 1763, TNA:PRO, ADM1/308。泰雷尔引用了《乔治二世第6部法案》，因声称这些行为是违法行为；他还引用了其它法案，比如《查尔斯二世第14部法案》第11章，以及第7和第8任威廉国王的法案。由于这些罪行发生在多米尼加，而多米尼加没有一个海事法院，所以泰雷尔少将怀疑这个案件能否在安提瓜审理，因为他更能左右安提瓜法庭的判决。但他建议帕特里奇说，他的“怀疑要保密”。

45. John Drew to John Laforey, 19 May 1792, TNA:PRO, ADM 1/315。

46. Ibid.

47. Ibid. 关于附属海军法院经常不严格遵守法律条文和意图的讨论，可以参考Armytage, pp.107－8。海军军官经常引经据典，这种做法很少给附属海军法院的法官留下深刻印象。例如，请参照“A Copy of Admiral R. Tyrrell' s Letter to Captain Partridge,” 17 December 1763, TNA:PRO, ADM 1/308。

48. 关于英国法官如何接受在各殖民地附属海军法院任命的，请参照Carl Ubbelohde, *The Vice Admiralty Courts and the American Revolution*（Chapel Hill, 1960年）, pp.6－12。

49. 请参照“Extract of a Letter from New England,” 3 May 1762. [Letter is docketed: Extract of a Letter from New England to Mr. Clarke, Collector of the Customs at Barbodos, dated 3 May 1762, relating to the sale of French passports.] TNA: PRO, CO117/2, p.8。

50. Ibid.

51. 这使人联想到法国和英国在1762年5月仍处于战争状态。

52. 同类指控请参照Governor Shirley's Declaration, published in the *Freeman's Journal or Dominica Gazette*, 8–12 November 1777, TNA:PRO, CO 71/7, p.20。

53. 请参照“Extract of a Letter from New England,” 3 May 1762。

54. 关于假证件造成的各种问题，请参照Governor Shirley to Count Robert D'Argout （Martinique）, 2 February 1777, TNA: PRO, CO71/6, p.94。在这件案子中，英国私人逮捕了一艘船，该船声称来自法国领土圣皮埃尔和密克隆岛，但实际上它与北美洲起义的殖民地做生意。虽然这艘船因持有假护照而被判有罪，但由于英法两国在1777年仍出于和平状态，所以总督阻止俘获该船只的船员获得其应有的份额。事实上，在战争的这一阶段，谢利总督停止了未经许可的私掠行为，拒绝给予任何私掠船许可证。关于他于1777年3月14日就这一问题颁布的法令，请参照TNA: PRO, CO71/6, p.126。

55. Evan Neason to James Hume, 21 November 1800, Case,

TNA:PRO, ADM 1/3868。

56. "Legal Opinion Signed by J. Mitford and W. Grant," 2 December 1800. TNA:PRO, ADM 1/3868。

57. 关于假通行证、同谋以及何时可以对发放假通行证的人采取行动，另见William Scott to Grenville, 23 September 1795, TNA：PRO, FO95/373, f.26。斯科特当时是英国的总检察长，他建议必须在知情的情况下签发假通行证，而不是错误地发给那些为了获得通行证而撒谎的人。如果不是这样的话，就更难对假通行证持有人采取任何行动了。

58. 东印度公司员工法夸尔也同样如此。他此前曾考虑安排中国人偷渡出境，送往威尔士亲王岛，然后再送去加勒比地区。请参照第3章的相关讨论。

59. Inclosure in Dispatch Separate of the 16th June [1842], in China Miscellany, IOR, R/10/72, BL。

60. Ibid.

61. Ibid.

62. 关于印度和中国之间的鸦片贸易，请参照Carl Trocki, *Opium, Empire, and the Global Political Economy: A Study of the Asian Opium Trade 1750–1950*（London, 1999）, esp. pp. 49–52。关于禁止鸦片进口和消费，尤其是为了应对商业上的劣势，请参照David Anthony Bello, *Opium and the Limits of Empire: Drug Prohibition in the Chinese Interior, 1729–1850*（Cambridge, MA, 2005）。此外，关于中国官员与当地民众和地区政府打交道的方式（这有时可能被认为是腐败行为），请参照W.Reed, *Talons and Teeth*（Stanford, 2000）, pp.252–66。

63. "Letter from the Board of Directors to the Secret Committee," 19 April 1820, IOR, R/10/64, BL。

64. Ibid.

65. Bello, *Opium and the Limits of Empire*，简要论述了中国执法体制中的腐败问题，至少在汉人当中的腐败问题，参照pp.68–73。随后的内容涉及中国其它地区执法官员的腐败问题。

66. Paris, 4 September 1885, Le Ministere to Monsieur Le General Commandant en Chef le corps expeditionnaire du Tonkin, Fonds Ministeriels, Serie Geographique, */Indo/AF/227, Dossier L22（3）, CAOM, Aix–en–Provence（translation mine）。

67. 第一章讨论了会安村非法生产酒精的例子。

68. 约翰·吉莱斯皮的《商法改革探索》对法国法律与越南法律之间的对话进行了简要的一般性讨论。这个例子表明，法国对税收的渴望增加了他们与当地居民互动的需要，也进一步增加了当地居民对其法律制度的不满。

69. 这似乎是法国人的做法，或至少起初法国是这样做的。请参照Osborne, *The French Presence in Cochinchina and Cambodia: Rule and Response* （1859–1905）（Ithaca, 1969）, esp. pp. 84–88.同样，它也可以与法国在西非的法律制度相比较，请参照Benton, *Law and Colonial Cultures*, esp.pp.161–66 and 261–65。

70. 请参照Eric Tagliacozzo, *Secret Trades, Porous Borders: Smuggling and States along a Southeast Asian Frontier, 1865–1915*（New Haven, 2005）。

结　语

1. 关于斯密对同情心的探讨，请参照第3章以及Theory of Moral Sentiments （Oxford, 1976）, Book I, ch.1.1.4–5, p.10；这也涉及他在Book VI中对美德的探讨。

2. 在欧洲、澳大利亚和北美的大多数城市地区，公平贸易产品很容易获得。当然，也可以在其它地方买到，只不过供应量可能没那么大。如果我们认为它们很快就会来到世界其它地方，那这种想法是愚蠢的，因为营销人员显然认为这是一种增加销量的方式。

3. 关于历史上对这一论点的探讨，请参照Robert Hardy, *Serious*

Cautions and Advice to All Concerned in Smuggling: Setting Forth the Mischiefs Attendant Upon That Traffic; Together with Some Exhortations to Patience and Contentment under the Difficulties and Trials of Life （London, 1818）。

4. 关于这些故事的简短摘要，请参照Pat Wingert, "Nannygate II: A woman's backlash?" Newsweek, 15 February 1993; "The Zoe Baird solution," *Washington Post*, 4 May 1994, p. A24; and Paul Quinn-Judge, "Inman failed to pay taxes for domestic," *Boston Globe*, 21 December 1993, p.1。

5. 例如，请参照Spencer S. Hsu, "Immigration raid jars a small town; critics say employers should be targeted," *Washington Post*, 18 May 2008, p.A1。还可参照Shmuel Herzfeld, "Dark meat," *New York Times*, 6 August 2008, p.23。还有其它很多文章讲述了这个故事；绝大多数文章争论雇主是否应该为雇员的偷渡行为负责，而另一些文章则侧重于就业条件是否在道德上不为犹太教产品的消费者所接受。因此，公平贸易问题以各种方式出现在这个故事里。

6. 关于这一立场的声明，请参照Avi Shafran, "A missing ethic," *The Jerusalem Post*, 23 June 2008, p.14。沙弗兰警告说，在收集更多的事实之前，谴责农业加工者的就业做法为时过早。至少几个月后，大卫·埃利兹里提供了一个清晰的答案，"这是爱荷华州的犹太教堂"，*The Jerusalem Post*, 23 June 2008, p.14。

7. 请参照Thorstein Veblen, The Portable Veblen, ed. Max Lerner（New York, 1976）, pp.74–83, 140–51。

8. 例如，请参照Hardy, *Serious Cautions and Advice*, and John Wesley, A Word to a Smuggler （London, 1793）。这些例子仅用作说明的目的，其它例子还有很多。

9. 请参照http://transcripts.cnn.com/TRANSCRIPTS/0809/18/sitroom.01.html（2008年11月27日查阅）。

10. 请参照http://elections.nytimes.com/2008/president/debates/transcripts/vice-presidentialdebate.html（2008年11月27日查阅）。

11. 请参照Thomas L. Friedman，“Palin' s kind of patriotism，” *New York Times*, 8 October 2008, p.31。据称，霍尔姆斯的话被当作Felix Frankfurter, Mr. Justice Holmes and the Supreme Court（Cambridge, MA, 1961）, p.71中的一段趣闻轶事。弗里德曼原话中的“纳税”用的是“like paying taxes”，而轶事中所用的是“like to pay taxes”。

参考文献

未出版原始文献

请注意，这些资料仅作为记录使用；若要引用的话，可以在本书备注中找到更具体的参考资料，或者在相关档案的各种查找途径中查找。

British Library, London

India Office Records
E: East India Company, General Correspondence, 1602–1859.
F: Board of Control Records, 1784–1858.
G: East India Company Factory Records, c. 1595–1858.
H: India Office Home Miscellaneous Series, c. 1600–1900.
I: Records Relating to Other Europeans in India, 1475–1824.
R/2: India: Crown Representative: Indian States Residencies Records c. 1789–1947.
R/10: China: Canton Factory Records 1623–1841.
V: India Office Records Official Publications Series c. 1760–1957.

Manuscripts Department
Add. MSS 13879: Reports on the State of the islands of Grenada, St. Vincents, Dominica, and Guadaloupe, 1763–1765; Papers respecting the plan of introducing Chinese settlers at Trinidad, 1805.
Add. MSS 73524: (A) Report by Thomas Irving, Inspector General of Imports and Exports, to the Commissioners of Customs, relating to complaints by British naval

officers, including Captain Horatio Nelson, concerning illegal trade, particu-larly with the United States, permitted by local officials in the West Indies [1787?].
Add. MSS 74055: Walpole Papers. Vol. cclxxxvi.
Egerton 1793: RELACIONES, etc., tocantes a la isla Española [Hispaniola, Haiti, or San Domingo], consisting of original despatches from the governors to the Kings of Spain and secretaries of state, with numerous other official letters and papers relating to the internal government of the island, its defence against the English, etc.; 1730–1810.
Stowe 865: "A sketch of the presant (sic) state of Smuggling"; circ. 1800. f. 38.

Cambridge University Library, Cambridge
Jardine-Matheson Papers

National Archives (Formerly Public Record Office), London
ADM 1: Admiralty, and Ministry of Defence, Navy Department: Correspondence and Papers.
ADM 7: Admiralty: Miscellanea.
BT 5: Board of Trade: Minutes.
BT 6: Board of Trade: Miscellanea.
CO 5: Board of Trade and Secretaries of State: America and West Indies, Original Correspondence.
CO 7: Colonial Office and Predecessors: Antigua and Montserrat, Original Correspondence.
CO 28: Colonial Office and Predecessors: Barbados, Original Correspondence.
CO 71: Colonial Office and Predecessors: Dominica, Original Correspondence.
CO 74: Colonial Office and Predecessors: Dominica, Sessional Papers.
CO 101: Colonial Office and Predecessors: Grenada, Original Correspondence.
CO 111: Colonial Office and Predecessors: British Guiana, formerly Berbice, Demerara, and Essequibo, Original Correspondence.
CO 117: Secretary of State: Havana, Original Correspondence.
CO 137: Colonial Office and Predecessors: Jamaica, Original Correspondence.
CO 138: Colonial Office and Predecessors: Jamaica, Entry Books.
CO 152: Colonial Office and Predecessors: Leeward Islands, Original Correspondence.
CO 166: Secretary of State for the Colonies and War and Colonial Department: Martinique, Original Correspondence, Entry Books and Shipping Returns.
CO 194: Colonial Office and Predecessors: Newfoundland Original Correspondence.
CO 195: Colonial Office and Predecessors: Newfoundland Entry Books.

CO 217: Colonial Office and Predecessors: Nova Scotia and Cape Breton Original Correspondence.
CO 245: War and Colonial Department and Predecessor: Santo Domingo Original Correspondence, etc.
CO 246: Board of Trade: St. Eustatius Original Correspondence.
CO 260: Colonial Office and Predecessors: St. Vincent Original Correspondence.
CO 266: Colonial Office: Seychelles: Acts.
CO 325: Colonial Office and Predecessors: General Miscellanea.
CUST 34: Board of Customs: Papers Relating to Plantations.
CUST 48: Excise Board and Secretariat: Entry Books of Correspondence with Treasury.
FO 95: Foreign Office and Predecessors: Political and Other Departments: Miscellanea, Series I.
PRO 30/29: Leveson-Gower, 1st Earl Granville and Predecessors and Successors: Papers.
SP 42: Secretaries of State: State Papers Naval.
SP 45: State Papers Office and Other Bodies: Various Administrative Records, Precedents and Proclamations.
SP 78: Secretaries of State: State Papers Foreign, France.
T 11: Treasury: Books of Out-letters to Board of Customs and Excise.
T 28: Treasury: Various Out-letter Books.

Centre des Archives d'Outre Mer, Aix-en-Provence

Fonds Ministériels, Série Géographique

Saint Lucia
C/10a/3
C/10c/4

Guadeloupe
*GUA/CORR/40

Indochina (Vietnam)
Indo/NF/856
*/Indo/AF/227
INDO/RSTNF//5451

Martinique
MAR//1
MAR/27
MAR//43
/*MAR/CORR/55

Department of Archives, Nassau, Bahamas
Bahama Gazette

已出版原始文献

Alexander, Robert (Major-General). *Contraband Opium Traffic: The Disturbing Element in All Our Policy and Diplomatic Intercourse with China*. London, 1857.

Atwood, Thomas. *The History of the Island of Dominica*. London, 1791.

Bengal Excise Commission. *Report of the Commission Appointed by the Governor of Bengal to Enquire into the Excise of Country Spirit in Bengal*, 2 vols. Calcutta, 1883–1884.

"The Citizen's Procession, or the Smuggler's Success and the Patriot's Disappointment: Being an Excellent New Ballad on the Excise Bill." Song published in London, 1733.

Davis, John Francis. *The Chinese: A General Description of the Empire of China and Its Inhabitants*. London, 1836.

Dickinson, Samuel N. *The Pirates Own Book or Authentic Narratives of the Lives, Exploits, and Executions of the Most Celebrated Sea Robbers*. Portland, 1837.

Earnshaw, William. *A Digest of the Laws Relating to Shipping, Navigation, Commerce, and Revenue in the British Colonies*. London, 1818.

East India Company. *A Collection of Statutes Relating to the East India Company*. London, 1810.

East India Company. *An Exposition of the Political and Commercial Relations of the Government of Prince of Wales Island with the States on the East Coast of Sumatra from Diamond Point to Siack*. Prince of Wales Island, 1824.

Exquemelin, Alexander. *Buccaneers of America*. Translated by Alexis Brown. Mineola, NY, 2000.

Gregson, J. Gelson. *The Drink Traffic in India: Extracts from the Commission to Enquire into the Excise of Country Spirit in Bengal, 1883–84*. London, 1885.

Hardy Robert. *Serious Cautions and Advice to All Concerned in Smuggling: Setting Forth the Mischiefs Attendant Upon That Traffic; Together with Some Exhortations to Patience and Contentment under the Difficulties and Trials of Life*. London, 1818.

House of Lords. "First report from the committee appointed to enquire into the illicit practices used in defrauding the revenue." *Parliamentary Register*, vol. xiv. London, 1784.

Howe, John. *The Journal Kept by John Howe While He Was Employed as a British Spy; Also While He Was Engaged in the Smuggling Business*. Concord, NH, 1827.
James, G. P. R. *The Smuggler: A Tale*. Paris, 1845.
Lipscomb, George. *A Journey into Cornwall*. Warwick, 1799.
Mackay, James Aberigh. *From London to Lucknow*. London, 1860.
Madison, James. *An Examination of the British Doctrine Which Subjects to Capture a Neutral Trade Not Open in Time of Peace*. 2nd ed. London: reprinted for J. Johnson, 1806.
Odell, Thomas. *The Smugglers: A Comedy*. Dublin, 1729.
Percival, Robert. *An Account of the Cape of Good Hope*. London, 1804.
Pope, Charles. *A Practical Abridgement of the Customs and Excise Laws, Relative to the Import, Export, and Coasting Trade of Great Britain and Her Dependencies*. London, 1815.
Popham, Home (Sir). *A Description of Prince of Wales Island*. London, 1805.
Rattenbury, John. *Memoirs of a Smuggler, Compiled from His Diary and Journal: Containing the Principal Events in the Life of John Rattenbury, of Beer, Devonshire, Commonly Called the Rob Roy of the West*. London, 1839.
Reeve, John. *A History of Shipping and Navigation*. London, 1792.
Rutter, Owen. *The Pirate Wind: Tales of the Sea Robbers of Malaya*. London, 1930. Republished by Oxford University Press in 1986.
Ta Tsing Leu Lee: Being the Fundamental Laws, and a Selection from the Supplementary Statutes of the Penal Code of China. Translated by Sir George Thomas Staunton. London, 1810.
Wesley, John. *A Word to a Smuggler*. London, 1793.
Young, William (Sir). *The West India Common-Place Book*. London, 1807.

二手文献

Antony, Robert J. *Like Froth Floating on the Sea: The World of Pirates and Seafarers in Late Imperial South China*. Berkeley, 2003.
Archer, Christon I. *The Army in Bourbon Mexico, 1760–1810*. Albuquerque, 1977.
Armytage, Frances. *The Free Port System in the British West Indies. A Study in Commercial Policy, 1766–1822*. London, 1953.
Barker, Rodney. *Political Legitimacy and the State*. Oxford, 1990.
Bayly, C. A. *Imperial Meridian: The British Empire and the World, 1780–1830*. London, 1989.
Beer, George Louis. *British Colonial Policy, 1754–1765*. New York, 1907.
Bello, David Anthony. *Opium and the Limits of Empire: Drug Prohibition in the Chinese Interior, 1729–1850*. Cambridge, MA, 2005.
Benton, Lauren A. *Law and Colonial Cultures: Legal Regimes in World History, 1400–1900*. Cambridge, 2002.
———. "Legal spaces of empire: Piracy and the origins of ocean regionalism." *Comparative Studies in Society and History* 47, no. 4 (2005): 700–24.

Bhagwati, Jagdish, ed. *Illegal Transactions in International Trade: Theory and Measurement*. Amsterdam, 1974.

Booth, Martin. *Cannabis: A History*. London, 2005.

Brewer, John. *The Sinews of Power: War, Money, and the English State, 1688–1783*. New York, 1989.

Bruce II, Colin, John S. Deyell, Nicholas Rhodes, and William F. Spengler. *The Standard Guide to South Asian Coins and Paper Money since 1556 AD*. Krause Publications, 1981.

Cawthorne, Nigel. *A History of Pirates: Blood and Thunder on the High Seas*. London, 2003.

Coker, Dale. "Smoking may not only be hazardous to your health, but also to world political stability: The European Union's fight against cigarette smuggling rings that benefit terrorism." *European Journal of Crime, Criminal Law and Criminal Justice* 11, no. 4 (2003): 350–76.

Cole, W. A. "Trends in eighteenth-century smuggling." *Economic History Review*, series 2, v. 10 (1957–1958): 395–410.

Cordingly, David. *Under the Black Flag: The Romance and the Reality of Life among the Pirates*. New York, 1995.

Daniels, William. "Specious spy: The narrative lives and lies of Mr. John Howe." *Eighteenth Century: Theory and Interpretation* 34, no. 3 (1993): 264–86.

Davis, Ralph. *The Rise of the Atlantic Economies*. Ithaca, 1973.

Dunn, Richard S. *Sugar and Slaves: The Rise of the Planter Class in the English West Indies, 1624–1713*. Chapel Hill, 1972.

Earle, Peter. *The Pirate Wars*. London, 2003.

Elliott, J. H. *Empires of the Atlantic World*. New Haven, 2006.

Farjeon, Joseph Jefferson. *The Compleat Smuggler: A Book about Smuggling in England, America and Elsewhere, Past and Present*. London, 1938.

Farooqi, Amar. *Smuggling as Subversion: Colonialism, Indian Merchants, and the Politics of Opium*. New Delhi, 1998.

Fisher, John R. "Mining and Imperial Trade in Eighteenth-Century Spanish America." In *Global Connections and Monetary History, 1470–1800*, edited by Dennis O. Flynn, Arturo Giráldez, and Richard Von Glahn, 123–32. Aldershot, 2003.

Flynn, Dennis O. *World Silver and Monetary History in the Sixteenth and Seventeenth Centuries*. Aldershot, 1996.

Folmer, Henri. "Contraband trade between Louisiana and New Mexico in the eighteenth century." *New Mexico Historical Review* 16 (1944): 249–73.

Frankfurter, Felix. *Mr. Justice Holmes and the Supreme Court*. Cambridge, MA, 1961.

Friedrichs, David O. "The legitimacy crisis in the United States: A conceptual analysis." *Social Problems* 27, no. 5 (1980): 540–55.

Geggus, David. "The Haitian Revolution." In *The Modern Caribbean*, edited by Franklin Knight and Colin Palmer, 21–50. Chapel Hill, 1989.

Gillespie, John. *Transplanting Commercial Law Reform: Developing a Rule of Law in Vietnam*. Aldershot, 2006.

Girault, Arthur. *Principes de colonization et de legislation coloniale*. Paris, 1929.
Gopte, Sripad. *Thrilling Seizures: Memoirs of a Customs Officer*. Mumbai, 1998.
Gould, Eliga. "Lines of Plunder or Crucible of Modernity? The Legal Geography of the English-Speaking Atlantic, 1660–1825." In *Seascapes: Maritime Histories, Littoral Cultures, and Transoceanic Exchanges*, edited by Jerry H. Bentley, Renate Bridenthal, and Kären Wigen, 105–20. Honolulu, 2007.
Grahn, Lance. *The Political Economy of Smuggling: Regional Informal Economies in Early Bourbon New Granada*. Boulder, 1997.
Greene, Jack P. *Negotiated Authorities: Essays in Colonial Political and Constitutional History*. Charlottesville, 1994.
Habermas, Jürgen. *Legitimation Crisis*. Translated by Thomas McCarthy. London, 1976.
Hall, John A. *Coercion and Consent: Studies in the Modern State*. Cambridge, 1994.
Hall, Neville A. T. *Slave Society in the Danish West Indies: St. Thomas, St. John, St. Croix*. Edited by B. W. Higman. Baltimore, 1992.
Helg, Aline. *Liberty and Equality in Caribbean Colombia, 1770–1835*. Chapel Hill, 2004.
Hont, Istvan, and Michael Ignatieff. "Needs and Justice in the *Wealth of Nations*: An Introductory Essay." In *Wealth and Virtue: The Shaping of Political Economy in the Scottish Enlightenment*, edited by Istvan Hont and Michael Ignatieff, 8–9. Cambridge, 1983.
Hughes, Martin. "Locke on taxation and suffrage." *History of Political Thought* 11 (1990): 423–42.
———. "Locke, taxation, and reform: A reply to Wood." *History of Political Thought* 12 (1992): 691–702.
Israel, Jonathan. *Dutch Primacy in World Trade, 1585–1740*. Oxford, 1989.
Jackson, Dudley. "Thomas Hobbes' Theory of Taxation." *Political Studies* 21, no. 2 (June 1973): 175–82.
Johnson, Derek, Erika Pladdet, and Mark Valencia. "Introduction: Research on Southeast Asian Piracy." In *Piracy in Southeast Asia: Status, Issues, and Responses*, edited by Derek Johnson and Mark Valencia, ix–xx. Singapore, 2005.
Kamen, Henry. *Empire: How Spain Became a World Power*. New York, 2003.
Johnston, Michael. *Syndromes of Corruption*. Cambridge, 2005.
Karras, Alan L. "Caribbean contraband, slave property, and the state, 1767–1792." *Pennsylvania History* 64, no. 5 (1997): 250–69.
———. "'Custom has the force of law': Local officials and contraband in the Bahamas and the Floridas, 1748–1779." *Florida Historical Quarterly* 80, no. 3 (2002): 281–311.
———. "Smuggling and Its Discontents." In *Interactions: Transregional Perspectives on World History*, edited by Jerry Bentley, Renate Bridenthal, and Anand Yang, 206–27. Honolulu, 2005.
———. "Transgressive Exchange: Circumventing Eighteenth-Century Atlantic Commercial Restrictions, or The Discount of Monte Christi." In *Seascapes: Maritime Histories, Littoral Cultures, and Transoceanic Exchanges*, edited by Jerry Bentley, Renate Bridenthal, and Kären Wigen, 121–33. Honolulu, 2007.

Kiple, Kenneth. *The Caribbean Slave: A Biological History*. Cambridge, 1984.
Langewiesche, William. *The Outlaw Sea: Chaos and Crime on the World's Oceans*. New York, 2004.
Lunsford, Virginia West. *Piracy and Privateering in the Golden Age Netherlands*. New York, 2005.
McClellan, William S. *Smuggling in the American Colonies at the Outbreak of the Revolution*. New York, 1912.
McNeill, John Robert. *Atlantic Empires of France and Spain: Louisbourg and Havana, 1700–1763*. Chapel Hill, 1985.
Mayo, John. *Commerce and Contraband on Mexico's West Coast in the Era of Barron, Forbes, and Co., 1821–1859*. New York, 2006.
Mills, James H., and Patricia Barton, eds. *Drugs and Empires: Essays in Modern Imperialism and Intoxication, c. 1500–c.1930*. New York, 2007.
Mintz, Sidney. *Sweetness and Power*. New York, 1985.
Moxham, Roy. *The Great Hedge of India*. New York, 2001.
Newton, Arthur Percival. *The European Nations in the West Indies, 1492–1688*. London, 1933.
Noonan, John. *Bribes*. Berkeley, 1984.
O'Brien, Patrick K. "The political economy of British taxation, 1660–1815." *Economic History Review* ser. 2, XLI (Feb. 1988): 1–32.
Organization for Economic Co-operation and Development. *The Economic Impact of Counterfeiting and Piracy*. OECD, 2008. E-book available online at: http://www.oecdbookshop.org/.
Osborne, Milton E. *The French Presence in Cochinchina and Cambodia: Rule and Response (1859–1905)*. Ithaca, 1969.
O'Shaughnessy, Andrew. *An Empire Divided: The American Revolution and the British Caribbean*. Philadelphia, 2000.
Pennell, C. R., ed. *Bandits at Sea*. New York, 2001.
Pérez-Mallaína, Pablo E. *Spain's Men of the Sea: Daily Life on the Indies Fleets in the Sixteenth Century*. Translated by Carla Rahn Phillips. Baltimore, 1998.
Phillips, Carla Rahn. "Trade in the Iberian Empires." In *The Rise of Merchant Empires: Long-Distance Trade in the Modern World: 1350–1750*, edited by James Tracy. Cambridge, 1990.
Pitts, Jennifer. *A Turn to Empire: The Rise of Imperial Liberalism in Britain and France*. Princeton, 2005.
Ramsay, G. D. "The smugglers' trade: A neglected aspect of commercial development." *Transactions of the Royal Historical Society*, 5th series, v. 2 (1952): 131–57.
Rediker, Marcus. *Between the Devil and the Deep Blue Sea: Merchant Seamen, Pirates, and the Anglo-American Maritime World*. Cambridge, 1987.
———. *Villains of All Nations*. Boston, 2004.
Reed, Bradly W. *Talons and Teeth: County Clerks and Runners in the Qing Dynasty*. Stanford, 2000.

Reid, John Phillip. *The Concept of Liberty in the Age of the American Revolution*. Chicago, 1988.

Ringrose, David. *Spain, Europe, and the Spanish Miracle, 1700–1900*. Cambridge, 1996.

Roberts, M. J. D. "The concept of luxury in British political economy: Adam Smith to Alfred Marshall." *History of the Human Science* 11, no. 1 (1998): 23–47.

Sheridan, Richard. *Doctors and Slaves: A Medical and Demographic History of Slavery in the British West Indies, 1680–1843*. Cambridge, 1985.

Simkin, C. G. F. "Indonesia's Unrecorded Trade." In *Illegal Transactions in International Trade: Theory and Measurement*, edited by Jagdish N. Bhagwati, 157–71. Amsterdam, 1974.

Slattery, Martin. *Key Ideas in Sociology*. Cheltenham, 2003.

Steensgaard, Niels. "The Growth and Composition of the Long-Distance Trade of England and the Dutch Republic before 1750." In *The Rise of Merchant Empires: Long-Distance Trade in the Early Modern World 1350–1750*, edited by James D. Tracy, 102–52. Cambridge, UK, 1993.

Stein, Robert Louis. *The French Sugar Business in the Eighteenth Century: An Old Regime Business*. Madison, 1979.

Tagliacozzo, Eric. *Secret Trades, Porous Borders: Smuggling and States along a Southeast Asian Frontier, 1865–1915*. New Haven, 2005.

Tarrade, Jean. *Le commerce colonial de la France à la fin de l'Ancien Régime. L'évolution du régime de «l'Exclusif» de 1763 à 1789*. Paris, 1972.

Thompson, Leonard. *A History of South Africa*. New Haven, 1995.

Tomich, Dale. *Slavery in the Circuit of Sugar: Martinique and the World Economy, 1830–1848*. Baltimore, 1990.

Towle, Dorothy, ed. *Records of the Vice Admiralty Court of Rhode Island, 1716–1752*. Washington, 1936.

Trocki, Carl. *Opium, Empire, and the Global Political Economy: A Study of the Asian Opium Trade, 1750–1950*. London, 1999.

———. *Prince of Pirates: The Temmengongs and the Development of Johor and Singapore, 1784–1885*. Singapore, 1979.

Turley, Hans. *Rum, Sodomy, and the Lash: Piracy, Sexuality, and Masculine Identity*. New York, 1999.

Tyler, John W. *Smugglers and Patriots*. Boston, 1986.

Ubbelohde, Carl. *The Vice Admiralty Courts and the American Revolution*. Chapel Hill, 1960.

Verril, A. Hyatt. *Smugglers and Smuggling*. New York, 1924.

Wacquet, Jean-Claude. *Corruption: Ethics and Power in Florence, 1600–1770*. Translated by Linda McCall. University Park, 1991.

Ward, Lee. *Politics of Liberty in England and Revolutionary America*. Cambridge, 2004.

Waugh, Mary. *Smuggling in Kent and Sussex, 1700–1840*. Newbary, 1985.

Wood, Ellen Meiksins. "Locke against democracy." *History of Political Thought* 12 (1992): 657–89.

政治经济学文本

Bentham, Jeremy. "An Introduction to the Principles of Morals and Legislation." In *The Works of Jeremy Bentham*. New York, 1962.

Engels, Friedrich. "1891 Introduction on the 20th Anniversary of the Paris Commune," postscript to Karl Marx, "The Civil War in France." In *The Marx-Engels Reader*, 2nd ed., edited by Robert Tucker, 628. New York, 1978.

Locke, John. *Two Treatises of Government*. London, 1824.

Machiavelli. *The Prince*. Reprint. New York, 1908.

Marx, Karl. "The Communist Manifesto." In *The Marx-Engels Reader*, 2nd ed., edited by Robert Tucker. New York, 1978.

———. "Corruption at Elections," *New York Daily Tribune*, 4 September 1852.

———. "The German Ideology." In *The Marx-Engels Reader*, 2nd ed., edited by Robert Tucker. New York, 1978.

Mill, John Stuart. *Utilitarianism*, new edition. Boston, 1887.

Smith, Adam. *An Inquiry into the Nature and Causes of the Wealth of Nations*. London, 1776.

Raphael, D. D., and A. L. Macfie, eds. *Theory of Moral Sentiments*. Oxford, 1976.

Veblen, Thorstein. *Theory of the Leisure Class: An Economic Study of Institutions*. New York, 1927.

Weber, Max. "Bureaucracy." In *Max Weber: Essays in Sociology*, edited by Hans Gerth and C. Wright Mills, 204–9. Oxford, 1946.

新闻资料

Agence France-Presse. "Pirates take crew of Spanish fishing boat to shore: Report," *Agence France-Presse*, 22 April 2008.

Alcoba, Natalie. "Counterfeit DVD lab busted: Four arrested: 20,000 pirated movies seized from two stores," *National Post* (Canada), 29 August 2006.

Associated Press. "Hostages on French ship freed, and six pirates and loot are seized," *New York Times*, 12 April 2008.

Baltic News Service. "More young, socially vulnerable Lithuanian girls become victims of human smuggling: Experts," *Baltic News Service*, 19 March 2008.

Barrera, Jorge. "Human smuggling has self-appointed protectors ready to shut down border," *Toronto Sun*, 5 April 2007.

Batt, Carolyn. "Bargain hunters sustain shady counterfeit world," *West Australian* (Perth), 16 June 2007.

Blumenthal, Ralph. "Answers sought in smuggling case," *New York Times*, 13 June 2007.

British Broadcasting Corporation. "Somali pirates seize French yacht," BBC Online, 4 April 2008. http://news.bbc.co.uk/1/hi/world/africa/7331290.stm.

British Broadcasting Corporation. "UN warns Bangladesh of terror financing through remittances," *BBC Monitoring South Asia*, 6 June 2007.

Burnett, John S. "Captain Kidd, human rights victim," *New York Times*, 20 April 2008.
Chandrasekaran, Rajiv. "'Crazy medicine' flows out of Burma—U.S. trains Thai unit to block methamphetamine traffic," *Washington Post*, 17 July 2001.
Chronicle Herald (Halifax, Canada). "Piracy's new wave: Big ransoms, technology give plunder on high seas new allure," 24 April 2008.
Dallas Morning News. "U.S.-Jamaica relations tense. Some offended by efforts to crack down on drug trafficking," 16 March 1999.
Deutsche Press-Agentur. "Report: Arrested 'Pirates of Ponant' related to Somali president," 5 May 2008.
Kennedy, Elizabeth A. "Two wives, a home, $90,000; they're the perks of being a pirate off Somalia," *Hamilton Spectator*, 24 April 2008.
Korea Times. "Seoul waging war against illegal copying," 6 April 1999.
Lichtblau, Eric. "Mukasey won't pursue charges in hiring inquiry," *New York Times*, 12 August 2008.
Lillkung, Johan, and Xan Rice. "Focus: Ocean Terror: They opened fire with machine guns and rockets," *Observer* (London), 27 April 2008.
Metzler, John J. "Ahoy! Pirates in Somalia's troubled waters," *China Post* (Taiwan), 3 May 2008.
Meyer, Josh. "FBI agent's 'wedding' is a bust for guests," *Los Angeles Times*, 23 August 2005.
Orange County Register. "Smuggled Cuban cigars a hot property," 17 November 1996.
Plain Dealer (Cleveland). "Taking aim at smoking: Singapore is cracking down," 30 July 1995.
Ross, K. "Navy island base is also drug smugglers' port of call," *Washington Post*, 1 November 1995, A3.
Seper, Jerry. "Fed-Mexico plan eases bank transfers; critics say aliens could abuse it," *Washington Times*, 6 December 2006, A1.
Smith, Tony. "Contraband is big business in Paraguay," *New York Times*, 10 June 2003, W1.
Sun-Sentinel (Florida). "High Times over for marijuana; Globalization plus U.S. efforts shrinking crop," 1 March 2001.
Tagliabue, John. "Suspected pirates arrive in Paris," *New York Times*, April 17 2008.
Tampa Tribune. "Smugglers flock to Hong Kong: City is a lucrative crossroads for the merchants of contraband," 9 December 1990.
Virginian-Pilot (Norfolk). "2660 pounds of marijuana seized after high seas chase," 27 May 1999.
Xinhua News Agency (Beijing). "South China police seize 2.6m-dollar worth of counterfeit products," 25 August 2007.

索 引

图书在版编目（CIP）数据

走私：历史阴影中的隐秘交易 /（美）艾伦·卡拉斯著；李文远译.
— 北京：中国工人出版社，2020.6
书名原文：*Smuggling: Contraband and Corruption in World History*
ISBN 978-7-5008-7376-1

Ⅰ. ①走… Ⅱ. ①艾… ②李… Ⅲ. ①走私贸易－贸易史－世界 Ⅳ. ①F749
中国版本图书馆CIP数据核字（2020）第106506号

著作权合同登记号：01-2020-2697

走私：历史阴影中的隐秘交易

出 版 人 王娇萍
责任编辑 董佳琳　金　伟　邢　璐
责任印制 栾征宇
出版发行 中国工人出版社
地　　址 北京市东城区鼓楼外大街45号　邮编：100120
网　　址 http://www.wp-china.com
电　　话 (010) 62005043（总编室）　(010) 62005039（印制管理中心）
(010) 62004005（万川文化项目组）
发行热线 (010) 62005996　82029051
经　　销 各地书店
印　　制 北京盛通印刷股份有限公司
开　　本 880毫米×1230毫米　1/32
印　　张 9
字　　数 200千字
版　　次 2020年8月第1版　2020年8月第1次印刷
定　　价 56.00元